Robert Bly
Marion Woodman

Die ferne Zarin

Robert Bly
Marion Woodman

Die ferne Zarin

Von einem, der auszog,
die Liebe zu suchen

Aus dem Amerikanischen
von Henning Thies

verlegt bei Kindler

Originaltitel:
The Maiden King. The Reunion of Masculine and Feminine
Originalverlag:
Henry Holt and Company, New York

1. Auflage April 2000
Copyright © 1998 by Robert Bly und Marion Woodman
Copyright © 2000 der deutschsprachigen Ausgabe
Kindler Verlag GmbH, Reinbek bei Hamburg
Alle Rechte vorbehalten
Umschlaggestaltung: Jorge Schmidt, München
Umschlagabbildung: Leonor Fini, Narziß (Detail)
© 1971 VG Bild-Kunst, Bonn 1999
Satz: Ventura Publisher
Druck und Bindung: Spiegel Buch GmbH, Ulm
Printed in Germany
ISBN 3-463-40374-9

*Dieses Buch ist Marie-Louise von Franz gewidmet –
einer großartigen Lehrerin und starken,
eigenständigen Persönlichkeit.*

Inhalt

7

8

Vorwort

Vor etwa sieben Jahren empfahl uns ein Freund eine Erzählung mit dem Titel »Zar-Jungfrau«, eines der 178 von Alexander Afanasjew im 19. Jahrhundert in Rußland gesammelten Märchen (in der englischen Übertragung von Norbert Guterman trägt es den Titel »The Maiden Tsar«). Wir, Robert Bly und Marion Woodman, hatten mit unserer Zusammenarbeit allerdings schon früher begonnen, weil wir Arbeit und Denken des jeweils anderen bewunderten. Es erschien uns gut und richtig, bei der Interpretation dieser alten Geschichten sowohl eine weibliche als auch eine männliche Stimme zur Geltung zu bringen. Zweistimmigkeit schien uns bei dem Versuch, die getrennten Wege beider Geschlechter einander wieder anzunähern, einfach wesentlich zu sein. Unser Weg verlief so, daß wir einen Workshop ankündigten und uns dann gemeinsam mit den Teilnehmern in den Ozean dieser Geschichte stürzten; alle mußten wir zunächst um unser Leben schwimmen. Wir wollten mit unserem Publikum zusammenarbeiten bei dem Projekt, »einen Weg über das Meer« zu bauen, wie es der spanische Lyriker Antonio Machado einmal genannt hat:

Alles stirbt und alles lebt ewig;
Doch unsere Aufgabe ist es zu sterben,
Zu sterben und Wege zu bauen,
Wege über das Meer.

Wie »Zar-Jungfrau« zeigt, ist das keine leichte Aufgabe. Der Bau eines Weges über die stürmische See ist ein enormes Unterfangen, das uns Menschen mehr abverlangt, als wir normalerweise geben können; vor allem erfordert es Aufschwünge der Phantasie, über die Grenzen unserer Rationalität oder des gesunden Menschenverstandes hinaus.

Unbekümmert gestatteten wir 1991 Filmaufnahmen; aufgenommen wurde vor geladenen Gästen unsere erste Auseinandersetzung mit Afanasjews Märchen von der Zar-Jungfrau. Sechs Stunden Videoaufzeichnungen wurden daraufhin im kanadischen Fernsehen vom Sender CBC gezeigt. Wir fanden die Geschichte großartig, aber schwierig. Nachdem wir in verschiedenen Städten der USA und Kanadas noch drei- oder viermal öffentlich über das Märchen diskutiert hatten, trafen wir die Entscheidung, gemeinsam ein Buch darüber zu schreiben. Es sollte neues Material enthalten, denn mit unseren bisherigen Ergebnissen waren wir nicht zufrieden. Wir waren um unser Leben geschwommen, hatten das rettende Ufer jedoch nicht ganz erreicht.

In unserem Buch sollte nun jeder selbständig mit seinem eigenen Interpretationsmaterial arbeiten. Zunächst hatten wir geplant, auch unsere Worte zu vereinigen und einen gemeinsamen Text zu erarbeiten, dem abschnittsweise jeweils im Wechsel unser individuelles Material zugrunde liegen sollte. Doch dieses Konzept funktionierte einfach nicht. Der beste Ansatz schien vielmehr zu sein, jeden zunächst sein eigenes Material präsentieren zu lassen. Auf diese beiden Blöcke sollte dann ein Epilog mit Auszügen aus unseren telefonischen Diskussionen folgen. Darin wollten wir über das sprechen, was wir zuvor ausgelassen hatten. Ferner sollten natürlich Kommentare über die Ausführungen des jeweils anderen enthalten sein.

Als Geschichtenerzähler konzentrierte sich Robert auf die eigentliche Erzählung, als Dichter auf die Metaphern, die in Afanasjews Märchen eine wichtige Rolle spielen. Er bemühte sich vor allem um die Einzelheiten der Story und um Vergleiche mit Geschichten aus anderen Traditionen. Ferner stellte er sich die Aufgabe, die wichtigsten mythologischen Bilder der Erzählung aufzuschlüsseln, um sie klarer zu machen: Bilder wie die dreißig Schiffe, die Nadel, den Säbel, den Feuervogel, die Truhe, den Hasen und das Ei. Marion als Psychoanalytikerin konzentrierte sich dagegen auf die leidvollen Erfahrungen, die sie im Lauf der Jahre mit ihren Klienten beiderlei Geschlechts immer wieder ergründet hatte. Bei ihrem Vergleich der Welt dieses Märchens mit dem Reich des Unbewußten erkannte sie in Iwans Abenteuern einen individuellen seelischen Reifungsprozeß, wie er oft in Mythen vorkommt, die ja eine Art kollektiven Traum darstellen.

Während Journalisten heutzutage dazu neigen, jede Geschichte im vordergründigen Wortsinn zu interpretieren, bestand unsere Aufgabe – einzeln und gemeinsam – darin, die Begebenheiten dieser Erzählung metaphorisch zu deuten. Diese metaphorische Welt führte uns über unsere individuellen Grenzen hinaus. Denn die alte patriarchalische Vorstellung vom aktiven männlichen und passiven weiblichen Wesen war hier genauso unangemessen wie die Idee, die weibliche Rolle bestehe darin, dem Mann zum Aufstieg zu verhelfen. Im Märchen sehnen sich die Schwanenmädchen, im Banne des Ewigen stehend, nach Erlösung durch das Fleischliche des Menschen. Während Iwans Ziel der Aufstieg in höhere Sphären ist, möchte die Zar-Jungfrau aus diesen Regionen gerade hinabsteigen. Die »Heirat« der beiden ist, als sie endlich stattfindet, ein Kreuzungspunkt, an dem sich Materie und göttliche Intensität treffen können. Die Leuchtkraft des Geistes scheint hindurch.

Am Schluß der komplizierten Geschichte finden sich die Leser in der Rolle der Zar-Jungfrau am Frühstückstisch wieder, als sie das Ei verzehrt, das Iwan nach Bestehen einer Reihe von schwierigen Prüfungen zur Geburtstagsfeier mitgebracht hat. Wer immer das Ei verzehrt, wird zum Bestandteil einer neuen Ordnung, eines neuen Paradigmas, wie wir es nennen möchten: einer Wiederannäherung des Männlichen und des Weiblichen. Und danach streben heute, auf dem Weg in ein neues Jahrtausend, Männer und Frauen gleichermaßen.

Einige von uns haben ihre erste Bekanntschaft mit alten mythologischen Themen in Joseph Campbells Buch *The Hero with a Thousand Faces* (Der Heros in tausend Gestalten) gemacht. Dort haben wir den heroischen jungen Mann kennengelernt, der sein Dorf – und damit die Grenzen des konventionellen Lebens – verläßt. Nachdem er mit Drachen oder Löwen gekämpft hat, rettet er eine Jungfrau, erhält eine Belohnung und kehrt in sein Dorf zurück. Seine Trophäen sollen ihm dort Anerkennung als wahrer Held verschaffen. In Campbells brillanter Zusammenfassung werden diese uralten Geschichten zu lebendigen, belebenden Erinnerungen an das allgegenwärtige Thema des unbezwingbaren Helden.

In unserem Märchen von der Zar-Jungfrau indes begegnet uns ein Held, der überhaupt keine eigene Gestalt hat – ein durchschnittliches menschliches Wesen mit tausend Vergeßlichkeiten. Ironischerweise errettet hier die Jungfrau, die zu retten der Held sich anschickt, am Ende ihren verhinderten Retter. Die bescheidene Statur, die dieser schließlich gewinnt, ist Ergebnis seiner Beharrlichkeit – aber auch der Beharrlichkeit des Weiblichen, das die Spannung zwischen den Gegensätzen aufrechterhalten kann. Die Gestalt unseres Helden vereinigt in sich Ekstase und Unterwelt. Gemeinsam zapfen unser Held und seine Geliebte jene Kraft an, die alle Gegensätze vereinigen kann. Diese Synthese klingt auch im Titel des Märchens an: »Zar-Jungfrau«.

Unsere Geschichte handelt nicht vom Heldentum, sondern vom Versagen, von Fehlern und deren Behebung; sie handelt weniger von Prahlerei als vom Erlernen der Höflichkeit; weniger von Taten als vom Zuhören; weniger von Auf- als von

Abschwüngen. Unsere Geschichte handelt vom Schmieden einer neuen Beziehung zwischen männlichen und weiblichen Merkmalen im Innern von Männern und Frauen.

Der junge Mann in unserer Geschichte wirft nur einen einzigen Blick auf das Ekstatisch-Weibliche und fällt dann in einen tiefen Schlaf. Er gibt sich dem Vergessen hin – wie so viele von uns. Wir haben eine bemerkenswerte Fähigkeit zu vergessen. Wir verfügen über trickreiche Methoden, nicht präsent zu sein. Wir genießen das Vergessen. Es fällt uns nicht schwer, die Schocks unserer Kindheit zu vergessen oder unser Wesen, unsere Bestimmung, das Göttliche und all jene Aufgaben, derentwegen unsere Seele eigentlich auf diese Welt gekommen ist. Antonio Machado hat das einmal in die Frage gefaßt:

>*Was hast du getan
Mit dem dir anvertrauten Garten?*«

»Zar-Jungfrau« handelt von Iwans Initiation in das Weibliche, besser gesagt: in das urtümlich Weibliche, das wir in langen Jahren patriarchalischer Kultur vergessen haben. In der Erzählung – aber auch in der Erfahrung heutiger Männer und Frauen – wird sich die junge Frau auf neuartige Weise ihrer selbst bewußt.

Das vorliegende Buch unterscheidet sich von Roberts *Eisenhans* darin, daß jenes Werk sich vor allem an junge Männer richtet, die aus dem einen oder anderen Grund nicht in der Lage sind, eine einfühlsame Form der Männlichkeit zu entwickeln, und die folglich gezwungen sind, stereotype Männlichkeitsformen zu übernehmen, die ihnen von der hierarchischen Kultur der Großfirmen oder vom Militär übergestülpt werden. Das vorliegende Buch unterscheidet sich auch von Marions *Leaving My Father's House* (Auszug aus meines Vaters Haus), das sich an Frauen richtet, die aus dem einen oder anderen Grund nicht in der Lage sind, eine einfühlsame Form der Weiblichkeit zu entwickeln, und die folglich gezwungen sind, die stereotypen Weiblichkeitsmuster zu übernehmen, die die patriarchalische Kultur für sie bereithält.

Die Erzählung, der wir uns im vorliegenden Buch widmen, berührt Themen, die in *Eisenhans* und *Leaving My Father's House* keine Rolle spielten. Zum Beispiel jenes lautstarke Pochen auf Bestimmungen und Paragraphen, das für die heutigen Auseinandersetzungen zwischen stereotyper Männlichkeit und stereotyper Weiblichkeit charakteristisch ist. In der weiten Welt der Metaphern indes gewinnen sowohl das Männliche als auch das Weibliche an Schärfe und Dimension. In unserem Märchen überwiegt das Weibliche; es ist großartig aufgegliedert, gefährlich und steht im Kontakt mit spirituellen Welten. Das Männliche dagegen zeichnet sich durch Ausdauer aus, ist angesichts der Königin des Todes zu enormer Tapferkeit fähig und geht mit dem Feuervogel eine schöne Allianz ein. Es besitzt eine Energie, die sich bei der Suche nach dem Ei mit dem Weiblichen verbündet.

Die Begriffe »männlich« und »weiblich« sind in diesem Buch also keineswegs deckungsgleich mit den Bezeichnungen des biologischen Geschlechts. In der Welt der Metaphern gibt es keinen »Geschlechterkampf«. Die weibliche Seite der jungen Frau kann – aber muß nicht unbedingt – in tiefem Einklang mit dem Weiblichen stehen. Ihre eigene männliche Energie kann ihr fremd sein, und diese männliche Seite wiederum weiß unter Umständen sehr wenig vom Weiblichen. Bestimmte Vatertöchter – mit ihnen befaßt sich Marion in ihren Büchern *The Owl Was a Baker's Daughter* (Die Eule war eine Bäckerstochter) und *Leaving My Father's House* – machen aufgrund ihrer langen Verbindung mit der patriarchalischen Welt die Erfahrung, daß sie sich stärker mit abstraktem Denken, mit Organisationsplanung und dem platonischen Gedanken vom Aufstieg der Seele verbunden fühlen als mit Flexibilität, Paradoxie, Empfänglichkeit und Resonanz. Auch die männliche Seite junger Männer kann sich – aber muß sich nicht – mit dem Männlichen tief innerlich verbunden fühlen.

Wahrscheinlich eher nicht. Mit der Überbetonung von Sportlichkeit und finanziellem Erfolg unterstützt unsere Kultur überdies die weibliche Seite von Männern kaum. Und so kann es durchaus sein, daß das Männliche in jungen Männern vom Weiblichen fast gar nichts weiß, vor allem nicht von der Tiefgründigkeit und Wildheit des Weiblichen.

Versteht man »männlich« und »weiblich« aber metaphorisch, so ergibt sich eine Art Vervielfältigung. Bei Antonio Machado heißt es dazu:

Wie seltsam! Wir beiden mit unseren Instinkten –
Plötzlich sind wir zu viert.

Mann und Frau zusammen sind also zu viert. Und das gilt natürlich auch, wenn zwei Frauen zusammen sind, oder zwei Männer.

Hinzu kommt schließlich noch, daß das Männliche und das Weibliche auf zwei Ebenen wirken: oben und unten. Jede Schwanenjungfrau ist göttlich, aber sie ist auch in jenem Teil Roberts zugegen, der sich mit Vorliebe im vibrierenden Innenraum eines Gedichts äußert. Iwan ist ein Inbegriff ewiger Energie, aber er ist auch in jenem Teil Marions zugegen, der immer weiter bohrt, um zu den Tiefen der Seele zu gelangen, mit denen die meisten Menschen am liebsten nichts zu tun haben möchten.

So überlassen wir Sie, geneigte Leser, nun der Erzählung. Unser Märchen wird Sie bestimmt interessieren – ob Ihnen unsere Kommentare nun gefallen oder nicht. Wir hinterlassen Ihnen lediglich Eindrücke von einem Stoff, der für uns beide zu groß ist, um ihn wirklich zu bewältigen. Aber wir hoffen, daß er auch Ihnen als Ausgangspunkt für eigene Erkundungen dient. Um mit dem großen amerikanischen Dichter Walt Whitman zu sprechen: Wir gehen einige Schritte voran und überlassen Ihnen den Rest.

Marion Woodman und Robert Bly

Eine Anmerkung über das Erzählen

Die von Tanja Schwarz eigens für die deutsche Fassung dieses Buches erarbeitete Übersetzung von Afanasjews russischem Märchen ist am Ende des Buches komplett abgedruckt. Der Originalfassung des Buches liegt Norbert Gutermans englische Version des Märchens *(The Maiden Tsar)* zugrunde.

Auch dann, wenn sie fremde Texte übertragen, erzählen Geschichtenerzähler immer ein wenig individuell, anders als die Vorlage. Sie dürfen zwar kein einziges Bild auslassen oder wesentlich abändern, aber sie können, wenn sie wollen, Humor anklingen lassen, zeitgenössische Anspielungen einfügen oder solche, die das gemeinsame Wissen einer bestimmten Gruppe voraussetzen.

Unsere eigenen Paraphrasen des Märchentextes, die Sie in diesem Buch lesen, haben in den sieben Jahren Gestalt gewonnen, in denen wir gemeinsam an der Deutung der Geschichte gearbeitet haben.

Interpretation
von Robert Bly

Teil I

Oft beginnen Märchen im Deutschen mit der Formel »Es war einmal ...«. Dagegen könnte ein altpersischer Erzähler mit den Worten beginnen: »Es gab einmal eine Geschichte, aber niemanden, der sie erzählen konnte« oder »Es gab einmal eine Geschichte, aber niemanden, der sie hören konnte, außer Gott«. Mit anderen Worten, die Geschichten existierten schon vor den Menschen. Diese für uns befremdliche Idee erlegt dem guten Geschichtenerzähler ein gehöriges Maß an Verantwortung auf. »Zar-Jungfrau« ist eine der großartigsten Geschichten, die es überhaupt gibt.
Sie ist in russischer Sprache erhalten, aber der Erzähler sagt uns nicht genau, wo sie spielt. Es heißt nur: »in irgendeinem Reich, in irgendeinem Land«. Das hat seinen Sinn, denn die Erzählung spielt sozusagen gleichzeitig in der jenseitigen Welt und auf dieser Erde. Ein Geschichtenerzähler kann sagen: »Unsere Erde hat vier Kontinente, und jetzt begeben wir uns auf den fünften« oder »Auf unserem Planeten gibt es sieben Meere, und wir begeben uns jetzt auf das achte«. Sollten Ihnen, wenn Sie dies lesen, Buchstabengenauigkeit und vordergründige Plausibilität über alles gehen, dann klappen Sie das Buch am besten gleich wieder zu. Denn Sie werden mit unseren Einfällen und Gedankenflügen so oft nicht einverstanden sein, daß Ihnen vor lauter Aufregung gesundheitliche Gefahren drohen.
Geschichtenerzähler werden ferner sagen, daß in diesem

Reich die Zeit nicht linear voranschreitet, sondern hartnäckig im Kreis verläuft. Wenn in unserer Welt irgendein Ereignis stattfindet – wenn sich beispielsweise eine Gruppe von Menschen in die Wüste begibt –, wird sich dieses Ereignis niemals auf genau dieselbe Weise wiederholen; neue Einzelheiten treten an die Stelle der früheren. Doch im Märchenreich ereignen sich dieselben Dinge immer und immer wieder. Und das ist ja gerade das Schöne daran. Die Menschen, die dort leben, lieben es, daß dieselben Geschichten immer wieder geschehen. So können sie sich die Leute genau und gründlich anschauen. Sie wissen ja, daß der alte Geizhals wiederkehren wird oder der Hund mit den drei Beinen, alles unverändert. Sie wissen, daß der Prinz sich beim nächsten Mal wieder genauso dumm anstellen und daß die sture Alte wieder genauso starrsinnig sein wird. Auch der Vater wird wieder durch Abwesenheit glänzen.

Die Ausgangssituation

In irgendeinem Reich, in irgendeinem Land lebte einst ein Kaufmann; seine Frau war gestorben, und er blieb allein mit seinem Sohn Iwan zurück.

Der Vater ist Kaufmann, und so wissen wir gleich, daß er viel unterwegs ist. Sodann erfahren wir, daß seine erste Frau, Iwans Mutter, gestorben ist. Vater und Mutter sind also aus unterschiedlichen Gründen und auf unterschiedliche Weise abwesend.

Der Kaufmann und Vater heiratet zum zweiten Mal. Und wie es im Märchen meistens so ist, sucht er sich die falsche Frau. Als erfahrene Leser rechnen wir schon damit. Was das mutterlose Kind an Segen empfängt, kommt – das wissen wir aus Dutzenden anderer Erzählungen – von der verstorbenen Mutter. Manchmal hat sie ihrem Kind eine Puppe hinterlassen, mit der Tochter oder Sohn in schwierigen Situationen sprechen können. Im allgemeinen beschützt die verstorbene Mutter das verlassene Kind vor dem Bösen. Die Probleme gehen von der Stiefmutter aus. Irgendwoher müssen sie ja kommen. Wenn wir die oberflächliche Betrachtung der Erzählung hinter uns lassen, geht es bei »Mutter« und »Stiefmutter« im Grunde um zwei Codewörter. »Verstorbene Mutter« ist ein Codewort für die positiven Seiten der eigenen Mutter. Diese haben sich Ihnen wahrscheinlich bereits im Mutterleib und in der ganz frühen Kindheit tief und unvergeßlich eingeprägt. »Stiefmutter« dagegen ist ein Codewort für die Schattenseiten derselben Mutter. Sie hat nämlich, so könnte man sagen, noch weitere unsichtbare Kinder und zieht diese Ihnen manchmal sogar vor.

Sagt Ihnen dieser extravagante Versuch, die Geschichte zu verstehen, nicht zu, dann können Sie sich natürlich auch immer an den Wortlaut der Erzählung halten. Dann ist eben Iwans natürliche Mutter gestorben und eine Stiefmutter in die Familie gekommen, und dabei können wir es belassen. Beide Interpretationsweisen sind bei dieser Geschichte ohne weiteres kompatibel.

In irgendeinem Reich, in irgendeinem Land lebte einst ein Kaufmann; seine Frau war gestorben, und er blieb allein mit seinem Sohn Iwan zurück. Um diesen Sohn kümmerte sich ein Hauslehrer, und er selbst heiratete einige Zeit später erneut. Als Iwan der Kaufmannssohn alt genug war und sehr gut aussah, verliebte sich seine Stiefmutter in ihn.

Wenn wir im dritten Satz auf die Worte »sehr gut aussah« stoßen, wissen wir sofort, daß hier Unheil droht. Der Vater hat mit dem Hauslehrer eine Art Mentor für seinen Sohn engagiert. Das klingt gut. Doch dann stellt sich heraus, daß Iwan gut aussieht und die Stiefmutter sich in ihn verliebt hat.

25

Das kann vorkommen, wenn der Vater häufig abwesend ist. Unser Erzähler erwähnt Hauslehrer und Stiefmutter beiläufig im selben Satz, aber aus dieser coolen Nebeneinanderstellung können wir keineswegs entnehmen, welches gemeinsame Treiben die beiden schon bald entfalten werden. Dieses »Team« wird den Jungen zugrunde richten.

Die Fahrt zum Fischen im Meer

In einer Geschichte wie dieser geht es schnell voran.

Eines Tages fuhr Iwan der Kaufmannssohn gemeinsam mit seinem Hauslehrer mit einem Floß aufs Meer, um Fische zu fangen.

Offenbar hat der Vater den Hauslehrer klugerweise gebeten, dem Jungen das Fischen beizubringen. Denn wir alle müssen »angeln« können. Psychologisch gesprochen hat das Fischen mit Neugier hinsichtlich der »Schätze in der Tiefe« zu tun. Im hellen Tageslicht treiben wir auf unserem gut gebauten, rational zurechtkonstruierten Floß oder Boot dahin und schauen in die wolkigen Tiefen des Wassers hinab – weiß Gott, wer oder was diese Tiefen bevölkert. Es sind dieselben Tiefen, in denen nachts jeder Träumer angelt. Jemandem das Fischen beizubringen, ist ein legitimes Erziehungsziel. Auch wir sind, wenn man so will, gerade damit beschäftigt.

Das Fischen kommt einer Art Träumen bei Tage nahe, einer Sehnsucht nach dem, was darunter liegt. Da unten, in jenen Wassern, über die unsere beiden winzigen, halb verlassenen Gestalten gleiten, liegen viele Geheimnisse. Wir könnten auch sagen, daß wir, gemeinsam über dieser Geschichte brütend, im schon erwähnten achten Ozean fischen – jenem Meer, das einem Erbe gleichkommt, das unsere Vorfahren den heutigen Männern und Frauen hinterlassen haben. Romanschriftsteller sind Fischer, aber auch Dichter und Psychologen. In den letzten hundert Jahren haben sich viele hervorragende Psychologen als »Bedeutungsfischer« versucht, darunter Sigmund Freud, Carl Gustav Jung, Karen Horney, Marie-Louise von Franz, Marion Woodman, Heinz Kohut, Melanie Klein, Georg Groddeck und Alice Miller.

Freude und Glück haben uns diese Erforscher unseres allgemein menschlichen Erbes gebracht. Und so, wie der Fisch »zufällig« nach dem Wurm schnappt, kann auch eine Lebensleidenschaft beim »Fischen« zufällig aus dem Unterbewußten auftauchen. Dafür genügt schon ein zufällig gefundener Hinweis in einem Buch, das einfach an der betreffenden Stelle aufgeschlagen war. Ich kenne einen Mann, der bei einem Wohlfahrtsbazar auf ein Buch des zeitgenössischen Philosophen und Psychologen James Hillman stieß, wodurch sich sein ganzes Leben veränderte. Denn nun interessierte er sich intensiv für Psychologie und Mythologie. Marie-Louise von Franz hatte mit sechzehn Jahren in der Nacht vor ihrer ersten kurzen Begegnung mit C. G. Jung einen so mächtigen Traum über »Jungfrauenmilch«, daß Jung, als sie ihm von diesem Traum erzählte, ihr anbot, sie könne für ihn einige alte alchimistische Texte, die er gerade erworben hatte, aus dem mittelalterlichen Latein ins Deutsche übersetzen. Das war der Beginn einer sechzig Jahre während Freundschaft.

Eine zufällige Bemerkung über eine Spinne weckt das Interesse eines kleinen Jungen, und schon bald stöbert er alle Lexika durch, sieht sich Spinnennetze genauestens an, lernt die Unterschiede der neunzig Spinnenarten auswendig. Wenn man sein Elternhaus besucht, bekommt man eine lebende Tarantel auf die Hand gesetzt. Er hat seine Leidenschaft entdeckt, oder wenigstens eine seiner Leidenschaften, und ist gewissermaßen zum Individuum geworden.

Maler befinden sich ständig auf »Fischzügen«. Chagall war erstaunt, was er in den »Wassern« unter seinem kleinen russischen Dorf alles sah, und verbrachte dann sein ganzes Leben damit, all diese Geiger, Pferde und Bräute an die Oberfläche zu ziehen.

Manchmal entdecken wir beim Angeln auch eine Erscheinung. So etwas wird in unserer Geschichte Iwan gleich geschehen. Der Junge und sein Hauslehrer blicken hinab in die Tiefe des Meeres und suchen sozusagen nach der übernatürlichen Erscheinung, die in der trüben Welt unter der Oberfläche der Dinge herumschwimmt. Und dann kommt diese Erscheinung ganz plötzlich auf der Meeresoberfläche daher. Sie kommt vom Horizont und scheint zum Meer selbst zu gehören.

Eines Tages fuhr Iwan der Kaufmannssohn gemeinsam mit seinem Hauslehrer mit einem Floß aufs Meer, um Fische zu fangen; plötzlich sahen sie dreißig Schiffe auf sich zukommen. Auf diesen Schiffen war die Zar-Jungfrau mit dreißig anderen Jungfrauen, ihren Nennschwestern. Als ihr Floß bei den Schiffen angekommen war, warfen alle dreißig Schiffe die Anker aus. Iwan der Kaufmannssohn wurde zusammen mit seinem Hauslehrer an Bord des schönsten Schiffes gebeten; dort erwartete sie die Zar-Jungfrau mit den dreißig Jungfrauen, ihren Nennschwestern, und sie erzählte Iwan dem Kaufmannssohn, daß sie sich unendlich in ihn verliebt habe und gekommen sei, um ihn zu treffen. Daraufhin verlobten sie sich.

Ein erstaunliches Ereignis: eine Flotte von dreißig Schiffen kommt. Die dreißig Frauen, die – wie sich später zeigen wird – zugleich Schwäne und Frauen sind, kommen herbei, jede auf ihrem eigenen Schiff. Unter ihnen ist aber noch ein einunddreißigstes Wesen, die Zar-Jungfrau oder König-Jungfrau. Diese Phrase ist bewußt widersprüchlich, denn dieses Wesen ist keine normale Königin, sondern ein weiblicher König. Aus anderen Erzählungen wissen wir, daß es sich um ein göttliches Wesen handelt, das auch unter dem Namen »Die Frau mit dem Goldenen Haar« bekannt ist. Sie ist keine Königin, denn das würde implizieren, daß es auch einen gleichrangigen König gibt. Nein, dieser König ist sie selbst. Sie steht außerhalb der Gegensatzpaare wie Königin-König oder Nacht-Tag. Sie gehört nicht in diese Welt der Gegensätze – die Welt, in der wir leben –, wo zur Sonne der Mond gehört, zum Falschen das Richtige, wo es Links und Rechts gibt, Freude und Sorge, Demokraten und Republikaner, Männlich und Weiblich. Nein, die Zar-Jungfrau vereinigt in sich selbst all diese Gegensätze.

Wie sollte Iwan davon nicht magisch angezogen werden? Er ist verzaubert. Sie verkündet Iwan, daß sie ihn liebe und daß sie miteinander verlobt seien. »Kennst du meinen Namen?« – »Aber natürlich, wir kennen uns doch schon lange.« Er und diese Frau mit dem Goldenen Haar sind bereits verlobt. So ist das im Leben.

Der Augenblick, in dem diese Flotte ankam, muß jener Moment gewesen sein, den die Griechen *kairos*, den »perfekten Augenblick« nennen. Es gibt einen winzigen Zeitbruchteil, einen Moment, in dem die Sterne genau richtig stehen – dann vermag der Schamane den Kranken wirklich zu heilen, dann wird sich Silber mit der richtigen Tinktur in Gold verwandeln, kann der Heilige geboren werden. Dann kann eine Fünfzehnjährige eines Morgens aufwachen und alle Mathematik der Welt verstehen oder auch die Grundlagen großer Kunst. Vielleicht sieht sie auch alles voraus, was ihr in ihrem Leben noch widerfahren wird. Der *kairos* scheint jener Augenblick zu sein, in dem eine Welt eine andere durchdringt. Mit Begriffen der Freudschen Psychologie ist das nur schwer zu erklären. Keine Schwierigkeit hingegen bereitet eine Erklärung im Kontext der islamischen Psychologie. Avicenna, auch unter dem Namen Ibn Sina bekannt, sagte, es gebe eine Welt, von der Aristoteles nichts gewußt habe: In dieser Welt lebten die spirituellen Erscheinungen. Die eine Welt besteht aus Lehm und

Stein; die andere Welt ist göttlich; und dann gibt es noch eine dritte, eine Zwischenwelt. Das Deutsche kennt dafür keinen einheitlichen Begriff, aber es handelt sich um ein Reich der Ideen, Vorstellungen, Bilder und Formen. Dort können der heilige Franziskus und die heilige Theresia von Avila mit lebenden Menschen zusammentreffen. Und aus dieser Welt stammen auch die dreißig Schiffe.

Der Augenblick der Begegnung zweier Welten

Die Sekunde, in der dreißig Schiffe aus Silber und Gold das Floß des Jungen berühren, ist ein erstaunlicher Moment. Einerseits handelt es sich um eine spielerische Überhöhung bestimmter hitziger Momente, wie wir sie alle kennen. Wie sehen solche Augenblicke im Kontext des allgemein Menschlichen aus? Manchmal, wenn man Tagebücher wieder anschaut, die man im Alter zwischen zwanzig und dreißig geschrieben hat, stößt man auf Berichte von plötzlichen Erleuchtungen. Vielleicht war damals einen Moment oder gar einen ganzen Morgen lang das spirituelle Ziel des eigenen Lebens sonnenklar: Solche Klarheit ist so erstaunlich, daß wir wissen, wir werden sie nie vergessen. An einem solchen Morgen fühlen wir uns ein wenig abgehoben, doch wir atmen nur tief ein und durch. Wir saugen sauerstoffreiche Luft ein, die es schon immer *da draußen* gab. Nein, es war wirklich eine Art *Erleuchtung*; irgendein Licht kam aus der anderen Welt – oder von den Sternen – in unser Inneres. Wir sind verwirrt, dieser Besuch lief auf eine *Heimsuchung* hinaus. Eine spirituelle Botin – *angelos*, »Engel«, nannten sie die Griechen – hat unser Haus betreten und jene angstvollen Stunden unterbrochen, in denen wir über unseren Unzulänglichkeiten gebrütet oder Pläne entwickelt haben, wie wir zu Geld kommen könnten. Der Engel sagte: »Ich bin ein geistiges Wesen, das dich besucht.« Irgendein Engel mit Flügeln, deren Spitzen am Rand violett schimmern, steigt zu dem jungen Mann oder der jungen Frau hinab. Wir verstanden, daß sich unser Leben verändert hatte, und wußten, daß nichts mehr so sein würde wie zuvor. Wir wußten, daß wir eine Berufung hatten – wie der bedeutende spanische Mystiker Juan de la Cruz (Johannes vom Kreuz, 1542–1591) oder der anonyme Autor von *The Cloud of Unknowing* (Die Wolke des Nichtwissens), einem mittelenglischen mystischen Text aus dem 14. Jahrhundert. Wir trugen in unserem Innern eine neue Würde; wir fühlten uns mit buddhistischen Heiligen oder Mönchen verwandt, die dreißig Jahre als Einsiedler in der Wüste verbrachten. Das war auch die Stimmung, in der ich folgende Zeilen aus meinem ersten Gedichtband schrieb:

Wir kennen den Weg; wie das Licht des Mondes
Alles erleuchtet, so weist an einem Abend wie diesem
Schnurstracks voraus der Weg, und alles ist klar.

Alles *war* klar, doch nur zwei Monate später war ich mir schon nicht mehr sicher. Die Notwendigkeit, Sachen aus der Reinigung abzuholen, vielleicht auch die Rückkehr der alten Gewohnheit, uns zu viel mit uns selbst zu beschäftigen – sie lenken unseren Blick vom vorgezeichneten Weg wieder ab. Der oberflächliche, habgierige Teil der Seele, der sich einige Tage zurückgehalten hat, kehrt zurück – mit der Wut aller ins Abseits gedrängten Wesen.

Manchmal durchflutet bei jungen Erwachsenen ein Liebesgefühl das Gehirn mit Leuchtkraft. Schönheit, die wir im Gesicht eines anderen Menschen erblicken, bringt all dieses Strahlen zum Vorschein. Dann haben wir wieder das Gefühl einer übersinnlichen Erscheinung. Oder ein zehnjähriges Kind sieht, wie ein ungewöhnliches Licht die Felder durchflutet: Der romantisch-visionäre Dichter William Blake sah, als er zehn war, Engel in einem Baum sitzen. Der Barockmystiker Thomas Traherne hielt in seinen Aufzeichnungen einen Augenblick fest, in dem er auf die Straße blickte und »Jungen und Mädchen wie dahingleitende Juwelen« sah.

In seiner kürzlich erschienenen Autobiographie *Balancing Heaven and Earth* (Himmel und Erde im Gleichgewicht) beschreibt Robert Johnson einen besonderen Blick auf die Stadt Portland, Oregon. Einige Wochen zuvor hatte er einen Teil eines Beins verloren, als ein außer Kontrolle geratenes Auto ihn gegen eine Wand gequetscht hatte. Er war dem Tod sehr nahe gekommen, und er war sich dessen bewußt. Nun sah er, auf einem Hügel stehend, daß irgend etwas an die Stelle des normalen Sonnenlichts getreten war: Ein himmlisches Licht schien hinter jedem Haus, jedem Baum und jeder Person in Portland hervorzuleuchten. Dieses Erlebnis dauerte nur ungefähr fünf Minuten, aber es prägte ihn für den Rest seines Lebens.

Das neue Leben

Die Ankunft der dreißig goldenen Schiffe und das Zusammentreffen mit der »göttlichen Frau«, die verlauten läßt, sie sei bereits mit Iwan verlobt, erinnern an die Gewißheiten romantischer Liebe. Jede(r) Verliebte hat das Gefühl, den anderen schon lange zu kennen, aus irgendeinem anderen Leben. Und es ist genau dieser Liebesblitz, den die provenzalischen Dichter des 13. Jahrhunderts, Dante in *La vita nuova* und die normannischen oder irischen Liebessagen so tiefsinnig und nachdrücklich feiern. Die beiden Liebenden fühlen sich einander so eng verbunden, daß der gemeinsame Tod gegenüber einer Trennung das kleinere Übel darstellt. Rumi, der große persische Dichter und Mystiker (1207–1273), hält diese Stimmung in folgendem Vierzeiler aus seinem *Diwan* fest:

Komm zum Obstgarten im Frühling.
Licht gibt's da und Wein und Liebchen in den
blühenden Granatapfelhainen.

Wenn du nicht kommst, ist all dies ohne Belang.
Wenn du kommst, ist all dies ohne Belang.

Das intensive Bewußtsein vorherbestimmter Liebe, einer Einheit, die sich über alle Klassen- und Geschlechterbarrieren hinwegsetzt, stellt sich ein – das ekstatische Gefühl, daß sich im Zusammentreffen dieser beiden Menschen etwas Göttliches verbirgt, daß dieses »Du« auch Gott gelten könnte, daß jedes dieser getrennten, unbedarften menschlichen Wesen tatsächlich an einem heiligen Zusammentreffen beteiligt ist. Der amerikanische Dichter Wallace Stevens sagt über die Liebe in der Jugend:

Sie läßt die Jungen frische Pflaumen und Birnen
* türmen*
Auf unbeachteten Tellern. Die Mädchen kosten davon
Und streunen voll Leidenschaft durchs raschelnde Laub.

Shakespeare schließlich läßt seinen Romeo sagen:

Doch still, was schimmert durch das Fenster dort?
Es ist der Ost, und Julia die Sonne!
... Würd' nicht der Glanz
Von ihren Wangen jene Sterne so beschämen
Wie Sonnenlicht die Lampe? Würd' ihr Aug'
Aus luft'gen Höhn sich nicht so hell ergießen,
Daß Vögel sängen, froh den Tag zu grüßen?

Schon bei ihrer ersten Begegnung hatten sich Romeo und Julia folgenden Dialog geliefert:

Romeo: *Entweihet meine Hand verwegen dich,*
*   O Heil'genbild, so will ich's lieblich büßen.*
*   Zwei Pilger, neigen meine Lippen sich,*
*   Den herben Druck im Kusse zu versüßen.*

Julia: *Nein, Pilger, lege nichts der Hand zu Schulden*
Für ihren sittsam andachtsvollen Gruß.
Der Heil'gen Rechte darf Berührung dulden,
Und Hand in Hand ist frommer Pilger Kuß.

Es gibt einen alten ägyptischen Spruch, demzufolge die göttliche Kraft in Frauen so stark ist, daß Jungen gewissermaßen sterben müssen, wenn sie diese Kraft am eigenen Leibe erfahren haben: »Man muß sterben, weil man sie kennt.« In seinem gleichnamigen späten Gedicht stellt sich Rainer Maria Rilke den Jungen als Bergtal vor, erdgebunden und ziemlich träge. Und der weibliche Wind läßt das »Laub seines Leibes« rauschen.

> *»Man muß sterben, weil man sie kennt.« Sterben*
> *an der unsäglichen Blüte des Lächelns. Sterben*
> *an ihren leichten Händen. Sterben*
> *an Frauen.*
> *Singe der Jüngling die tödlichen,*
> *wenn sie ihm hoch durch den Herzraum*
> *wandeln. Aus seiner blühenden Brust*
> *sing er sie an:*
> *unerreichbare! Ach, wie sie fremd sind.*
> *Über den Gipfeln*
> *seines Gefühls gehn sie hervor und ergießen*
> *süß verwandelte Nacht ins verlassene*
> *Tal seiner Arme. Es rauscht*
> *Wind ihres Aufgangs im Laub seines Leibes. Es glänzen*
> *seine Bäche dahin.*

In einem bestimmten Alter also werden die emotionalen Rezeptoren eines Jungen empfänglich für den Wind des Weiblichen. Und umgekehrt stellen sich die Antennen des Mädchens vielleicht auf die Bergtäler des Männlichen ein. Wie umfassend ist diese Ausrichtung? Enorm. Wenn zwei Menschen zusammen sind, sind sie in Wirklichkeit zu viert, und so kann die Anziehungskraft auf vielerlei Weise wirken, auch zwischen Männern und Männern, Frauen und Frauen.

Die Ankunft der Schiffe ist für Iwan eine gute Entwicklung. Die »Verlobung« hat begonnen. Das Weibliche hat sich gezeigt: tapfer, verwundbar, zum ernsthaften Leben bereit. Die Göttin ist aus der Zwischenwelt gekommen.

Die Frage lautet nun: Was wird mit Iwan geschehen? Wieder an Land und nach Hause zurückgekehrt, ging Iwan in sein Zimmer und dachte über alles nach. Und was tat die Stiefmutter? Zweifellos entging ihr der neue Ausdruck auf Iwans Gesicht nicht. Wie wir wissen, rief sie den Hauslehrer in ihr Zimmer, schenkte ihm Schnaps ein und fragte: »Na, was war denn heute los?« – »Oh, eigentlich nicht viel.« – »Sei doch nicht albern, Mensch. Es ist was passiert, ich seh's doch. Sag mir, was es war!« – »Na ja, so gegen zwei Uhr kamen einige Schiffe, fünfundzwanzig oder dreißig an der Zahl, und auf jedem Schiff war eine schöne Frau. Mehr ist nicht passiert.« – »Erzähl weiter, und trink noch einen Schnaps.« – »Eine der Frauen war besonders schön, das muß ich schon sagen. Aber natürlich bei weitem nicht so schön wie Sie.« – »Nun komm doch endlich zur Sache. Was ist geschehen?« – »Die Frau auf dem goldenen Schiff schien Iwan zu kennen. Das sah alles schon recht gut aus.« – »Und dann?« – »Sie hat Iwan gesagt, sie wolle morgen an dieselbe Stelle zurückkommen. Er solle auch wiederkommen. Ja, das hat sie gesagt. Und dann haben wir den Anker gelichtet und sind nach Hause gefahren.«

Die Zar-Jungfrau schärfte Iwan dem Kaufmannssohn ein, am nächsten Morgen um dieselbe Zeit zum selben Ort zu kommen, verabschiedete sich und fuhr davon. Iwan der Kaufmannssohn kehrte nach Hause zurück, aß zu Abend und ging zu Bett. Seine Stiefmutter rief den Hauslehrer zu sich ins Zimmer, machte ihn betrunken und begann ihn auszufragen: War beim Fischen denn nichts vorgefallen?

Der Hauslehrer erzählte ihr alles. Nachdem sie ihm zuge-
hört hatte, reichte sie ihm eine Nadel und sagte:»Morgen,
sobald sich die Schiffe euch nähern, stecke die Nadel
in die Kleidung von Iwan dem Kaufmannssohn.« Der
Hauslehrer versprach, ihren Auftrag auszuführen.

Und wie reagierte die Stiefmutter?

»Morgen, wenn die Schiffe wieder in Sicht sind, sollst du diese
Nadel in den Kragen von Iwans Gewand stecken.« – »Tut ihm
das auch nicht weh?« – »Wie kann ihm denn eine Nadel
in seinem Kragen weh tun? Red doch keinen Unsinn.« Der
Hauslehrer versprach, alles zu tun, was sie wollte.
Die Nadel ist ein altes Werkzeug der Schamanen. Wir wissen,
daß sibirische Schamanen noch heute mit einer Nadel in den
Finger stechen und die betreffende Person, wenn alles richtig
gemacht wird, davon in den Schlaf sinkt. Das ist ein alter Zau-
bertrick, und er scheint der dunklen, machtorientierten Seite
der Stiefmutter zu entstammen. Auch in vielen mitteleuropäi-
schen Märchen kommt das Motiv des Nadelstichs vor, etwa in
»Dornröschen«. Dort planen ein König und eine Königin, alle
weisen Frauen (Göttinnen) der Nachbarschaft zur Taufe ihrer
kleinen Tochter einzuladen. Doch irgend etwas geht schief –
vielleicht weil sie nur zwölf goldene Teller haben. Die drei-
zehnte »weise Frau« wird nicht eingeladen. Sie kommt trotzdem, aber sie empfindet das Ganze als Affront. Bei der Taufze-
remonie, bei der die anderen Frauen der Königstochter ihre
Segenswünsche überbringen, ruft sie aus:»Die Königstochter
soll sich in ihrem fünfzehnten Jahr an einer Spindel stechen
und tot hinfallen!« Die weise Frau, die als nächste und letzte
an der Reihe ist, tut, was sie kann; sie kann den Fluch nicht
ganz aufheben, aber wenigstens dahingehend abmildern, daß
das fünfzehnjährige Mädchen nur in einen hundertjährigen
Schlaf fallen soll. Von diesem Tag an halten die Eltern alle Nadeln und nadelähnlichen Gegenstände von ihrer Tochter fern.
Doch eines Tages, als das Mädchen fünfzehn ist, wandert es al-

lein im Schloß umher und gerät in einen der oberen Räume. Dort sitzt eine alte Frau am Spinnrad, und als die Königstochter sich selbst daran versuchen will, sticht sie sich in den Finger. Das ganze Schloß versinkt in einen tiefen Schlaf. Selbst der faule Küchenjunge, der ein Huhn rupfen sollte, erstarrt mit einer Hand voll Federn; der Koch, der dem Jungen gerade eine Ohrfeige geben wollte, schläft mit seinem Arm auf halbem Wege ein.

Die Stiefmutter in unserer Geschichte von der Zar-Jungfrau profiliert sich als Praktikerin der magischen Künste. Doch welche Beleidigung oder Verletzung hat sie erlitten? Wenn wir an die Leidenschaft denken, die sie für Iwan empfindet, dann war die Stiefmutter vielleicht verletzt, weil Iwan diese Liebe nicht erwiderte. Wenn ein menschliches Wesen oder eine Göttin auf Liebe aus ist und nicht zum Ziel kommt, läßt er oder sie als nächstes normalerweise seine oder ihre Macht spielen.

Der zweite Besuch der Zar-Jungfrau

Am nächsten Morgen stand Iwan der Kaufmannssohn auf und ging los, um zu fischen. Sobald der Hauslehrer von weitem die Schiffe entdeckte, nahm er die Nadel und steckte sie in Iwans Kleidung. »Ach, ich bin so schläfrig«, sagte der Kaufmannssohn. »Hör zu, Hauslehrer, ich lege mich nieder für ein kurzes Schläfchen, aber sobald die Schiffe kommen, wecke mich bitte gleich auf.« – »Gut! Natürlich werde ich dich wecken!« Da kamen auch schon die Schiffe und warfen die Anker. Die Zar-Jungfrau sandte nach Iwan dem Kaufmannssohn, damit er schnellstens zu ihr käme; aber er schlief tief und fest. Sie begannen ihn zu rütteln, zu schütteln und zu stoßen, aber was immer sie auch versuchten – sie konnten ihn nicht wecken; so ließen sie ihn.

So läuft das also. Hat das menschliche Wesen Kraft und Mut, mit dem Göttlichen auf der Ebene der Menschen zusammenzutreffen? Kann ein junger Mann wirklich Kontakt zur ekstatischen Kraft des Weiblichen halten? Ein Junge aus unserer High-School brachte seine Freundin am Abend für ein paar Minuten nach Hause, nur um sich selbst daheim schnell umzuziehen; er ging zu sich nach Hause, legte sich ein paar Minuten hin – und erwachte am nächsten Morgen um acht. Andere Jungen lassen ihre Liebesaffären ganz einschlafen, um wieder mehr Zeit für ihre Kumpel zu haben. »Ich mache jetzt ein kleines Nickerchen, und wenn die Schiffe kommen, weck mich auf jeden Fall!« – »Na klar doch!« Vielleicht hätte sich der Junge auch ohne den Hauslehrer zum Schlafen gelegt.

Stiefmutter und Hauslehrer sorgen jedoch dafür, daß der Junge auf jeden Fall einschläft. Daß die Nadel vom Hauslehrer plaziert wird, bietet uns Anlaß für Spekulationen über den Anteil des amerikanischen Bildungssystems am Tiefschlaf, der heute anscheinend unsere Oberschüler befällt. Vielleicht sind die immer schlechteren Ergebnisse der High-School-Absolventen beim Studieneignungstest SAT ja Bestandteil dieses großen Schlafes.

Die Stiefmutter hat ihr Teil zu Iwans Schlaf beigetragen. Wir wissen, daß sie darauf aus ist, Iwan von jeder engeren Verbindung mit jungen Frauen fernzuhalten. Doch wenn wir die Sache im weiteren Kontext betrachten, ist es dann nicht eher der Einfluß des Göttlich-Weiblichen, den sie blockieren möchte? Ist es nicht möglich, daß unser Erziehungs- und Bildungssystem mit seiner überwiegend soziologischen und kommerziellen Ausrichtung durchaus nichts dagegen hat, wenn sich Jungen und Mädchen begegnen, solange dabei nur jeder göttliche Bezug aus dem Spiel bleibt? In der Schule dürfen die Lehrer nicht mehr beten. Der Kapitalismus wünscht, daß das Schulwesen allein dessen Werte widerspiegelt.

In der *New York Times* war am 11. Januar 1998 zu lesen, daß den Studienanfängern auf dem College nicht in erster Linie an guten Noten gelegen ist, sondern an einem guten Einkommen:

Eine Befragung von Studienanfängern bestätigt, was Professoren und akademische Selbstverwaltung angeblich schon immer gespürt haben: daß sich die Studenten immer weniger engagieren und daß sie das höhere Bildungswesen weniger als Chance betrachten, ihren Horizont zu erweitern, sondern mehr als Mittel zum Zweck, höhere Einkommen zu erzielen.

* * *

Die Zar-Jungfrau trug dem Hauslehrer auf, daß Iwan der Kaufmannssohn am nächsten Tag wieder hierherkommen sollte; sie befahl, die Anker zu lichten und die Segel zu setzen. Als die Schiffe außer Sichtweite waren, zog der Hauslehrer die Nadel wieder heraus, und Iwan der Kaufmannssohn erwachte, sprang auf und begann nach der Zar-Jungfrau zu rufen, damit sie zurückkehre. Aber sie war schon viel zu weit entfernt, sie konnte ihn nicht mehr hören. Traurig kehrte er nach Hause zurück und grämte sich.

Aber ja, natürlich ruft er hinter ihr her, um sie zur Rückkehr aufzufordern. Als die dreißig Schiffe am Horizont verschwinden, zieht der Hauslehrer die Nadel aus Iwans Kragen. Dieser springt auf und schreit zum Herzerweichen hinter den verschwindenden Schiffen her. »Kommt zurück!« Aber was nützt das noch? Sie waren schon außer Hörweite. Also ziehen Iwan und der Hauslehrer ihr Floß an Land.

On Top of Old Smoky

Was hält die junge Frau von diesem Schlaf? Manchmal schenkt ein Mädchen vertrauensvoll einem Jungen ihr Herz. Vielleicht hat sie endlich das Gefühl, an einem echten Gefühlsaustausch beteiligt zu sein, den sie im Elternhaus völlig vermißte. Manchmal ist die erste Liebe die erste große Tat einer Mädchenseele. Und was geschieht dann? Vielleicht sagt der Junge: »Ich muß jetzt gehen.« Im Volkslied »On Top of Old Smoky« (Da oben auf dem Berge) wird diese alte Geschichte besungen. Daraus stammen die folgenden Strophen:

Die Liebe ist herrlich,
Doch Scheiden ist Gift.
Und ein treuloser Liebster
Einen Dieb übertrifft.

Denn ein Dieb, ja der stiehlt nur
Und nimmt dir dein Hab.
Doch ein treuloser Liebster,
Der bringt dich ins Grab.

Und im Grab, da vergehst du,
Da wirst du zu Staub.
Nicht einem unter hundert
Kann ein Mädchen vertrau'n.

Kommt her, all ihr Mädchen,
Hört zu, 's ist kein Traum:
Verliebt euch doch bloß nicht
In einen Weidenbaum:

Denn Blätter verwelken,
Wurzeln sterben ringsum.

Und du bist verlassen
Und weißt nicht, warum.

Vielleicht hat der junge Mann Rezeptoren, die mehr auf Abenteuer, Kriegstaten oder die Löwenjagd geeicht sind als auf Liebe. Die Fähigkeit des jungen Mannes, die Wahrheit der Liebe auszuhalten, ist begrenzt. Iwan ist in einen tiefen Schlaf gesunken. Was ihn noch am Vortag bis ins Innerste erregt hatte, läßt ihn jetzt nur noch schlafen.

Auch junge Frauen sind der Wahrheit der Liebe durchaus nicht immer gewachsen. Beide Geschlechter verlieben sich und können die Liebe dann manchmal nicht aushalten. Die Intensität romantischer Liebe läßt nach. Erst später können zwei Erwachsene, egal ob anderen oder gleichen Geschlechts, die Anstrengungen unternehmen, die erforderlich sind, um eine haltbare Beziehung zu knüpfen.

Die große Enttäuschung

Wir haben das Gefühl, daß Jungen und Mädchen auf etwas andere Weise in den »Schlaf« verfallen. Joseph Chilton Pearce schreibt in *Evolution's End* (Am Ende der Evolution), er habe in seiner Kindheit immer die Erwartung gespürt, daß »etwas Wunderbares geschehen« werde.

Manchmal kommt es ja auch zu dieser wunderbaren Erscheinung. Doch das Gespür dafür, die Aufnahmebereitschaft, hält nicht lange an. Wordsworth, der große englische Romantiker, spricht eindringlich vom Leuchten, das er als Junge wahrnahm, wenn er über die Hügel ging. Dann jedoch seien allmählich die »Schatten des Gefängnisses« darüber gefallen. Je weiter das Leben voranschreitet, desto deutlicher spürt der Jugendliche, wie Pearce anhand seines eigenen Lebens schildert, daß das erwartete Wunder *nicht* eintreten wird. Und die große Enttäuschung wird nur noch tiefer und intensiver, wenn der oder die Heranwachsende den jetzigen mit dem damaligen Zustand vergleicht, als das ganze Gehirn von Licht durchflutet zu sein schien. Man könnte auch sagen, junge Erwachsene spüren, daß die Neuronen kein Feuerwerk mehr entfachen. Alles ozeanische Dahinströmen ist zu Ende, und es bleibt ein Gefühl der Durchschnittlichkeit und Leere.

Was ist geschehen? Pearce kommt zu dem Schluß, daß eine spirituelle »Öffnung« stattgefunden hat, worauf die Außenwelt jedoch nicht mit Unterstützung reagiert hat. Solche »Öffnungen« und Ansätze für erstaunliche Fähigkeiten ergeben sich in der Entwicklung ganz planmäßig, etwa so, wie die Backenzähne in einem bestimmten Lebensalter wachsen. Jede dieser Öffnungen muß durch die Familie oder das kulturelle Umfeld erkannt und gefördert werden, damit sie offen bleibt und Teil des betreffenden Lebens wird. Wenn etwa der Wunsch zu zeichnen erwacht ist, werden die meisten Eltern ihren Kindern Buntstifte und Papier geben.

Die Gabe des Scharfsinns und der Unterscheidungsfähigkeit kommt ungefähr im siebten Lebensjahr. Wenn das balinesische Kind mit sieben plötzlich weiß, wer draußen vor der Tür steht, feiert die Familie ein Fest und lobt das Kind. Wenn jedoch in unserer Kultur ein Kind zum ersten Mal sagt: »Tante Maria ist am Telefon«, dann werden nur wenige Eltern das für einen besonderen Entwicklungsschritt halten, den man feiern sollte. Die geniale Fähigkeit zum mathematischen Denken öffnet sich vielleicht mit zwölf oder dreizehn Jahren; manchmal reagieren Eltern oder Lehrer darauf, manchmal aber auch nicht. Der Schluß, den wir ziehen müssen, lautet, daß bei entsprechenden Reaktionen der Außenwelt die Öffnung im Innern das ganze Leben offen bleibt und die damit verbundene Kraft zum integralen Bestandteil der Seele wird.

Aus vielen Kulturen gibt es Belege, daß eine Öffnung für die Spiritualität im Alter von fünfzehn oder sechzehn Jahren stattfindet. In Indien gibt die Außenwelt darauf sozusagen ständig eine Antwort. Fast ununterbrochen kann das Kind in einem indischen Dorf oder in der Stadt religiöse Prozessionen erleben. Jeden Tag wird Ganesha mit Blumen überhäuft. Der religiöse Impuls ist allgegenwärtig. Religiöse Feste häufen sich. Heilige Männer gehen zum Zeichen ihrer Entsagung bettelnd umher. In Pakistan hört man auf den Straßen ekstatische Sänger, die Bauls. Eine Art Verrücktheit der religiösen Gefühle hilft dem Heranwachsenden, dessen spirituelles Chakra sich gerade geöffnet hat, dabei, sich als Teil dieser Kultur geborgen und zu Hause zu fühlen.

In unserer Kultur jedoch begegnen Heranwachsende keinen ekstatischen religiösen Sängern auf der Straße, dafür aber Plakaten, die mit sexuellen Reizen werben.

Das sexuelle Chakra der Heranwachsenden öffnet sich einige Monate nach dem spirituellen. In unserer Kultur treffen Jugendliche überall und unentwegt auf sexuelle Darstellungen – zum Beispiel enorme Plakatwände, auf denen halbnackte Frauen in der Luft liegen. Jungen und Mädchen hören und sehen, wie ihre sexuellen Triebe ständig animiert werden: durch Fernsehserien, Talkshows und Filme. Auch in der Rockmusik dröhnt der starke Pulsschlag des sexuellen Chakras. Unsere Jugendlichen baden geradezu in sexuellen Vibrationen. Heute wissen durchschnittliche Zwölfjährige mehr über die menschliche Sexualität als durchschnittliche Sechzigjährige im Jahre 1890.

Man kann also sagen, daß die Öffnung des sexuellen Chakras auf enorme Unterstützung in der Außenwelt trifft, während sich das spirituelle Chakra mangels Unterstützung wieder schließt. »Etwas Wunderbares wird geschehen.« Aber es geschieht nicht. Also versuchen westlich geprägte Jugendliche, in Amerika und anderswo, schließlich, die wunderbare Ekstase, die ihren Zellen bei der Öffnung des spirituellen Chakras versprochen wurde, mit Hilfe der Sexualität zu erleben. Die Ekstase »muß doch kommen«. Aber sie kommt einfach nicht. Statt dessen kommt die Enttäuschung. Der Heranwachsende empfindet eine schreckliche Verzweiflung, wenn das sexuelle Chakra nicht jene Ekstase vermitteln kann, von deren Kommen er oder sie so felsenfest überzeugt ist. Sex ist von kurzer Dauer und flach. Niemand kann überschätzen, wie riesig die Enttäuschung ist. In den achtziger Jahren des 19. Jahrhunderts legte Gerard Manley Hopkins in »Das bleierne und das goldene Echo« dem bleiernen Echo dieses Gefühl mit nachdrücklichen Worten in den Mund:

So beginnt denn, beginnet zu verzweifeln.
O da ist nichts; nein nein nein kein und nichts:
Drum beginnt zu verzweifeln, zu verzweifeln,
Verzweifeln, verzweifeln, verzweifeln, verzweifeln.

Das spirituelle Chakra schließt sich, und Sex hat sich als Betrug und Verrat erwiesen. Aus dieser Depression finden manche Teenager nie mehr heraus.

In allen Gesellschaften spüren Heranwachsende vermutlich diese Leere der Enttäuschung; doch in unserer Kultur ist es, als würde den Jugendlichen die Leere sogar noch *verkauft*. Konsumpiraten und Werbeagenturen kommt diese Leere nämlich sehr entgegen: Junge Amerikaner werden gedrängt, die innere Leere mit Alkohol auszufüllen, mit sexuellen Eroberungen, mit Kleidung, Designerdrogen, Pöbeleien, Flucht von zu Hause, Gesetzesverstößen, Selbstmitleid, bizarren Gelfrisuren, Schwangerschaften und dem Einverständnis, keine eigene Persönlichkeit zu haben.

Wenn wir dagegen ein wahrhaft spirituelles Gedicht oder Lied hören, fühlen wir uns ganz anders, ohne zu wissen warum. Wir spüren jedenfalls, daß wir echte Nahrung erhalten. Indes, zeitgenössische westliche Jugendliche bekommen meistens keinen Honig aus der Öffnung des spirituellen Chakras, sondern schalen, verwirrenden Ersatz aus dem sexuellen Chakra, der nie dazu gedacht war, an die Stelle echter geistiger Nahrung zu treten.

Zurück zu unserer Geschichte: Solche Bilder des Geistes, Bilder, in denen sich eine übermächtige, großzügige, lebhafte, Honig liebende Energie Ausdruck verschafft, waren es wohl, die Iwan erschienen, als er auf seinem Floß auf dem Meer trieb. Jener Honig liebende, Leben spendende Geist, Ausdruck des Weiblichen mit seiner Liebe zum Tanz, kam zu Iwan zu Besuch. Und dieser Geist besucht in der Tat fast alle jungen Menschen. Doch die meisten wissen wie Iwan nicht, wie sie mit Grazie reagieren können, damit der Geist des Göttlich-Weiblichen in ihrer Nähe verweilen kann.

Der gegenwärtige Präsident der Vereinigten Staaten, Bill Clinton, unterstützt den multinationalen, globalen Kapitalismus, der genau jene Fernsehprogramme hervorbringt, die den Jugendlichen billige Ersatzlösungen schmackhaft machen. Von wirtschaftlichen Interessen und der treibenden Kraft des pragmatisch orientierten amerikanischen Bewußtseins ermutigt, beleidigen wir das Weibliche unablässig.

Vielleicht sind diese Behauptungen über unser nationales Leben allzu pauschal. Vielleicht gewinnen wir Amerikaner ja nach dem Ende des Kalten Krieges mehr Respekt vor der Devise »Leben und leben lassen«. Vielleicht machen sich sogar bestimmte Formen der Weichheit in unserem kulturellen und religiösen Leben bemerkbar – etwa in der allgemeinen Bitte um Vergebung, welche die Southern Baptist Church kürzlich an alle Schwarzen richtete, die jahrhundertelang in den amerikanischen Südstaaten ein besonders hartes Los zu tragen hatten. Vielleicht trägt auch die neue Aufmerksamkeit, die unsere politische Kultur den Wählerinnen widmet, langfristig wertvolle Früchte. Die Haupttendenz ist jedoch nach wie vor eine Brutalität, wie wir sie seit den Tagen des römischen Kolosseums nicht mehr gekannt haben.

Die Invasion intensiver Gefühle, die Rilke als »süß verwandelte Nacht« beschreibt, die sich in das »verlassene Tal« der Arme des anderen senkt, hat auch einen transzendenten Aspekt. Der junge Mann hat sich in das Göttliche verliebt; ebenso die junge Frau. Das Sich-Verlieben ist, wie unsere

Geschichte zeigt, eines der Abenteuer, die der Seele als Ausgleich dafür vergönnt sind, daß sie sich bereit erklärte, in das Leben auf diesem Planeten hineingeboren zu werden.

Der Hauslehrer als Zerstörer der Phantasie

Ich habe einmal gehört, wie Marion Woodman vor Publikum eine Geschichte aus ihrem Leben erzählte: ein Erlebnis aus der Grundschulzeit. Sie war damals ungefähr sieben Jahre alt. Jedes Kind in der Klasse bekam von der Lehrerin Aquarellfarben und die Aufgabe, ein Haus und davor eine Rasenfläche zu malen. Marion gefiel die blaue Farbe ganz besonders, und so malte sie ihren Rasen einfach blau. Wütend sagte die Lehrerin: »Du bleibst nach der Schule noch da, bis du gelernt hast, wie man das Gras mit der richtigen Farbe malt – grün!« Im zweiten Anlauf malte Marion den Rasen grün, aber nun auch das Haus, die Dächer und den Himmel. Darauf reagierte die Lehrerin mit doppelter Wut, denn es kam ihr im Banne eines engstirnigen Realismus allein darauf an, daß, was in der Natur grün aussah, auch grün gemalt wurde, was blau aussah, blau. Marions Fazit: »Ich legte meinen Kopf auf die Bank und nahm ihn die nächsten sechs Jahre nicht wieder hoch.«

Die Lehrerin oder der Lehrer als Zerstörer der Phantasie. Am Anfang von Charles Dickens' 1854 erschienenem Roman *Harte Zeiten* sagt der Schulleiter Mr. Gradgrind:

> »*Was ich verlange, sind Tatsachen. Lehren Sie diesen Knaben und Mädchen nichts als Tatsachen. Tatsachen braucht man allein im Leben. Pflanzen Sie weiter nichts, und rotten Sie alles übrige aus. Sie können den Geist denkender Tiere nur durch Tatsachen bilden; nichts anderes wird ihnen jemals von dem geringsten Nutzen sein. Nach diesem Prinzip erziehe ich meine Kinder, und nach die-*

sem Prinzip erziehe ich diese Kinder. Halten Sie sich an Tatsachen, Sir!«

Natürlich ist Mr. Gradgrind ein negatives Abbild des Lehrers: der Zerstörer der Phantasie. Schon sechzig Jahre vor Dickens widmete sich William Blake diesem Typus in den Aphorismen und Sprichwörtern von *The Marriage of Heaven and Hell*: »Erwarte Gift von stehendem Wasser.« – »Die Tiger des Zorns sind weiser als die Pferde der Hohen Schule.« – »Niemals verlor der Adler soviel Zeit, als da er sich herabließ, von der Krähe zu lernen.«

Der Lehrer als Zerstörer der Phantasie ist in den Vereinigten Staaten schon immer Bestandteil des öffentlichen Schulwesens gewesen, doch neuerdings scheint er sogar noch mehr Spielraum zu gewinnen. Manche Lehrer, die heute an Grundschulen und High-Schools unterrichten, fördern auf bewundernswerte Weise die Phantasie, das Denken in Bildern und Metaphern, während andere – darunter leider auch viele promovierte Pädagogen – regelrechte Monster an Tatsachengläubigkeit und Phantasielosigkeit geworden sind. Sie machen sich und anderen das Leben in der Schule zur Hölle. Einige dieser verhaßten Lehrer sind als Persönlichkeiten so flach wie eine riesige Tiefebene. Wenn wir also nach jenen Kräften suchen, die Millionen von nordamerikanischen Schülern und Studenten die Nadel in den Kragen stecken (wie es der Hauslehrer auf Geheiß der Stiefmutter bei Iwan tut), dann fällt der Verdacht zunächst nicht umsonst auf das öffentliche Schulwesen, in dem soziologische Fragen, Rationalität, Kalkulation, Computer und Informatik so sehr im Vordergrund stehen. Am Ende sind Lehrer und Schüler jedoch verzweifelt. Dabei können große Dichtung und große Erzählkunst junge Gemüter immer noch so faszinieren und begeistern wie die dreißig strahlenden Schiffe, die sich Iwans Floß nähern. Große Literaturwerke »kennen« das Mädchen oder den Jungen oft besser und genauer als diese sich selbst: »Kennst du meinen Namen?« Indes, der nationale Trend, Musik- und Kunstunterricht immer mehr zusammenzustreichen, bedeutet, daß in zunehmendem Maße Computerfirmen und rechtslastige »Kräfte des Marktes« Strukturen und Inhalte des Unterrichts diktieren. In einer Universität in Minnesota ist das Fach Literaturwissenschaft bereits in das Soziologie-Department eingegliedert worden.

Auch die Linken haben ein Problem, über das sie allerdings nicht gerne sprechen: In den dreißiger und vierziger Jahren haben amerikanische Marxisten ihren Kindern ebenfalls Nadeln in den Kragen gesteckt, indem sie die Religion verhöhnten und jegliches Reden über spirituelle Werte unterbanden. Wirtschaftliche Zusammenhänge hatte Marx zwar scharfsinnig erfaßt, aber sein Jargon und seine Obsessionen waren jahrzehntelang in linken Kreisen die Nadel, die den größten Schaden anrichtete. Wenn dekonstruktivistische Literaturkritiker in ihren Jargon verfallen und beispielsweise von »Hegemonie-Strukturen« sprechen, wissen wir ebenfalls, daß irgendwo eine eifersüchtige Stiefmutter lauert. Über mechanistische Metaphern marxistischer oder behavioristischer Herkunft, die zur Erklärung menschlichen Unglücks herhalten müssen, sagt D. H. Lawrence in seinem späten Gedicht »Healing« (Heilung):

> *Ich bin kein Mechanismus, keine Ansammlung*
> *verschiedener Teile.*
> *Und nicht weil der Mechanismus schlecht funk-*
> *tioniert, bin ich krank.*
> *Nein, ich bin krank durch Wunden meiner Seele,*
> *des tiefen emotionalen Selbst,*
> *Und die Wunden der Seele brauchen lange,*
> *sehr lange. Da hilft nur Zeit*
> *Und Geduld und eine gewisse schwierige Umkehr –*
> *Eine lange, schwierige Umkehr, Einsicht in den*
> *Fehler des Lebens und Selbstbefreiung*

Von der endlosen Wiederholung jenes Fehlers,
Den die ganze Menschheit zu heiligen sich
entschlossen hat.

Jahrhundertelang hat sich die Menschheit zum Beispiel entschlossen, die Prügelstrafe in Schule und Elternhaus zu heiligen – oder auch Beschämung, Krieg und Völkermord. Heute hat die Menschheit begonnen, die Popkultur heilig zu sprechen. Die Nadel der Popkultur, besonders in ihrer Fernsehausprägung, hat zu einem großen Schlaf geführt – und dieser Schlaf ist so tief, daß Shakespeares Intensität viele Collegestudenten bereits überfordert. Im Januar 1997 war im *Christian Science Monitor* zu lesen, daß heutzutage immer weniger Colleges in den Vereinigten Staaten von ihren Studenten die Teilnahme an einem Shakespeare-Kurs verlangen, weil die Studenten sich einfach nicht mehr lange genug konzentrieren können. Interessanterweise bitten auch die Professoren, die Shakespeare an Colleges unterrichten dürfen, die immer noch einen Shakespeare-Pflichtkurs kennen, bisweilen händeringend darum, von dieser Aufgabe entbunden zu werden. Der Widerstand, den jede etwas kompliziertere Sprache bei den Studenten hervorruft, macht diese Lehrer so deprimiert, daß sie den Kurs nicht länger unterrichten wollen.
Die literaturkritische Mode des Dekonstruktivismus stellt einen Versuch dar, bestimmte Fehler zu korrigieren. Doch obsessiver Haß ihrer Verfechter gegen den Literaturkanon führt dazu, daß fast alle Romane und Gedichte, die von unseren Vorfahren geschrieben wurden, von vornherein verdächtig sind. Den Finger auf Sünden und Fehler der Vergangenheit zu legen, auf Aussagen und Taten wie auf Unterlassungen unserer Vorfahren, wird dabei zum leichten Spiel. Zusammen mit einem generellen Haß auf herausragende Figuren und Leistungen führt dieses Spiel dazu, daß die Studenten von ihrem menschlichen Erbe abgeschnitten werden. So wirkt auch diese Haltung in Tausenden von Klassenräumen und Hörsälen wie

die Nadel in Iwans Kragen. Seelische Verwundungen sind dabei unvermeidlich.

Traurig kehrte er nach Hause zurück und grämte sich. Die Stiefmutter rief den Hauslehrer zu sich ins Zimmer, machte ihn betrunken und fragte ihn über alles aus, was passiert war. Sie trug ihm auf, auch am folgenden Tag die Nadel in Iwans Kleidung zu stecken.

Wieder geht Iwan in sein Zimmer, um deprimiert zu sein. Und wieder sucht der Hauslehrer die Stiefmutter auf. Erneut soll ihm der Alkohol die Zunge lösen, und abermals erzählt er alles, was geschehen ist. Die Stiefmutter, die sich gegen jede Nähe zwischen Iwan und der Zar-Jungfrau zur Wehr setzt, ist abermals zufrieden, als sie hört, daß die silbernen und goldenen Schiffe unverrichteter Dinge davongesegelt seien.

Schon seit Jahren behauptet Marion Woodman, unsere Kultur produziere ständig jenes Phänomen, das in unserem Märchen Stiefmutter genannt wird: Männer und Frauen ohne eigenes Bewußtsein, »unbewußte« Mütter, die so sehr dem Konkreten verhaftet sind, daß sie symbolische Energien blockieren. Zu Recht kritisieren Feministinnen die riesige Zahl der von den wirtschaftlichen Organisationsstrukturen geschädigten Väter ohne partnerschaftliches Bewußtsein, doch auch die Frauen sind nicht immun. Marion Woodman meint, daß man auch über die vielen Frauen mit fehlendem Bewußtsein nicht schweigen dürfe, die vom Materialismus geprägt und verhärtet sind. In den Einkaufszentren stoßen wir auf eine im Materiellen sich erschöpfende Mütterlichkeit. Diese dem Konkreten verhaftete Mutter hält überhaupt nichts von symbolischer Nahrung für den Geist. Während der »unbewußte Vater« ein wichtiger Faktor für Tyrannei, kapitalistische Herrschaft und den Kampf der Geschlechter ist, zeichnet die »unbewußte Mutter« für seelische Schwere und oberflächliches Konsumententum verantwortlich.

Marion Woodman formuliert es so:

Die alte zur Versteinerung führende Mutter ist wie ein großer Drache, der sich in den Tiefen des Unbewußten wälzt. Er will, daß sich nichts ändert. Wenn das aufdringliche Ego versucht, irgend etwas zu erreichen, bringt ein einziges Hervorschnellen der Zunge den kindlichen Rebellen wieder zur Räson. Der Konsorte dieser Frau, der rigide autoritäre Vater, legt die Gesetze fest, die den Zustand ihrer Untätigkeit aufrechterhalten. Gemeinsam beherrschen uns beide mit eiserner Faust im Samthandschuh. Die Mutter wird zur Mutter Kirche, zur Mutter Sozialstaat, zur Mutter Universität, der geliebten Alma mater. Verteidigt wird sie vom Vater, der zum Vater Hierarchie, zum Vater Gesetz, zum Vater Status quo wird ...
Die jahrhundertelangen Bemühungen, den Drachen zu erlegen, haben am Ende dazu geführt, daß die Mutter im konkreten Materialismus verehrt wird. Die Söhne und Töchter des Patriarchats stehen in Wirklichkeit im Banne der Mutter.

Wenn man diese Worte auf sich einwirken läßt, stehen einem die Haare zu Berge. Schon vor langer Zeit also ist Millionen Frauen die Nadel verabreicht worden, und im Konkreten verharrende Mütter spielen eine wichtige Rolle bei der Arbeit des (Haus)Lehrers als Zerstörer der Phantasie. Millionen Menschen beiderlei Geschlechts, auf unterschiedliche Weise süchtig, nehmen an den von uns belauschten nächtlichen Gesprächen zwischen Stiefmutter und Hauslehrer teil, deren Hauptziel darin besteht, das Göttliche fernzuhalten, in unserem Fall das Göttlich-Weibliche.

Eine Parallelerzählung der Mayas

Wir wollen uns jetzt einer Version unserer Geschichte zuwenden, die weder der Stiefmutter noch dem Hauslehrer einen Vorwurf macht: Man könnte doch einfach sagen, daß Iwans Schlaf auf eine Geschichte über das Vergessen hinausläuft. Vergessen können die Menschen nämlich besonders gut; das ist ihre Spezialität. Selbst ohne Stiefmutter oder Hauslehrer geben sich menschliche Wesen dem Schlaf hin, Männer genauso wie Frauen. Es ist, als besäßen wir Gene für das Vergessen.

Bei den Mayas gibt es eine Parallelerzählung. Sie stammt aus Santiago de Atitlan, einem Dorf in Guatemala, in dem Martín Prechtel lange gelebt hat. Er hat mir freundlicherweise gestattet, die Ereignisse dieser Geschichte nach seinem Bericht mit meinen eigenen Worten zusammenzufassen.

Zu einer bestimmten Zeit, die eigentlich überhaupt keine Zeit war, in einem Jahr, das dreizehn Monate hatte, aber kein Gestern, ging ein Junge, der weder Vater noch Mutter hatte, auf die Jagd. Beim Schnitzen seines Bogens war er so ungeschickt gewesen, daß die Pfeile, die er verschoß, immer im großen Bogen nach oben flogen und hinter ihm zu Boden fielen. So konnte er kaum etwas treffen. Eines Tages stieß er bei der – erfolglosen – Jagd auf eine junge Frau. Ihre gegenseitige Zuneigung wuchs schnell, doch als sie ihn nach Hause mitnahm, erlitten ihre Eltern einen Schock. Ihre gesamte Familie gehörte der Rasse der Götter und Göttinnen an, dieser Junge aber war ein schäbiges, verwahrlostes, übelriechendes, bedeutungsloses menschliches Wesen. Unter dem Vorwand der Initiation versucht der Vater des Mädchens zweimal, den Jungen zu töten: Einmal führt er ihn mitten ins Zentrum eines Waldbrands, das andere Mal läßt er ihn in einen Erdrutsch geraten. Doch beide Male rettet die Tochter ihren Liebsten mit Zaubertricks. Am Ende gehen dem Mädchen jedoch die rettenden Tricks aus, und so flieht das Paar, verfolgt von den mörderischen göttlichen Eltern.

52

Die inzwischen schwangere Tochter merkt, daß sie, wenn der Geburtstermin erst da ist, nicht mehr in der Lage sein wird, sich selbst, das Kind und auch noch ihren Mann zu beschützen. Deshalb sucht sie sich ein geschütztes Plätzchen im Wald, gebiert dort Zwillinge und schickt den jungen Mann mit den beiden kleinen Jungen zurück in dessen menschliche Heimat. Sie selbst will an diesem einsamen Ort auf die Rückkehr ihres Mannes warten. Doch das Beherrschende am Menschen ist seine Vergeßlichkeit.

Der junge Mann kehrt in sein Dorf zurück, wird wie ein Held behandelt und verliert sofort die Erinnerung an seine ihm anvertraute Frau. Man könnte, in heutige Verhältnisse übersetzt, auch sagen, daß er seine alten Schulkameraden trifft, mit ihnen eine Pizza essen geht und sich dann wieder in das alte Leben eingliedert. Reine Erinnerungslosigkeit.

Monate später erinnert sich der junge Mann plötzlich daran, daß er verheiratet ist und eine liebe Frau hat. Er eilt aus seinem Dorf fort, den Berg hinauf, kraxelt auf schnellstem Wege voran und findet schließlich auch die Waldlichtung wieder, auf der er sich von seiner Liebsten verabschiedet hat. Doch sie ist nicht mehr da. Im Gras liegen nur noch ein paar Knochen. Sie ist beim Warten gestorben. Wie konnte er sie nur vergessen? Er trommelt mit den Fäusten auf das Gras, schreit und weint stundenlang, und beim Blick auf seine Hände empfindet er nur noch Abscheu. Er versteht einfach nicht, wie er seine Frau vergessen konnte. Wie war das nur möglich? Die gemeinsam mit ihr verbrachten Monate waren doch die großartigsten in seinem ganzen Leben gewesen; damals hatte er endlich ein umfassendes Leben führen können. Er hatte das Göttlich-Weibliche getroffen, und er hatte zwei Kinder.

Aber so ist das eben bei uns Menschen. Wir vergessen unsere Lehrer, die Autoren, von denen wir lernten, die Heimsuchungen durch das Heilige, unser Zusammentreffen mit dem Göttlichen. Doch das Göttliche wartet nicht unbegrenzt auf uns.

Wenn sich unser Gedächtnis plötzlich bessert, ist schon beträchtlicher Schaden entstanden.

Wir sehen, diese Maya-Erzählung kann einiges zur Erhellung der Geschichte von Iwan beitragen. Der »junge Jäger mit dem krummen Bogen« spürt schließlich auch den Kummer, der Iwan noch bevorsteht.

Am folgenden Tag ging Iwan der Kaufmannssohn wieder zum Fischen, wieder schlief er die ganze Zeit und wieder sah er die Zar-Jungfrau nicht; sie ließ ausrichten, daß sie noch einmal kommen würde.

Der dritte Besuch der Zar-Jungfrau

Am nächsten Morgen steht Iwan wieder auf. Nochmals fahren der Hauslehrer und er mit dem Floß aufs Meer. Und abermals tauchen die einunddreißig göttlichen Erscheinungen am Horizont auf:

Am dritten Tag ging er wieder mit seinem Hauslehrer zum Fischen; sie kamen wieder an die alte Stelle und sahen von weitem die Schiffe kommen, der Hauslehrer stach sofort mit der Nadel zu, und Iwan der Kaufmannssohn fiel in einen tiefen Schlaf. Die Schiffe kamen herbei und warfen die Anker. Die Zar-Jungfrau schickte nach ihrem Verlobten, daß er zu ihr aufs Schiff käme. Sie versuchten ihn auf jede mögliche Weise zu wecken, aber was sie auch taten, sie konnten ihn nicht aufwecken.

Wir wissen nicht, wie oft sich diese erfolglosen Besuche in unserem eigenen Leben ereignen. Doch irgendwann ist schließlich der endgültig letzte Besuch gekommen, sei es der zweite oder der sechshundertste. Irgendwann ist der Augenblick da, in dem alles vorbei ist.

Die Energie aus dem Universum sagt: »Jetzt kann ich nicht mehr länger warten. Das war's.« Das Universum schreibt einen Brief und hinterläßt ihn beim Hauslehrer. Die Frau mit dem Goldenen Haar und die dreißig Schwanenfrauen segeln davon – auf Nimmerwiedersehen. Etwas Endgültiges ist geschehen. Diese Stimmung erinnert an den Sommer 1914 – damals verschwand aus England eine gewisse Lebensfreude und kehrte nie mehr zurück. Es ist, als ob dieser Augenblick – der Moment, in dem etwas Wunderbares vorbei und zu Ende ist – im Europa zur Zeit des Ersten Weltkriegs kollektiv empfunden wurde. T. S. Eliot hat diese Zusammenhänge in seinem epochalen Gedicht *Das wüste Land* (1922) im Bild von der abschüssigen Fahrt subtil zum Ausdruck gebracht:

Bin gar keine Russin, stamm' aus Litauen, echt deutsch.
Und als wir Kinder waren, beim Großfürsten wohnten,
Meinem Vetter, fuhr er mit mir Schlitten,
Und ich fürchtete mich. Er sagte, Marie,
Marie, halt dich fest. Und hinunter ging's.

In unserem Märchen von der Zar-Jungfrau ist derjenige, der das Weibliche im Stich ließ, jetzt selbst verlassen. Die Männer und Frauen, die das Göttliche im Stich ließen, als sie Afrika brutalisierten, sind jetzt selbst im Stich gelassen. Und die amerikanischen Schriftsteller der »Verlorenen Generation« um F. Scott Fitzgerald, Hemingway und Gertrude Stein hätten ohne den desillusionierenden Augenblick des Verlassenseins nach dem Krieg so, wie wir sie kennen, nicht leben und schreiben können.

In unserem eigenen Leben kommt nach zu viel Schläfrigkeit, zu vielen Beleidigungen des Göttlichen, zu viel Materialismus oder Fernsehen ebenfalls der Moment, in dem alles vorbei ist. Aus und vorbei. Da hilft kein Heulen und Weinen. Iwans Schreie sind diesmal noch mitleiderregender als sonst – die Schiffe sind endgültig außer Hörweite.

Erst als die Schiffe die Segel gesetzt hatten und aufs weite
Meer hinausfuhren, zog der Hauslehrer die Nadel aus den
Kleidern von Iwan dem Kaufmannssohn. Dieser wachte
auf, begann laut zu schreien und nach der Zar-Jungfrau
zu rufen, aber sie war schon viel zu weit entfernt, sie
konnte ihn nicht mehr hören.

Der Gebrauch des Säbels

Als die Zar-Jungfrau, die göttliche Liebhaberin, zum dritten
Mal merkt, daß Iwan absolut nicht aufzuwecken ist, hinterläßt
sie ihm einen Brief:

Die Zar-Jungfrau erkannte die List der Stiefmutter und
den Verrat des Hauslehrers, und sie schrieb Iwan dem
Kaufmannssohn einen Brief, daß er dem Hauslehrer den
Kopf abschlagen solle. Wenn er seine Braut wirklich
liebte, dann würde er sie hinter den dreimal neun Län-
dern suchen, im dreimal zehnten Reich.

Iwan zieht seinen Säbel – welchen Säbel? Woher kommt der?
Egal. Er zieht *seinen* Säbel und schlägt dem Hauslehrer den
Kopf ab.

Der Hauslehrer überreichte ihm ihren Brief; Iwan der
Kaufmannssohn las ihn bis zum Ende, zog seinen schar-
fen Säbel und schlug dem bösen Hauslehrer den Kopf ab,
er selbst begab sich schnellstens ans Ufer und ging nach
Hause. Er verabschiedete sich von seinem Vater und
machte sich auf den Weg, um das dreimal zehnte Reich
zu suchen.

Manche Leute haben Probleme damit, daß dem Hauslehrer
der Kopf abgeschlagen wird. Ist das nicht gewalttätig? Indes,

wenn der Hauslehrer im eigenen Innern wirkt, kann außer einem selbst niemand Schaden nehmen.

Iwans brüske Bewegung mit dem Säbel ist eine Art gesunde animalische Aktion. Das Tier in uns weiß, wie man überlebt; das Tier in uns fängt, wenn es in der Wüste Hunger verspürt, ein Kaninchen und verzehrt es. Und das ist auch ganz in Ordnung. So ist die Welt. Dem Hauslehrer den Kopf abzuhauen – das hätte man Iwan *in der Schule* niemals beigebracht. Das ist eine reine Frage des Überlebens. Das Tier handelt, um sein Leben zu retten, aufrichtig. Es verläßt sich auf seine Instinkte. Als Hamlet herausfindet, daß Rosenkranz und Güldenstern sich in die gegen Hamlets Leben gerichtete Intrige des Königs haben einspannen lassen, schickt er sie schnell selbst in den Tod – und denkt danach nicht weiter darüber nach.

Wer alle Einzelheiten einer Erzählung wörtlich nimmt, müßte jetzt wohl sagen, daß Iwan zum Mörder geworden ist. Doch das trifft die Sache nicht ganz. Er hat lediglich dem altvertrauten Tier in sich – es hat seit Millionen Jahren des Lebens seinen geheimen Sitz in seiner Seele – eine Chance zum Handeln gegeben. Und diese Tat war nicht hinterhältig, sondern klar und eindeutig.

Wer sich alle Figuren dieser Geschichte lieber als Bestandteile einer einzigen Person vorstellen möchte, kann sich auch daran erinnern, daß manche Menschen ihre eigentliche Bestimmung erst erreichen, nachdem sie sich ihr akademisches Haupt abgeschlagen haben. Albert Schweitzer wäre ein schönes Beispiel: Er gab seine Karriere in Europa als Konzertorganist auf und ging nach Afrika, um in Lambarene im Urwald ein Krankenhaus für Schwarze zu gründen und zu leiten. Auch bei Künstlern ist eine Art Selbstenthauptung kein ungewöhnlicher Akt. Große Kunst ist eng mit irgendeiner Entsagung verbunden, auch wenn diese Beobachtern oft als brutal erscheint.

Der legendäre indische Mystiker aus dem 15. Jahrhundert, der

Dichter Kabir, spricht vom Großen Schlaf und davon, wie schwach unsere Anstrengungen sind, dagegen anzugehen:

Wenn du sowieso gleich in schweren Schlaf verfällst,
Warum willst du dann Zeit damit verschwenden,
Das Laken zu glätten und Kissen zu ordnen?

Kabir wird dir die Wahrheit sagen. So ist die Liebe:
Nimm an, du müßtest dir den Kopf abschneiden
Und ihn jemand anderem schenken,
Welchen Unterschied würde das machen?

Nun gut, der Kopf ist ab, und damit verschwindet der Hauslehrer aus unserer Geschichte. Das ist gut so. Doch ehe wir zum nächsten Abschnitt kommen, müssen wir uns unseren eigenen Widerstand gegen das Schwingen des Säbels nochmals vergegenwärtigen.

Viele von uns wollen nicht, daß Shiva seinen Sohn enthauptet. Wir wollen nicht, daß Hamlet Polonius ersticht oder Rosenkranz und Güldenstern in den Tod schickt. Wir wollen nicht, daß sich Arjuna in die Schlacht stürzt. Wir würden lieber das Bettlaken glattziehen und die Kissen ordnen, naiv weiterleben und das Beste erhoffen. Manche Leute würden am liebsten in ihrem ganzen Leben mit ihrem animalischen Körper niemals richtig zur Sache kommen. Sie scheuen die entscheidende Tat – wie Hamlet. Während des ganzen Shakespeare-Stückes haben wir das Gefühl, daß es schon an ein Wunder grenzen würde, wenn sich Hamlet schließlich doch noch zur entscheidenden Tat aufraffte.

Manche Frauen müssen die männliche Seite in ihrem Innern nur tief genug entwickeln, um dem Hauslehrer dort, in ihrem Innern, den Kopf abschlagen zu können, der sowohl männlich als auch weiblich sein kann. In diesem emanzipatorischen Zusammenhang ist das Männliche im Prinzip für beide Geschlechter hilfreich.

In unserer Geschichte ist nirgends die Rede davon, daß Iwan seine Stiefmutter bestraft. Ihr Handeln wurde durch irgendeine Form der Liebe motiviert, das Handeln des Hauslehrers hingegen durch Schwäche. In der Erzählung heißt es lediglich, daß Iwan an Land segelte, seinem Vater Lebewohl sagte und sich auf den Weg machte. Sein Ziel ist, das Königreich »Schwer zu finden«.

Teil II

*E*r ging, wohin sein Auge blickte, sei es lang, sei es kurz, das Märchen ist schnell erzählt, aber die Tat nicht schnell vollbracht. Schließlich kam er zu einer kleinen Hütte; die Hütte stand auf dem freien Feld und drehte sich auf Hühnerbeinchen. Er betrat die kleine Hütte, und dort war die Baba-Jaga Knöchernes Bein.

Baba-Jagas Hütte auf Hühnerbeinchen

Jetzt haben wir es mit einer völlig anderen Welt zu tun. Die gedruckte Erzählung bringt viele erstaunliche Dinge in einem einzigen Satz unter, doch wir wissen: Wäre ein Geschichtenerzähler zugegen, dann würde er oder sie das Tempo jetzt stark verlangsamen – durch Einsatz unterschiedlicher Stimmen, durch Scherze und Seitenbemerkungen. Genauso wollen wir es jetzt auch halten.

Es hat sich etwas Enormes zugetragen. Wie lange hat Iwan gesucht: fünf Jahre, zehn Jahre? Das sollte man vielleicht besser jemanden fragen, der ebenfalls von zu Hause weggelaufen ist, nachdem er einem anderen den Kopf abgeschlagen hat – auf der Suche nach einem Ort, den weder er oder sie noch irgendjemand sonst kennt. Keiner weiß etwas Genaues. Dazu fallen mir Bob Dylans Zeilen aus seinem Song »Like a Rolling Stone« ein:

Wie fühlt sich das denn an,
Auf sich gestellt, allein,
Ohne Weg und Heim
Wie ein völlig Fremder zu sein –
Wie ein rollender Stein?

Iwan war nicht in der Lage gewesen, dem Göttlich-Weiblichen angemessen zu begegnen, als sich die göttliche Energie ihm zugewandt hatte. Jetzt hat sich das Göttliche sozusagen zurückgezogen. Vielleicht hat es sogar – in der unseligen Tradition von Armeen auf dem Rückzug – Straßensperren hinterlassen oder gesprengte Brücken, verbrannte Scheunen, vergiftete Brunnen, unbrauchbar gemachte Gasbehälter, und so weiter, und so weiter. Mit anderen Worten, dieser junge Mann wird, wenn er weiter heranwächst, durch ein Minenfeld weiblichen Zorns hindurch müssen. Er war davor nicht gewarnt worden, aber jeder von uns muß gelegentlich durch Gelände hindurch, vor dem er nicht gewarnt wurde.

So ist das dreimal zehnte Reich also eine Art dreifach weiblich aufgeladener Sphäre: eine äußerst eindrucksvolle Gegend, treffen hier doch die Mächte der Fruchtbarkeit, der Magie, der Unterwelt, des Meeres und des Mondes zusammen. Wir erfahren allerdings nicht ausdrücklich, daß das dreimal zehnte Reich ein Geheimname für das Reich des Magisch-Weiblichen ist. Wenn wir bedenken, daß die Besatzung der Schiffe, die zu Iwan kamen, ausschließlich weiblich war, ist es durchaus möglich, daß die Welt der Schiffe schon das dreimal neunte Reich bildete. Und jetzt hat sich die Göttin gleichsam an einen noch weiter entfernten Ort zurückgezogen: in das dreimal zehnte Reich.

Es ist sogar möglich, daß dieses Reich Züge der Vereinigung von Männlichem und Weiblichem trägt. Denkt man nämlich an andere Zusammenhänge, in denen die Zahl zehn eine wichtige Rolle spielt, so kommt man zum Beispiel auf Noah, der zur zehnten Generation gehörte. Im hebräischen Alphabet ist der zehnte Buchstabe der Baum des Lebens. Gott (Jahwe, Jehova) soll zehn Wörter benutzt haben, um das Universum zu schaffen. Und in vielen Traditionen steht die Zahl zehn für den Sündenfall: den entscheidenden Abstieg der Seele in die Welt der Materie. Man könnte also auch sagen, daß in unserer Geschichte das Ekstatisch-Weibliche in ein Königreich zurückgekehrt ist, in dem sich die Seele mit der Materie verbunden hat. Für einen völlig unerfahrenen Jungen wie Iwan wird dieser Ort nur sehr schwer zu erreichen sein. Die ganze bisherige Erzählung stellt eine Parabel unseres Sündenfalls als Menschen dar. Hätten wir als menschliche Wesen das Göttliche akzeptiert, als es sich zum ersten Mal anbot, dann wären unser individuelles Leben und unsere kollektive Geschichte einfacher verlaufen. Aber wir haben es nicht akzeptiert. Und nun erfordert es endlose Mühen und Anstrengungen der Menschen, zum Göttlichen zurückzukehren. Das müssen wir uns nicht von Dichtern sagen lassen, das haben wir am eigenen Leib erfahren.

Und doch, lassen wir einmal auf uns wirken, wie Federico García Lorca, der große spanische Dramatiker und Lyriker, diesen Sachverhalt in »Kleines unendliches Gedicht« beschreibt:

> *Im Weg sich irren,*
> *heißt zum Schnee gelangen,*
> *und zum Schnee gelangen,*
> *heißt während zwanzighundert Jahren das Gras der*
> * Totenäcker weiden.*

> *Im Weg sich irren,*
> *heißt zum Weib gelangen,*
> *dem Weib, das vor dem Lichte sich nicht fürchtet,*
> *dem Weibe, das in einem Augenblick zwei Hähne*
> * umbringt,*
> *dem Licht, das keine Hähne fürchtet,*

*und zu den Hähnen, welche auf dem Schnee nicht
krähen können.*

*Doch wenn der Schnee sich irrt im Herz,
dann kann der Wind des Südens kommen,
und weil die Luft sich um die Seufzer nicht beküm-
mert,
so müssen wir das Gras der Totenäcker nochmals
weiden.*

...

*Und weil das Licht erzittert vor den Hähnen,
und weil die Hähne überm Schnee nur fliegen können,
so müssen wir das Gras der Totenäcker weiden
ohne Unterlaß.*

Lorca schrieb dieses Gedicht Anfang 1930 in New York, und wahrscheinlich sah er in dieser Stadt eine Art Unterwelt.
Wer ist nun die Baba-Jaga? Alles, was wir darüber wissen, ist unsicher, selbst die mythengeschichtliche Epoche, aus der diese Figur stammt. Wir vermuten jedoch, daß die Verehrung der indischen Göttin Kali oder der Baba-Jaga aus einer Zeit stammt, die noch *vor* dem Patriarchat der Rinderzüchter liegt, also aus einer Zeit, ehe das alte, vorhomerische Griechenland von kaukasischen Viehzüchtern erobert wurde und ehe die agrarisch geprägten Religionen von abstrakteren Göttern überlagert wurden. Vermutlich schauen wir in den Baba-Jaga-Szenen in eine Zeit zurück, in der Frauen im Zentrum des Dorfes herrschten und Männer irgendwo am Rande lebten. Wenn sie das Dorf betraten, mußten die Männer sehr auf der Hut sein. Das ist allerdings nur eine Vermutung, Genaueres wissen wir nicht. Niemand weiß es. Die Tatsache, daß moderne Priester Roben tragen, die das Weibliche symbolisieren, könnte ein vielsagendes Detail sein. Daß die Richter in England immer noch Perücken tragen, impliziert, daß einst

Frauen Recht sprachen, wie auch die Priesterroben implizieren, daß einst Frauen als Priester fungierten. Aber wir wissen es nicht. Es gibt gute Argumente, die dafür, und gute, die dagegen sprechen. Was mich betrifft, so kann ich ohne weiteres mit der Vorstellung leben, daß die Männerherrschaft relativ neueren Datums ist und daß die frühere Macht der Frauen mit dem Sammeln und Zubereiten der Nahrung zu tun hatte, mit weiblicher Sprachbegabung und einem höheren Sozialisierungsstand der Frauen. Kann sein, daß ich später meine Meinung ändern werde, doch gegenwärtig ist genau das meine Ansicht.

In unserer Kultur besteht ein dringendes Bedürfnis nach einer umfassenderen Mythologie – einer, die sich nicht so sehr auf die typisch patriarchalischen Obsessionen beschränkt. Wir sind eingeladen, die alten Mythologien zu erkunden, nicht einfach nur unsere überkommene Mythologie zu akzeptieren. Natürlich sind wir schlau genug, zu wissen, daß man keinen Mythos wirklich *erfinden* kann, denn ein solcher Vorgang würde ungefähr zehntausend Jahre in Anspruch nehmen, und so lange wird wahrscheinlich niemand von uns am Leben sein. Doch wir können aus dem riesigen Schatzhaus der Mythologie jene Geschichten in den Vordergrund stellen, die unserer geänderten Fragestellung eher entsprechen: Mythen, die neben den Heldengeschichten und über das Heroische hinaus bestehen können. Wenn wir auf solche Geschichten stoßen, dann sollten wir sie sinnvollerweise auf unsere eigenen Häuser, auf unsere Nahrung, Kleidung, Psychologie und auf vieles andere mehr beziehen.

Robert Johnson hat in seinem schon zitierten Buch *Balancing Heaven and Earth* kürzlich bemerkt:

Man könnte sich durchaus vorstellen, daß jenes Element, das erforderlich ist, um eine moderne Persönlichkeit abzurunden und zu unserer Ganzheit beizutragen, die Einbeziehung der nach unten gerichteten, erdhaften Bewe-

gung der Dinge ist. Das erfordert jedoch ein völlig neues
Ethos und eine neue Mythologie. Neue Symbole könn-
ten sich im kollektiven Unbewußten regen, damit die seit
Jahrtausenden im Denken vorherrschende Bewegungs-
richtung [das Streben in obere Sphären] umgekehrt wer-
den kann.

In unserem Märchen begegnen wir jetzt einer Göttin, die
Menschen frißt. Sie hat im Zentrum großer Teile der antiken
Mythologie einen Ehrenplatz, doch in der Landschaft der meisten westlichen Erzählungen ist ihre Größe verlorengegangen.
Dieses Wesen ist keine Hexe, sondern ein großartiges Phanta-
siegebilde.
Der größte Irrtum, dem man bei der Betrachtung unserer Erzählung erliegen könnte, bestünde darin, die Vision der Baba-
Jaga zur patriarchalischen Propagandaschöpfung zu erklären
und in ihr lediglich einen weiteren der über viele Generationen reichenden Versuche zu sehen, das Weibliche zu dämonisieren – einen cleveren Schachzug im Machtkampf zwischen
den Geschlechtern. Nein, die Bilder dieser russischen Erzählung reflektieren den Schmerz von Männern *und* Frauen. Unsere Erzählung hat die nüchterne Klarheit eines Gedichts von
Emily Dickinson:

> *Es herrscht ein Schmerz – ein äußerster Schmerz –*
> *Er verschlingt die ganze Substanz –*
> *Dann deckt er den Abgrund mit Trance zu –*
> *Damit die Erinnerung sanft*
> *Drum herumschleichen – oder drauftreten kann –*
> *Wie einer in Ohnmacht geht –*
> *Ganz sicher – während er offenen Aug's –*
> *Zerfallen würd' – Glied für Glied.*

Marion Woodman und ich haben uns, seit wir erwachsen sind,
für die Wiederentdeckung der alten Mythen eingesetzt. Ma-

rion hat, nachdem ihr das ganze Ausmaß unbewußter Mütterlichkeit klargeworden war, die wir aus dem neunzehnten Jahrhundert geerbt haben, die Mütter dazu animiert, bewußter zu werden (vor allem in *Addiction to Perfection* – dt. *Heilung und Erfüllung durch die Große Mutter*). Sie hat dagegen angekämpft, daß bestimmte alte Mythen allzu vordergründig und rationalistisch ausgelegt werden. Denn dabei kommt nur heraus, was sie die »konkretisierte Große Mutter« nennt – eine Version der Mütterlichkeit, die sich allein im Materiellen erschöpft. Ich selbst habe (in *Eisenhans*) die Männer gedrängt, ihr eigenes inneres Wachstum dadurch bewußt zu fördern, daß sie den Schlüssel unter dem Kopfkissen ihrer Mütter entwenden, die wilde Seite in ihrem Innern respektieren und lieber – mythisch gesprochen – in die Unterwelt hinabsteigen, Scham und Versagen riskieren, als sich darauf einzulassen, daß ein im neunzehnten Jahrhundert von Bischöfen und Geschäftsleuten geprägtes Männerbild ihr Leben bestimmt.

Manche Leser werden sich weigern, das mythologische Fernrohr an ihr Auge zu setzen. Sie werden sich partout auf die alten Interpretationsmuster zurückziehen wollen, auch wenn dabei die komplizierten Bewegungen himmlischer Körper auf ein paar mechanische Theorien über das Wesen der Geschlechter reduziert werden. Mit Sigmund Freuds Hilfe hat sich die westliche Kultur in nur hundert Jahren von einem vordergründig realistischen Weltverständnis zu einem psychologischen bekehrt. Doch jetzt sind wir gefordert, uns noch weiter fortzubewegen – vom psychologischen zum mythologischen Weltverständnis. Und dieser Schritt ist weit schwieriger. Im Augenblick sind wir dazu fast nicht in der Lage. Doch das mythologische Weltverständnis liegt nicht hinter, sondern vor uns. Dazu bedarf es eines Denkens, das sich nicht in begrifflichen Gegensätzen erschöpft, sondern sich einer Art Doppelvision öffnet, wie sie sich in der Unterwelt entfaltet.

Wer ist Baba-Jaga?

Mythologisch gesehen gehört Baba-Jaga eigentlich nicht in die Welt der Menschen. Sie ist kein Säugetier aus der Menagerie der menschlichen Seele, sondern Teil des inhumanen Universums. Sie ist eine Kraft – ein Wesen, das wahrscheinlich älter ist als das früheste menschliche Wesen. Sie besteht nicht aus Projektionen, wird nicht durch Verdrängung evoziert, sondern ist ein erstaunlich fröhliches, munteres Wesen. Sie existiert; vielleicht ist sie sogar die Existenz selbst. Auf jeden Fall ist es weise, sich in ihrer Gegenwart in acht zu nehmen. Denn sie schuldet einem nichts, und das Universum gehört ihr.

Der junge Mann ist der ekstatischen Energie des Weiblichen nicht ganz gewachsen; das Menschenwesen kann die Energie des Göttlichen, wenn sie zugegen ist, nicht ganz aufnehmen. Wie man das ändern kann, wird uns in dieser Geschichte vorgeführt: Man muß sich auf ein Spiel mit der Totengöttin einlassen. In der Unterwelt gelten neue Verhaltensregeln, die wir erlernen müssen. Höflichkeit ist dort eine Frage von Leben und Tod. Dort müssen wir das dualistische Denken, das Fundamentalisten jeglicher Couleur, Marxisten und letztlich wir alle so sehr lieben, hinter uns lassen. Dort sind Dinge zu lernen, die uns unsere Eltern niemals beigebracht haben, unter anderem die Verschiebung vom Sehen zum Hören.

Die Baba-Jaga ist also eine würdige Gegnerin, eine großartige Herrscherin im Totenreich, und die Männer und Frauen, die sich auf ein Spiel mit ihr einlassen, verlieren meistens. Man ist fast geneigt zu sagen: Sie verlieren *unweigerlich*. Das Spiel wird durch ihre Frage eingeleitet; die Würfel rollen, und das menschliche Wesen stirbt.

Ohne allzu große Verfälschung kann man sagen, daß die Baba-Jaga mit der indischen Göttin Kali und der balinesischen Göttin Rangda fast identisch ist.

Das Wort *kali* ist die weibliche Form von *kala* und bedeutet »Zeit«. Kali ist also die Zeit. Auf Gemälden ist sie mit einer

Halskette aus Schädeln zu sehen. In Sekundenschnelle kann sich diese Kette in eine Kette aus Chrysanthemenblüten und wieder zurück in eine aus menschlichen Schädeln verwandeln. Sie ist wandlungsfähig wie die Zeit.

Alain Daniélou schreibt in seinem Buch *Shiva et Dionysos*:

> *Der Tod ist eine Rückkehr in den Mutterleib, in die Erde, aus der wir gekommen sind. Kali allein wird von den Gläubigen als »Mutter« angerufen, als Beschützerin. Von wem sonst kann man Gnade erflehen, wenn nicht von der Allmacht der Zeit?*

Wir begeben uns nun an die Untersuchung einer der größten Geschichten der Weltliteratur. Es geht um die Antwort auf die Frage: Wer ist die Königin der Welt? Wer ist diese geheimnisvolle Figur, die die Leute in einem Anflug von Nostalgie die »Große Mutter« nennen? Wenn wir diese Phrase hören, verlieren wir den Verstand, weil das Wort »Mutter« für Männer wie für Frauen einschlägige Bilder heraufbeschwört: Stillen, Gemütlichkeit, kindliches Wohlgefühl; Kinderbettchen, Laufstall, vielleicht auch Windeln, Tadel und Tischmanieren; eine Person, die den Bruder oder die Schwester einem selbst vielleicht vorgezogen hat; eine Person, die vielleicht zu nachgiebig war, sich fast zu sehr aufopferte, vielleicht aber auch ein wenig kontrollsüchtig war. Und wie läßt sich dieser ganze Komplex emotionaler Reaktionen mit dem Wort »groß« verbinden? Ist damit eine körperlich füllige Mutter gemeint? Eine kosmische Mutter? Meinen wir vielleicht eine Mutter, die so unermeßlich ist, daß sie den ganzen Raum zwischen der eigenen, persönlichen Mutter und dem Universum besetzt? Einiges von der Konfusion und Unschärfe, die den Begriff »New Age« umgibt, rührt von der Begriffsverwirrung her, die dadurch entsteht, daß die Phrase »die Große Mutter« immer und immer wieder benutzt wird. In unserer Erzählung dagegen kommt der Begriff nicht vor. (»Der Große Vater«

wäre übrigens kein bißchen besser, aber das tut hier ohnehin nichts zur Sache.)

Wir kommen jetzt näher an jenes Wesen heran, das die Menschen der Antike spürten, wenn sie durch einen Eichenwald gingen; das sie in einem Wirbelsturm sahen oder in der Energie, die bei einem Vulkanausbruch ihre Häuser verbrannte. In einer Kultur, die so verflacht ist wie die unsrige, müssen wir, glaube ich, allesamt unsere Phantasie sehr anstrengen, damit wir uns die Dimension eines solchen Wesens vorstellen können. Es ist in tausenderlei Kleinigkeiten unseres Lebens gegenwärtig, doch seine Macht reicht bis an die Ränder des Universums – wir würden sagen, bis an die äußersten Ränder unserer Galaxie. Wenn über ein so umfassendes Wesen gesprochen werden soll, spüren viele Leute jedoch ein seltsames Unbehagen, das sie zurückschrecken läßt.

Kehren wir also einfach zu unserer Erzählung zurück.

Baba-Jagas Frage an Iwan

Er betrat die kleine Hütte, und dort war die Baba-Jaga Knöchernes Bein. »Pfui!« sagte sie, »ein russischer Atem war hier noch nie zu spüren oder zu sehen, und jetzt bist du selbst gekommen. Wolltest oder mußtest du kommen, mein guter Junge?«

Als die Baba-Jaga Iwan in ihrem Wald erspäht, freut sie sich sehr und singt vielleicht ein kleines Liedchen vor sich hin:

> *Unzählig viele Jahr' ist's her,*
> *Daß Duft mir in die Nase stieg*
> *Von einem Russenjungen –*
> *Schön! Schön! Es ist gelungen!*
> *Jetzt sind sie ganz von selbst gekommen,*
> *Die kleinen Knochen, die mir frommen!*

Die russische Version der Königin der Toten scheint ganz guter Dinge zu sein. Aus anderen Märchen wissen wir, daß sie manchmal in einem Mörser daherkommt und mit einem Stößel rudert. Mörser und Stößel verweisen hier wahrscheinlich nicht auf die Alchimie, sondern eher darauf, wie gründlich die Natur ihre Kinder zermahlt und wiederverwendet. Nichts geht verloren, alles wird in den Kreislauf zurückgebracht. Man darf dieses Zermahlen nicht persönlich nehmen.

In den meisten Erzählungen steht die Hütte der Königin der Toten auf einem einzigen Hühnerbein. Dabei handelt es sich um ein seltsam pikantes, gleichwohl sinnvolles Detail. Immer und immer wieder taucht dieses Bild in russischen Märchen auf, wenn Baba-Jaga darin vorkommt. Sieht man sich ein Hühnerbein einmal genauer an, so fallen die starken Schuppen auf, die gelblich oder gräulich gefärbt sind. Sie erinnern an Fischschuppen oder die Schuppen bestimmter großer Schlangen, etwa einer Boa constrictor. Sie sind also eine deutliche Erinnerung an eine frühere Naturepoche, an die Reptilienzeit, aus der bis heute zum Beispiel Krokodile und Alligatoren überlebt haben – nicht gerade eine durch Mitleid geprägte Epoche. Wenn wir genauer hinsehen, wird also mit dem Hühnerbein auf frühere Stadien des irdischen Lebens verwiesen: Wir können einen Blick werfen auf die schuppigen Vorfahren all der schlappohrigen Säugetiere mit lieben Gesichtern, die heute die Erde bevölkern.

In manchen Erzählungen kommt – wie in unserer Geschichte – als Detail noch hinzu, daß sich die Hütte der Baba-Jaga ständig dreht. Doch selbst dann bleibt der Eingang stets dem dunkelsten Teil des Waldes zugewandt. Wie das gehen soll, müssen Sie erst einmal herausfinden. Wenn wir uns allerdings klarmachen, daß sich in der Unterwelt alles spiegelbildlich zu den Dingen dieser Welt verhält, wird auch dieses irrationale Detail verständlich. In unserer Welt sind die Türen nach dem Licht ausgerichtet; also müssen sie in der Unterwelt auf den dunkelsten Teil des Waldes weisen. Auf der Erde stehen die Häuser still, also müssen sie sich in der Unterwelt drehen. Dort sind wir schwindelig, nicht »bei Sinnen«. Wir drehen uns, wie sich bestimmte Schamanen in Trance im Kreise drehen, wenn sie die andere Welt besuchen – oder wie bestimmte Derwische, wenn sie sehen wollen, was nicht zu sehen ist.

Vielleicht sollte auch noch erwähnt werden, daß in einigen russischen Erzählungen der Reisende um Baba-Jagas Hütte herum auf zwölf Stecken stößt. Auf elf davon stecken Menschenköpfe, und der zwölfte ist auffällig leer. Oft umsäumt auch ein Zaun aus Menschenknochen die Lichtung, auf der die Hütte der Baba-Jaga steht. Als Angeln des Gartentors dienen ebenfalls Menschenknochen, und ein Oberschenkelknochen könnte als Riegel fungieren, ein menschlicher Kiefer mit Zähnen als Türschloß. Alles weist darauf hin, daß der Verlust des Lebens unmittelbar bevorsteht. Und wir spüren, daß die Baba-Jaga nicht allzu viele Tränen vergießen wird, wenn dieser Fall eintritt.

Unzählig viele Jahr' ist's her,
Daß Duft mir in die Nase stieg
Von einem Russenjungen –
Schön! Schön! Es ist gelungen!
Jetzt sind sie ganz von selbst gekommen,
Die kleinen Knochen, die mir frommen!

Ebenfalls aus anderen Erzählungen wissen wir, daß Baba-Jaga es überhaupt nicht schätzt, wenn man sie beobachtet. In den meisten Versionen beseitigt sie, wenn sie in ihrem Mörser, mit dem Stößel rudernd, daherkommt, hinter sich mit einem Besen alle Spuren. Daß sie einen Besen besitzt, heißt aber nicht, daß sie eine Hexe wäre. Nein, sie möchte einfach nur alles sauber haben. Manchmal hält Baba-Jaga wochenlang ein junges Mädchen gefangen, damit in ihrem Haus ständig alles sauber geputzt ist (in einem anderen russischen Märchen heißt dieses Mädchen Vasilissa).

Der Gedanke, daß es Göttinnen nicht lieb ist, wenn Menschen hinter ihnen herspionieren, ist Bestandteil vieler alter Mythologien. Die griechische Jagdgöttin Artemis etwa badete gerade, als Aktäon, mit seinen Hunden auf der Jagd, so indiskret war, ihr zuzusehen. Die Göttin verwandelte ihn in einen Hirsch, woraufhin ihn seine eigenen Hunde zerfleischten – ein sehr ökonomischer Akt der Gegenwehr! Gioia Timpanelli erzählt eine berühmte sizilianische Geschichte, in der Mama Draga (der weibliche Drache) ein junges Mädchen, das sich in ihre Höhle verirrt hat, bittet, ihr das Haar zu kämmen. Dieses Mädchen muß von Natur aus sehr weise gewesen oder aber einen entsprechenden Tip erhalten haben. Denn sie vermeidet es, ihren Schock über das unglaubliche Tierleben in diesem Haargestrüpp zum Ausdruck zu bringen – selbst dann noch, als Mama Draga fragt, was sie denn dort sehe. »Ach, nur ein paar kleine Nissen, und die kommen bei jedem mal vor!« Mama Draga beschenkt das Mädchen reich. Als ein anderes Mädchen die Geschenke sieht, eilt es ebenfalls in die Höhle. Doch beim Kämmen von Mama Dragas Haar äußert dieses Mädchen seinen Abscheu: »Igitt, Läuse! Wie schrecklich! Wie schrecklich!« Und diese Episode geht dann überhaupt nicht gut aus. Im schon erwähnten russischen Märchen überlebt Vasilissa nur, weil sie sich bei der Reinigung der Hütte alle Fragen nach den Skeletthänden verkneift, die aus dem Tisch hervorkommen, um der Baba-Jaga Wein einzugießen.

Die Baba-Jaga erinnert stark an die alten mediterranen Korngöttinnen. In Ackerbaukulturen mit Getreideanbau wissen die Menschen, daß jedes Getreidekorn eine von zwei möglichen Todesarten erleiden kann: Es kann gesät werden, keimen und dann absterben, wird dabei jedoch quasi wiedergeboren. Es kann aber auch zermahlen werden und den Dorfbewohnern als Nahrung dienen. Baba-Jagas Mörser legt die Vermutung nahe, daß Iwan die zweite Todesvariante bevorsteht. Bei den

Mysterien in Eleusis fielen die Getreidekörner in den Mörser, wie die toten Griechen Demeter in den Schoß fielen. Griechische Tote wurden sogar *demetreioi* genannt: »jene, die Demeter gehören«. In der Hütte der Baba-Jaga gehört Iwan, unser Reisender, ebenfalls der Königin der Toten. Eigentlich ist er etwas vorzeitig in ihr Reich gekommen, aber das läßt sich nun nicht mehr ändern.

Noch als Lebender ist Iwan an jenem Ort angekommen, vor dem wir alle schreckliche Angst haben: dem Ort unter der Erde, wo sich die Toten »mit einem lippenlosen Grinsen zurücklehnen«. Iwans Ankunft im Totenreich ist also eine Neuauflage des alten Themas vom Abstieg in die Unterwelt (*katabasis*). Wer eine Wunde heilen will, muß dort hinab.

Auch wird Iwans Abstieg nicht leicht sein. Das ist keine Angelegenheit für ein Wochenende. Nein, sein Abstieg ähnelt eher Nelson Mandelas Jahren im Gefängnis oder den drei Tagen, die der biblische Lazarus im Familiengrab verbrachte, ehe er zu neuem Leben erweckt wurde. Auch Hölderlins Wahnsinn, von dem es kein Zurück gab, wäre ein geeigneter Vergleich. Iwans Abstieg ähnelt dem Hinabtauchen des Eskimoschamanen, um Sedna auf dem Grunde des Meeres zu besuchen.

Der zeitgenössische schwedische Dichter Tomas Tranströmer vermittelt die Paradoxien der Unterwelt mit folgenden Versen:

Ein Drink, der in leeren Gläsern sprudelt.
Ein Verstärker, der die Stille verstärkt.
Ein Pfad, der nach jedem Schritt zuwächst.
Ein Buch, das nur im Dunkeln gelesen werden kann.

Der Menschenfresser Saturn

Warum hat Goya auf einem großen Gemälde Saturn dargestellt, wie er seinen Sohn verspeist? Dem Gesichtsausdruck des Titanen, der bei den Griechen Kronos hieß, können wir entnehmen, daß ihm die Sache durchaus Qualen bereitet. Aber er kann trotzdem nicht aufhören zu essen. Ein Hintergedanke bei der Darstellung von Kronos' (Saturns) Tat ist nicht so sehr die Verstärkung unserer Angst vor dem Vater als vielmehr die Zerstörung der Illusion, die Aufgabe eines Vaters bestehe allein darin, stets Nahrung und Ermutigung bereitzuhalten. Die kannibalistische Neigung des Titanen (ein archaischer Zug, der auf orientalische Herkunft verweist) ist jedenfalls das genaue Gegenteil der Vorstellung vom Guten Vater, die wir alle in uns tragen.

Die Menschenfresserin Baba-Jaga

Die lebhafte Gegenwart der Baba-Jaga im Zentrum unserer Erzählung soll nicht zuletzt kindlichen Gemütern die Illusion nehmen, die Aufgabe einer Mutter bestehe allein darin, stets Nahrung und Ermutigung bereitzuhalten. Rauheit und Kannibalismus der Baba-Jaga sind jedenfalls das genaue Gegenteil der Vorstellung von der Guten Mutter, die wir alle in uns tragen.

Schon von frühester Zeit an haben Menschen die Natur »Mutter Natur« genannt. Doch ob wir nun an den Amazonas oder an die Hudson Bay denken, eines ist klar: Mutter Natur schenkt Leben im Überfluß, nimmt es jedoch genauso gern mit vollen Händen zurück. Sie läßt Ahnungen von Unsterblichkeit wach werden, um kurz darauf zu töten. Sie produziert Kinder und frißt diese dann auf, ohne größere emotionale Anteilnahme zu zeigen als eine Boa constrictor. Darüber nachzudenken, ist ziemlich beunruhigend.

Wenn wir der Vorstellung verhaftet sind, die einzige Aufgabe der Mutter im Universum bestehe darin, uns zu essen zu geben, dann werden wir niemals erwachsen werden. Die meisten Kulturen kennen ein der Baba-Jaga ähnelndes Wesen.

Kali in Indien und Rangda in Bali wurden bereits erwähnt. In der griechischen Kultur war Persephone die Göttin der Unterwelt, in der Bibel ist es Lilith. Und die sumerische Göttin der Unterwelt hieß Ereschkigal.

Kali läßt an die Zeit und an Schwärze denken; alle Dinge erheben sich aus der Zeit und kehren dorthin zurück. Kali wird meistens mit vier Händen dargestellt. Eine der rechten Hände sagt:»Hab keine Angst«, doch eine der linken hebt ein Schwert. Die andere rechte Hand bietet eine Schale mit Reis an, während die andere linke ein abgeschlagenes Haupt hält. In diesem zwiespältigen Bereich also tummeln wir uns jetzt, gemeinsam mit Iwan.

In seiner klassischen Abhandlung *Die große Mutter* erläutert Erich Neumann, daß die menschenfressende Göttin für den Mutterleib der Erde steht:

> *So wird der Schoß der Erde zum tödlich zerreißenden Maul der Unterwelt, und neben dem zu befruchtenden Schoß und der schützenden Höhle der Erde und des Berges klafft der Abgrund und die Hölle, das dunkle Loch der Tiefe, der fressende Schoß des Grabes und des Todes, der lichtlosen Dunkelheit und des Nichts.*

Unverkennbar stammt Neumanns Prosa aus einer typisch deutschen, leider etwas humorlosen Wissenschaftstradition. Die Inder stellen sich Kali als die initiierende, anstiftende, aktive, tatkräftige göttliche Energie im Universum vor. Sie bringt die Dinge in Gang. Schließlich war es ja auch die Zar-Jungfrau, die an Iwan herantrat, nicht umgekehrt. Kalis männlichen Gefährten Shiva muß man sich dagegen als stille, beruhigende, nachdenkliche Gestalt vorstellen, die flach auf der Erde liegt und schläft. Kali ist auf Darstellungen zu sehen, wie sie Shivas Eingeweide herausreißt und ißt. Doch Shiva nimmt solche Aktionen nicht persönlich.

Warum ist Baba-Jaga weiblich?

Ehe wir uns wieder unserer Erzählung zuwenden, müssen wir noch einen Augenblick bei der Frage verweilen, warum Baba-Jaga und Kali weiblichen Geschlechts sind. Es gibt mehrere akzeptable Antworten: Weil die Erde weiblich ist, und weil diese Wesen für die Unterwelt, den Mutterleib der Erde, stehen.

Wir können indes noch einen weiteren Grund hinzufügen: Die Verkörperungen der Großen Mutter sind riesig und weiblich, weil wir als Kleinkinder unsere eigene Mutter so erfahren und gesehen haben. Egal ob Junge oder Mädchen, als wir im Kinderbettchen standen, war die Mutter, die auf uns zu kam, ungeheuer groß. Wir sprechen jetzt nicht von der Bösen Mutter, sondern es geht allein um die Größenunterschiede. Alles lief damals so, wie es diese große Person wollte. Und das ist auch ganz in Ordnung. Denn wenn die Mutter keine selbständigen Entscheidungen träfe, hätte wohl niemand von uns lange überlebt.

Wenn im russischen Märchen die Baba-Jaga – und zwar die selbstbewußte, mächtige, voll entwickelte Variante dieser Figur – in ihrem Mörser aus dem Wald kommt und dabei mit einem Stößel rudert, wenn sie einen Küchenbesen hält und bei ihren Forderungen eine phantastische Energie an den Tag legt, dann werden wir wie Iwan in das Stadium kindlicher Hilflosigkeit zurückversetzt. Unsere Mutter stand für weibliche Größe – ob sie es wollte oder nicht. Eine Mutter muß zur Autoritätsperson werden, sonst wird ihr Kind ersticken, aus dem Fenster fallen, etwas Falsches essen, die ganze Nacht aufbleiben, so lange an der Brust saugen, bis diese schrecklich weh tut, jüngere Geschwister töten, nur aus Spaß ein Häufchen auf den Fußboden setzen, und so weiter, und so weiter. Und so wie romantische Liebe (für Männer wie für Frauen) »mit dem Gefühl der ursprünglichen, glückseligen Einheit von Mutter und Kind durchsetzt« ist, so ist dieser frühkindliche, durchaus nicht romantische Zustand, die Zeit der totalen Hilflosigkeit, durchsetzt mit dem Eindruck weiblicher Größe. Wir alle haben es in unseren ersten Lebensmonaten erlebt.

Dieser Aspekt ist – mit viel Material – am besten von Simone de Beauvoir (in *Das andere Geschlecht*) und ihrer amerikanischen Schülerin Dorothy Dinnerstein (in *The Mermaid and the Minotaur*; dt. *Das Arrangement der Geschlechter*) erörtert worden. Wichtig ist, daß es hier um Größe geht, nicht in erster Linie um Macht. Die Ergebnisse von de Beauvoir und Dinnerstein sind beunruhigend, aber es wäre falsch, sie als misogyn einzustufen. Das untersuchte Material handelt nicht von der Bösen Mutter, sondern von der – aus Sicht des Kindes – Großen Mutter. Macht kommt der Mutter einzig und allein deshalb zu, weil das kleine Menschenkind – anders als ein junger Fisch – noch nicht in der Lage ist, ohne Hilfe allein in der Welt zurechtzukommen.

Dinnerstein zitiert den Anthropologen Sherwood Washburn, der das wissenschaftlich Relevante zu diesem Punkt wie folgt zusammenfaßt:

> *Beim Menschen wurde durch die Anpassung an die zweibeinige Fortbewegung der knochige Geburtskanal zur selben Zeit verengt, als der Werkzeuggebrauch größere Gehirne erforderlich machte. Dieses obstetrische Dilemma wurde dadurch bewältigt, daß die Entbindung des Fötus in einem weit früheren Entwicklungsstadium erfolgte.*

Wenn nun aber der Fötus schon geboren wird, ehe er aus eigener Kraft überleben kann, dann hat die Mutter keine andere Wahl, als Macht auszuüben, um zu verhindern, daß ihr Baby getötet wird. Dinnerstein glaubt, daß die frühkindlichen Autoritätserfahrungen weiterhin mit dem Willen des weiblichen Elternteils verknüpft sein werden, solange sich die Männer nicht wesentlich stärker an der Aufzucht der Kleinkinder beteiligen.

Man könnte also sagen, daß die halsstarrige Art der Baba-Jaga vor allem deshalb für Männer wie für Frauen so schwer erträglich ist, weil sie uns innerlich in jene Zeit zurückversetzt, als wir im Kinderbett standen. Damals begegneten wir jemandem, dessen Wille viel stärker war als unser eigener. Bei dieser Auseinandersetzung ging es im Grunde um Leben und Tod. Wie Dinnerstein schreibt, bildet sich unser Ich, wenn wir – egal, ob Junge oder Mädchen – ungefähr zwei Jahre alt sind, gerade erst heraus. In diesem Stadium wird jedoch unsere Mutter nicht als korrelierendes Ich empfunden, sondern als ein Es. Im Mutterleib wirkt die nährende, schützende Umgebung auf das Ungeborene sicher noch als Es. Höchstens in bestimmten afrikanischen Kulturen kann man sich dessen nicht ganz so sicher sein, weil dort die werdende Mutter in ihrer Hütte allein bleibt, bis sie das »Lied« ihres kommenden Kindes hört, und dann mit dem Ungeborenen kommuniziert, indem sie ihm Lieder vorsingt. Bei uns im Westen indes gilt eine Schwangerschaft als etwas weit weniger Geheimnisvolles. In unserer Kultur wird die Mutter als eine Art unpersönliche, Nahrung spendende Maschine gesehen – und eine solche Einrichtung bezeichnet man eben als ein Es. Das Mädchen, das im Kinderbett steht, empfindet die Gefahr, die seiner Individualität, seinem Ich, von diesem Es droht, genauso intensiv wie der Junge im Nebenbett.

Ängste, die noch darüber hinausgehen, hat Melanie Klein überzeugend beschrieben: die Ängste des Kleinkinds, aufgefressen zu werden. Manche Kinder leiden unter Phantasien, von der Mutter verschlungen zu werden – vielleicht als Rache für die lange Stillzeit. Auch hier empfindet das Kind eine Bedrohung für sein Ich. Selbst wenn diese de facto nicht existiert, es zählt allein die Sicht des Kindes: nicht wie es *ist*, sondern wie es ihm zu sein *scheint*.

Der Vorteil einer Erzählung wie der uns vorliegenden besteht nun darin, daß wir auf diese Weise als Erwachsene zu Wunden zurückkehren können, die wir empfingen, als wir in der

Kleinkindsituation erleben mußten, wie wenig unser eigener Wille zählte. Dinnerstein beschreibt die Macht der weiblichen *Willkür* wie folgt:

Was weibliche Willkür so erschreckend macht – und gleichzeitig so anziehend –, ist die Macht der Mutter über Leben und Tod des Säuglings: eine intime, fleischliche Macht, die zu einem Zeitpunkt ausgeübt wird, wenn Geist und Körper ... subjektiv noch nicht voneinander getrennt sind. ... Weil die Frau die Hoheitsrechte über den verlangenden Körper des Kindes besitzt, weil sie kontrolliert, was in ihn hinein- und aus ihm herauskommt, weil sie das Recht hat, seine Bewegungen einzuschränken und in seine Öffnungen einzudringen, ihm Lust zu versagen oder Schmerz zuzufügen, bis er ihren Wünschen gehorcht, macht jeder Mensch zuerst die eigentümlich ärgerliche, bittersüße Erfahrung der bewußten Unterordnung unter eine bewußte, entschlossene äußere Herrschaft. Vor diesem Hintergrund erlebt das Kind seine gelegentlichen Siege über die Frau und bildet die Einstellung aus, die es später zum Umgang mit ihr einnehmen wird. ... Die Niederlage ist immer zutiefst fleischlich, und der Sieger ist stets eine Frau. ...
Die entscheidende psychologische Tatsache ist, daß wir alle, Frauen ebenso wie Männer, den Willen der Frau fürchten. ... Der Wille der Frau ist in ihre Macht eingebettet, die unter augenblicklichen Bedingungen der früheste und profundeste Prototyp absoluter Macht ist.

Dinnersteins verblüffende These läuft also darauf hinaus, daß im Kleinkindalter, wenn Jungen und Mädchen etwa zwei bis vier Jahre alt sind, der Sieger der unausweichlichen Auseinandersetzungen immer weiblichen Geschlechts ist. Die Erinnerung an diese Tatsache bleibt uns noch viele Jahre im Gedächtnis erhalten.

Wir sehen, die Baba-Jaga-Geschichte führt uns, Männer wie Frauen, mit erstaunlichem Tempo und sparsamen Mitteln in jene Zeit zurück, da wir im Alter zwischen zwei und vier schockiert und verängstigt feststellen mußten, daß die Mutter, die wir bis dahin nur als hegende, unterstützende Kraft und als Schmusepartnerin gekannt hatten, manchmal auch unsere Impulse und Absichten nachhaltig durchkreuzte. Sie wurde zur gefährlichen Gestalt mit einem rücksichtslosen Willen, die sich notfalls auch nicht scheute, uns – wie wir damals fürchteten – aufzufressen.

> *Unzählig viele Jahr' ist's her,*
> *Daß Duft mir in die Nase stieg*
> *Von einem Russenjungen –*
> *Schön! Schön! Es ist gelungen!*
> *Jetzt sind sie ganz von selbst gekommen,*
> *Die kleinen Knochen, die mir frommen!*

Liegt da der Verdacht gar so fern, daß erwachsene Männer, wenigstens einige, versuchen, diese Erinnerungen an ihre Hilflosigkeit auszumerzen, indem sie sich vor Frauen aufspielen, diese herumkommandieren und erniedrigen? Und alles nur, um jegliche Form weiblicher Autorität aus ihrem Gedächtnis zu bannen.

Das Bemühen, die Ängste von Kleinkindern zu verstehen, ist natürlich nicht gleichbedeutend mit stillschweigender Zustimmung zu männlicher Frauenfeindlichkeit. Es geht uns hier allein um die Schwierigkeiten, mit denen wir zu kämpfen haben, um diese alten Ängste loszuwerden. Angst vor weiblicher Autorität ist auf allen kulturellen Ebenen zu spüren – selbst in Universitäten, die doch eigentlich von rational Denkenden bevölkert sein sollten. Aber wir wissen, daß nicht nur männliche, sondern auch weibliche Universitätsprofessoren weiblichen Stellenbewerbern weniger Sympathie entgegenbringen als männlichen Kandidaten. Meine Tochter, die an einer Universität unterrichtet, sagt, daß bei der Einstellung von wissenschaftlichen Hilfskräften offenbar für Frauen andere Maßstäbe gelten als für Männer. Die Wurzeln dieser Feindseligkeit gegenüber weiblicher Autorität liegen oft weitgehend im Unbewußten. Der Berufungsausschuß kann sich durchaus vornehmen, unbedingt den Frauenanteil in der Fakultät zu heben, doch wenn die Vorstellungsgespräche abgeschlossen sind, heißt es bei den Männern letztlich wieder: »Die weiblichen Kandidaten waren dieses Jahr leider nicht überzeugend.«

Die Frage am Eingang dieses Abschnitts lautete: Warum ist Baba-Jaga weiblich? Die Antwort lautet: um uns den Grund ins Gedächtnis zu rufen, warum sich Iwan schon eingangs den einunddreißig Frauen auf den Schiffen entzogen hatte. Er hatte einfach Angst vor dem Weiblichen. Einunddreißig Frauen auf dreißig Schiffen sind vielleicht auch ein wenig viel des Guten. Oberflächlich hat Iwan seine frühere Situation »vergessen«. Und doch hat er Angst vor Frauen. Freilich kann man den Frauen deswegen keinen Vorwurf machen. So ist das eben auf einem Planeten, auf dem die Menschen nicht aus Eiern schlüpfen, sondern aus dem Inneren einer Frau geboren werden. Kämen wir aus Eiern hervor, dann würden wir vielleicht in einen tiefen Schlaf verfallen, wann immer wir Eier sähen. Und dann würde vielleicht Eiern die Verbeamtung auf Lebenszeit versagt. Dorothy Dinnerstein wiederholt nachdrücklich, daß diese Angst vor weiblicher Autorität nur dann verringert werden kann, wenn die Männer lernen, sich engagiert und ausgiebig an der Kinderaufzucht zu beteiligen: wenn sie häufiger Windeln wechseln, die Impulse des Kleinkinds kontrollieren, dem Kind in Situationen Grenzen setzen, in denen es um Eßlust oder Essensverweigerung geht oder darum, ob das müde Kind getragen wird oder nicht. Und so weiter, und so weiter.

Das Geistreiche an unserer Erzählung besteht also nicht zuletzt darin, daß sie dem »Iwan« in uns allen, Männern wie

Frauen, gestattet, auf spielerische Weise zu jenen ersten Erfahrungen zurückzukehren, die wir machten, als wir noch im Kinderbett standen und unsere Grandiosität ihre ersten Dämpfer erhielt. Vermutlich hat der »Iwan« in kleinen Mädchen genauso schreckliche Angst vor der Autoritätsperson, die vor dem Kinderbett steht, wie der »Iwan« in kleinen Jungen; und wenn Mutter dem kleinkindlichen Willen in die Quere kommt, leiden Mädchen darunter genauso wie Jungen. In seiner Auseinandersetzung mit der Baba-Jaga kann Iwan nun phantasievoll und spielerisch auf seine frühkindliche Angst zurückkommen. Er kann der Großen die Ehre erweisen und abwarten, was geschehen wird. Iwan handelt nicht wie ein kleiner Patriarch, sondern behandelt die Baba-Jaga gut und mit Humor.

Die Antwort auf Baba-Jagas Frage

Iwan weiß, daß er mit der Baba-Jaga sprechen muß, und sein Problem besteht darin, lebend aus der Unterwelt wieder herauszukommen. Nun stellt ihm die Baba-Jaga ihre Hauptfrage:

»Wolltest oder mußtest du kommen, mein guter Junge?«

An Iwans Antwort fällt uns auf, daß er irgendwie darauf vorbereitet gewesen sein muß – wie zum Beispiel die alten Ägypter, die passende Antworten auswendig lernten, welche sie den furchterregenden Kreaturen geben konnten, denen sie nach dem Tod in der Unterwelt begegnen würden. Man sagte dann etwa: »Ich habe kein Unrecht getan. Ich habe niemandem mit Gewalt etwas geraubt. Ich habe weder Mann noch Frau erschlagen.« Wir wissen, daß sich nach ägyptischem Totenglauben das Ungeheuer irgendwann daranmachte, das Herz des Toten zu wiegen. Dabei hing das Gewicht vom Ausmaß der Habgier ab, die sich immer noch im toten Herzen fand. Wog das Herz mehr als eine Feder, dann wurde der Tote wahrscheinlich auf der Stelle verschlungen.

Es handelt sich also um ein sehr altes Thema.

Vor der Baba-Jaga stehen normalerweise nur Tote, bereit, zermahlen zu werden, und darum ist sie sicher ein wenig überrascht, als nun ein lebendes menschliches Wesen vor ihr auftaucht.

Ihre erste Frage lautet sinngemäß: »Bist du freiwillig hergekommen oder hat dich jemand geschickt?« Aus vielen anderen russischen Märchen wissen wir, daß nach der Antwort »Ich bin freiwillig gekommen« die Baba-Jaga Iwan verschlingen wird. Sagt er: »Ich komme gezwungenermaßen«, wird er ebenfalls verschlungen. Gespannt und mit funkelnden Augen sieht die Baba-Jaga Iwan an und erwartet seine Antwort. »Bist du freiwillig gekommen oder folgst du dem Willen eines anderen?« Gäbe Iwan nur eine typische oder zu einfache Antwort, müßte er zur Beute der Baba-Jaga werden. Antwortet er dagegen weise, kann sie sich über einen klugen jungen Mann freuen. Ihre Frage ist eine Prüfung, und wer es sich als Iwan zu leicht macht, wird – verdientermaßen – gefressen.

Die Frage der Baba-Jaga erinnert ein wenig an die Frage, die Fundamentalisten manchmal Fremden stellen: »Gehörst du zu den Bekehrten?« Antwortet der Fremde mit Ja, wird er von Baba-Jaga gefressen; und antwortet er mit Nein, wird er ebenfalls gefressen. Baba-Jagas Territorium ist gewissermaßen das Reich der Wahrheit, und die Schwierigkeit liegt darin, die Wahrheit über komplizierte Dinge angemessen zum Ausdruck zu bringen. Doch wer in dieser Welt überleben will, muß die Kunst beherrschen, sich differenziert zu äußern.

Baba-Jaga frißt gewissermaßen alle, die immer noch schwarzweiß denken. Wer etwa den Kommunismus für das Gegenteil des Kapitalismus hält, der ist sofort dran. In den fünfziger Jahren, im Zeitalter des McCarthyismus, machte Baba-Jaga hier reiche Beute. Auch wenn Sie glauben, daß eine Frau das Gegenteil von einem Mann ist, werden Sie von Baba-Jaga gefressen. Bei den Anhängern dieser Variante der Schwarz-weißsicht machte sie in den achtziger Jahren reiche Beute. Baba-Jaga sorgt dafür, daß Denkmüll aus dem Universum beseitigt wird. Alle Entweder-oder-Advokaten werden auf der Stelle mit Genuß verspeist, obwohl manche von ihnen lange brauchen, bis sie merken, daß sie gefressen wurden. Wenn Schwarzweißdenker auf diese Weise verschwänden, wäre es eigentlich für alle das Beste. Denn mit solchen Leuten kann man einfach nichts anfangen. Da hilft nicht einmal eine Therapie. Darum ist es für das Universum am besten, wenn sie von Baba-Jaga auf der Stelle aus dem Verkehr gezogen werden.

Die Szene mit Baba-Jagas Frage an Iwan ist nicht so sehr ein Initiationsritual, sondern ein Test, ob die Initiation schon erfolgreich bestanden wurde. Geprüft wird, ob der Besucher Fortschritte bei der Überwindung des dualistischen, engstirnigen Denkens gemacht hat. Ja, in der Frage der Baba-Jaga scheint sogar ein altes philosophisches Menschheitsdilemma auf: »Hast du dir deine Eltern vor der Geburt selbst ausgesucht, oder hat das jemand anders arrangiert?« Der amerikanische Dichter Robert Frost jedenfalls, der gerne als bodenständiger Dorfphilosoph aus Neuengland posierte, wurde von der Baba-Jaga bestimmt nicht gefressen, weil er in seinem Gedicht »The Lovely Shall Be Choosers« (Die Lieben sollen wählen können) auf diese Frage eine komplexe Antwort gab.

Spielerisch könnte man die Frage sogar auf die Leser dieses Buches ausdehnen: »Lesen Sie das Buch, weil Sie es wollen, oder wollte das jemand anders?« Wir wissen, daß keine Antwort gänzlich wahr ist. Und wenn Ihnen die Wahrheit nicht kompliziert erscheint, dann sind Sie eben nicht für das Leben im Reich der Baba-Jaga geeignet. Dann gehört Ihr Kopf auf den zwölften, noch leeren Stecken.

Marie-Louise von Franz, die unser Märchen in ihrem Buch *Shadow and Evil in Fairy Tales (Der Schatten und das Böse im Märchen)* ausführlich erörtert, macht zur Bedeutung der Baba-Jaga-Frage noch einen weiteren Vorschlag: Sie sieht darin einen Test, wieweit Iwan schon für Veränderungen bereit ist. »Bist du freiwillig gekommen, oder hat dich jemand geschickt?« ist laut von Franz eine hintergründige, trickreiche Frage, etwa so, als würden Eltern ihren jugendlichen Sohn fragen: »Bist du ganz sicher, daß du diese gefährliche Wildwasserfahrt wirklich mitmachen willst?« Beim Versuch, auf diese Frage zu antworten, verliert der Junge vielleicht seine Selbstsicherheit oder seinen ursprünglichen Antrieb und kommt ins Grübeln. Wer kann denn schon in relativ jungen Jahren seine eigene Motivation wirklich durchschauen? Jedenfalls beabsichtigt die Baba-Jaga mit ihrer Frage, den jugendlichen Helden aus seinem Aktionismus herauszuführen und ihn der Trance des Zweifels auszusetzen. Mit einem Helden, der sich von seinem Weg abbringen läßt, will sie nichts zu tun haben. Soweit Marie-Louise von Franz.

Die beiden Interpretationen unterscheiden sich gar nicht so sehr voneinander. Natürlich wurde jeder von uns schon häufig »gefressen«, weil er eine allzu simple Antwort auf wichtige Fragen gab; dem kann keiner entgehen. Doch für manche Schwarzweißdenker wird es zur Regel, und das ist überhaupt nicht gut.

Was kann Iwan denn nun antworten, um heil wieder aus dem Haus der Baba-Jaga hinauszukommen? Hier ist die Antwort, die er in unserem Märchen gibt:

>*Ich wollte, und zweimal soviel mußte ich.*«

Wer sagt denn, daß Prozentzahlen zusammengenommen immer hundert ergeben müssen? Was sind das für Leute, bei denen die Summe immer hundert ergibt? Als Iwan fröhlich und ohne Ärger antwortet, weiß die Baba-Jaga, daß sie hier einen lebendigen jungen Mann vor sich hat. Ganz offenkundig ist er kein Fundamentalist, Rationalist oder Perfektionist, sondern jemand, der die Fülle des Universums versteht. Er kennt die Dynamik, wie aus mehr noch mehr entsteht. Diese Antwort könnte auch ein Possenreißer gegeben haben – eine Laune, die der Göttin entgegenkommt. Iwan vermeidet Schwarz-weißdenken, indem er eine etwas närrische Antwort gibt; aber er kommt trotzdem nicht von seinem Weg ab. Die Baba-Jaga ist es zufrieden. Es dürfte ruhig noch mehr von dieser Sorte Mensch geben. Man könnte Iwans Antwort auch so fassen: »Zu 72 Prozent wollte ich selbst, doch zu 140 Prozent haben mich andere gezwungen!«

Nun, der junge Mann hat Fortschritte gemacht. Und er ist am Leben geblieben. Er ist der Baba-Jaga auf deren große Frage die Antwort nicht schuldig geblieben und hat darum jetzt das Recht, ihr selbst eine Frage zu stellen. Diese neue Situation können wir mit eigenen Worten etwa so umschreiben:

»Großmutter, darf ich dir jetzt auch eine Frage stellen?« – »Ja, natürlich.«

»Weißt du vielleicht, wo das dreimal zehnte Königreich liegt?«

»Nein, das weiß ich nicht. Aber vielleicht weiß es meine jüngere Schwester.«

»Du hast eine Schwester?«

»O ja, sie wohnt am anderen Ende der Straße. Du wirst sie schon finden. Und sie weiß es vielleicht.«

> *»Weißt du nicht, liebe Baba-Jaga, wo das dreimal zehnte Königreich liegt?«* – *»Nein, das weiß ich nicht«, antwortete die Baba-Jaga und befahl ihm, zu ihrer mittleren Schwester zu gehen: Sie wüßte es vielleicht.*

Ja, so ist das. Auf diesem Planeten kann man nichts ein für allemal erledigen. Vielleicht hat Iwan schon zehn Jahre gebraucht, bis er zur Hütte der ersten Baba-Jaga gekommen war. Und jetzt braucht er also noch mehr Zeit, sagen wir einfach: fünf Jahre.

Und während Iwan nun nach der zweiten Baba-Jaga sucht, können wir noch ein wenig mehr über Kali und Baba-Jaga sprechen.

Das Wort »Baba« ist auf dem ganzen asiatischen Kontinent verbreitet und bezeichnet einen Lehrer, Guru oder eine(n) alte(n) Weise(n). Das Wort hat eine freundliche Ausstrahlung, und so bringt uns ihr Name der Baba-Jaga näher. Die russischen Märchen preisen ihre Weisheit und Großartigkeit. Wir müssen uns allerdings bewußtmachen, daß diese Assoziation im germanischen Kulturgebiet nicht gilt. Dort geriet die Große Königin in Vergessenheit und wurde in den Hausmärchen von einer Negativfigur ersetzt, die meistens als Hexe dargestellt ist. Damit weist die germanische Mythologie eine schreckliche Lücke auf: Ihr fehlen jene Grandeur und Verspieltheit, die Kali oder Baba-Jaga als Figuren mitbringen.

Wenn man, noch im heutigen Indien, eine neue Kali-Maske sieht, bemerkt man sofort die enormen Augen, die daraus hervorkommen – Augen, die eine unheimliche Bewußtheit und Intensität verraten. So sieht auch das wahre Gesicht der Baba-Jaga aus, und deshalb ist es grundverkehrt, sie als Hexe zu bezeichnen. Kalis Gesicht ist im allgemeinen strahlend schön und intensiv.

Kali beherbergt in sich beide Seiten der Großartigen Mutter. Die Menschenschädel, die sie als Halskette trägt, verwandeln sich schlagartig in Chrysanthemenblüten, und wieder zurück in Totenschädel. Die eine Seite Kalis ist spielerisch und ekstatisch – sie bringt, liebt, verkörpert und ermutigt Ekstase, sie strömt Ekstase aus, fordert Ekstase und macht alle Menschen ekstatisch. Ihre andere Seite aber ist dunkel, unterweltlich, löwenartig, haiartig, und dafür stehen ihre scharfen Zähne.

Hindus werden ermutigt, diese beiden Seiten der Großen Mutter wahrzunehmen und von ihr mit Erregung, Furcht, großer Befriedigung und vollendeter Freude zu sprechen.

Viele Hindus würden einer emotionalen Definition Kalis als »Schreckfreude« zustimmen; beide Emotionen werden in einer einzigen Energieaufwallung erfahren.

Der große Hindu-Heilige Shri Ramakrishna, der im neunzehnten Jahrhundert lebte, hatte als junger Mann und hingebungsvoller Anhänger Kalis eines Nachmittags eine Vision der Göttin. Er sah eine schöne Frau aus dem Ganges steigen und auf den Ort zugehen, an dem er seine Meditation verrichtete. Er spürte eine große Freude und merkte, daß die Göttin unmittelbar vor einer Geburt stand. Sie gebar ihr Kind und pflegte das Baby zärtlich. Wenige Minuten später jedoch wuchsen ihr Reißzähne. Kalis andere Seite wurde offenbar, und das Gesicht der Göttin veränderte sich. Jetzt zermalmte sie das Baby und fraß es auf. Nach getaner Tat kehrte sie zum Ganges zurück und verschwand in den Fluten.

Glücklicherweise besitzen wir die Aufzeichnung eines Gesprächs mit Ramakrishna über Kali, das an einem Herbstnachmittag des Jahres 1882 geführt wurde, als Ramakrishna, Keshab Chandra und einige andere auf einem kleinen Dampfer den Ganges hinauffuhren.

Keshab (lächelnd): »Erkläre uns, Herr, auf wieviel Arten sich die Göttliche Mutter Kali in dieser Welt zu erkennen gibt.«

Shri Ramakrishna (ebenfalls lächelnd): »Oh, sie spielt in verschiedenster Weise.« [Er erwähnt unter anderen Maha-Kali (die Große Schwarze), Raksha-Kali (die Gespenster-Kali) und Shmashana-Kali (die Kali der Leichenverbrennungsstätten).] »Sie waltet auf den Verbrennungsstätten, umgeben von Leichen, Schakalen und furchtbaren weiblichen Dämonen. Aus ihrem Munde fließt ein Strom von Blut, an ihrem Halse hängt ein Kranz von Menschenschädeln, und sie trägt einen Gürtel aus Menschenhänden.« [Ramakrishna erwähnt auch die Zarte Kali und die Beschützerin Kali, die bei Krankheits-

epidemien und Erdbeben in Aktion tritt. Diese freund-
liche Kali vergleicht er mit einer Hausfrau.] »Sie gleicht
einer erfahrenen Hausfrau, die in einer Büchse allerlei
Kram für den Haushalt aufhebt. (Gelächter.) Gewiß,
Hausfrauen haben solche Büchsen, worin sie Meer-
schaum, bunte Knöpfe, kleine Säckchen mit Gurken-,
Kürbis- und Melonenkernen und noch viel anderes derar-
tiges aufheben. Sie holen sich davon, wenn sie etwas
brauchen. Und ganz ähnlich sammelt meine Göttliche
Mutter, die Verkörperung des Brahman, nach der Welt-
zerstörung die Samenkörner für die nächste Schöpfung. ...
Gott enthält die Welt und alles, was in ihr enthalten ist.
Ist Kali, meine Göttliche Mutter, von schwarzer Haut-
farbe? Sie erscheint schwarz, weil sie aus der Ferne gese-
hen wird. Von nahem aber ist sie nicht mehr schwarz. Der
Himmel erscheint durch die Ferne blau, wenn man aber
die Luft von nahem betrachtet, so wird man sie farblos
finden. ...
Die Göttliche Mutter ist immer zu Scherz und Spiel auf-
gelegt. Diese Welt ist ihr Spiel. Sie ist eigenwillig und geht
immer ihre eigenen Wege. Sie ist voll Glückseligkeit. Sie
gibt unter Hunderttausenden einem die Freiheit.«
Ein Brahmo-Anhänger: »Wenn sie aber will, dann kann
sie allen die Freiheit geben. Warum also fesselt sie uns an
die Welt?«
Shri Ramakrishna: »Das ist ihr Wille. Sie möchte mit ih-
ren Geschöpfen weiterspielen. Beim Versteckspiel hört
das Rennen allzubald auf, wenn gleich zu Anfang alle
Spieler den ›Anschlag‹ berühren. Wenn alle ihn berühren,
wie kann das Spiel weitergehen? Das mag sie nicht. Es
macht ihr Freude, wenn das Spiel weitergeht.
Es ist, als ob die Göttliche Mutter zur Menschenseele
mit verständnisvollem Augenzwinkern spräche: ›Geh nur
und freue dich der Welt.‹«

Ankunft in der Hütte der zweiten Schwester

Nach langem Suchen sieht Iwan schließlich in einer Waldlichtung eine Hütte, die sich auf einem Hühnerbein dreht. Das wird sie sein, die gesuchte Hütte. Abermals treten die Stecken mit den elf Totenschädeln aus dem Nebel hervor. Erneut naht eine Baba-Jaga in einem Mörser, mit einem Stößel rudernd, und säubert den Pfad hinter sich mit einem Besen.

Auch sie singt ein ähnliches Liedchen wie ihre Schwester:

> *Schon viele Jahre ist es her,*
> *Daß leck'rer Duft von einem Russenjungen*
> *mir in die Nase stieg!*
> *Schön! Schön! Ein Sieg!*
> *Jetzt sind sie ganz von selbst gekommen,*
> *Die kleinen Knochen, die mir frommen!*

Vor Freude über diesen Duft lächelt sie und läßt ihre Zähne blitzen. Sie legt sich ihre Frage zurecht, an der die meisten Besucher ohnehin scheitern: »Bist du freiwillig hergekommen oder hat dich jemand geschickt?«

In manchen Versionen dieser Geschichte darf Iwan der Aggressivität dieser Frage zunächst für kurze Zeit ausweichen: »Aber Großmutter, du weißt doch, daß man einem Fremden keine Fragen stellt, ehe man ihn bewirtet hat. Stimmt's nicht, Mütterchen?«

Selbst Göttinnen müssen sich an die Gesetze der Gastfreundschaft halten. Manche kulturellen Regeln sind noch älter als die Götter, und wenn man die Baba-Jaga an die Höflichkeitsregeln erinnert, hat sie keine andere Wahl, als einen weniger aggressiven Ton anzuschlagen. Sie holt Speis und Trank hervor und wandelt sich damit von einer Menschenfresserin zur Gastgeberin.

Natürlich muß Iwan nach dem rituellen Mahl die gestellte Frage immer noch beantworten. Aber die Begegnung mit der

Göttin auf der Ebene der Gastfreundschaft hat die Rahmenbedingungen leicht verändert. Auch Iwan ist im Rahmen eines uralten Höflichkeitsrituals sicher weniger geneigt, eine feindliche, unausgegorene Antwort zu geben.

Die beiden nehmen also ein kleines rituelles Mahl ein – vielleicht ein wenig russisches Brot, das bei Napoleons Soldaten auf dem Rückzug vor Moskau gefunden wurde. Doch nach dem Essen stellt Baba-Jaga ihre gefährliche Frage erneut:

> *»Wolltest du oder mußtest du kommen, mein guter Junge?«*

»Ich würde sagen, mein eigener Wille machte etwa 60 Prozent aus, der Wille der anderen 140 Prozent!«

»Und nun, Großmutter, bin ich dran. Darf ich dir jetzt eine Frage stellen?«

»Nur zu.«

»Kannst du mir sagen, wo das dreimal zehnte Königreich liegt?«

»Tut mir leid, das weiß ich nicht! Aber es ist möglich, daß meine jüngere Schwester das weiß.«

»Ach, du hast noch eine jüngere Schwester?«

»O ja, das habe ich. Wenn du die Straße weitergehst, stößt du auf ihre kleine Hütte. Doch ich muß dir leider sagen, daß sie sehr gefährlich ist. Wenn du in die Nähe ihres Hauses kommst, kannst du sie ihre Zähne wetzen hören. Du mußt sehr umsichtig sein.«

Und sie fügt hinzu:

> *»Falls sie auf dich wütend wird und dich fressen will, nimm drei Hörner von ihr und bitte um Erlaubnis, auf ihnen zu spielen: In das erste Horn blase leise, in das zweite lauter und in das dritte noch lauter.«* Iwan der Kaufmannssohn dankte der Jaga und ging weiter.

Diese erneute Suche dauert vielleicht nur zwei Jahre. Und während Iwan sucht, kehren wir für einen Augenblick nochmals zum Thema des Spielerischen in diesem Märchen zurück.

Im allgemeinen sind Frauen anscheinend emotional spielerischer veranlagt als Männer. Manchmal kann man Gruppen von Mädchen und Jungen beim Singen beobachten; die Mädchen machen schwingende Bewegungen und gehen mit der Musik mit, während die Jungen stocksteif herumstehen. Manchmal, wenn man mit Gruppen zum Zelten geht, kommt das herrlichste musikalische Lachen aus den Zelten der Frauen, wie erlesene Vogelrufe. Aus den meisten Zelten der Männer ertönt dagegen bestenfalls ein dumpfes Gemurmel. In ihrem Buch *The Way Men Think* (*Wie Männer denken*) setzen sich Bernadine Jacot und Liam Hudson mit der Frage auseinander, warum manche Männer spielerischer veranlagt sind als andere.

Sie gehen dabei vom heiklen Thema der unvollständigen Lösung des Kindes von der Mutter aus. Wenn ein Mädchen zwei oder drei Jahre alt ist, kann es zu seiner Mutter aufsehen und sich sagen: »So werde ich später auch einmal sein.« Schaut dagegen ein gleichaltriger Junge zu seiner Mutter auf, wird er sich sagen: »Ich werde später nicht so sein wie sie.« Sich von der Mutter zu lösen ist für beide Geschlechter schwierig; manche Kinder haben Glück dabei, andere nicht. Jacot und Hudson belegen nun, daß die Trennung von der Mutter bei den meisten Jungen – forciert noch durch Spottrufe wie »Memme« oder »Mamakind« – zu einer seelischen Wunde führt, die noch lange erhalten bleibt. Es ist wichtig, sich über diese Wunde nicht lustig zu machen. Sicher, es gibt noch Schlimmeres, aber für kleine Jungen ist diese Wunde schon schlimm genug. Ob er es will oder nicht, vollzieht der Junge – meistens eher überstürzt – eine brutale Trennung. Doch in der Latenzperiode zwischen fünftem und zwölftem Lebensjahr bietet sich oft die Gelegenheit, sich erneut mit dieser Wunde auseinanderzusetzen – so wie wir es in dieser Geschichte ja auch tun. Es geht um eine schmerzliche Angelegenheit, und manche Jungen gelangen im Alter von sieben, acht oder neun Jahren zu einer Heilung, andere dagegen nicht.

Bleibt die Wunde allerdings auch während der Latenzperiode unzugänglich, dann wird der Mann später – so Jacots und Hudsons Vermutung – zur Steifheit neigen; er wird Rechtsanwalt, Ingenieur, Mechaniker oder Wissenschaftler werden und ein Mann sein, dem es vor allem und immer um *Distanz* zu anderen geht. Dieses Ziel erreicht er vor allem mit Hilfe seines praktischen Intellekts. Er wird als Erwachsener laut Jacot und Hudson dazu neigen, Menschen wie Sachen zu behandeln, Dinge aber, als seien es menschliche Wesen.

Manchmal verbringt ein solcher Mann mehr Zeit damit, seine Theorien zu pflegen, als sich um seine Kinder zu kümmern. Das ist durchaus nicht ungewöhnlich. Anekdoten über berühmte Physiker, etwa am Princeton Institute, kreisen oft um dieses Thema. Wir erinnern uns, daß der Verhaltensforscher Skinner seine Tochter als Baby buchstäblich in einer Kiste aufwachsen ließ und sie dabei als reines Versuchsobjekt behandelte. Manche Anwälte legen großen Wert auf Distanz in ihrer Umgebung, und manche Spitzenmanager können entbehrliche Mitarbeiter auf eine »Abschußliste« setzen, als handele es sich um Sachen, nicht um Menschen.

Ist der Junge aber in seiner späten Kindheit in der Lage, im Gespräch mit Mutter oder Vater auf die Trennungswunde zurückzukommen und die Trennungserfahrung noch einmal, diesmal bewußter nachzuvollziehen, dann löst sich vielleicht seine Starre. Er wird fähig, im emotionalen Bereich gelöster und spielerischer zu werden und zu bleiben. Solche Männer werden nach Jacots und Hudsons Beobachtungen eher Maler, Tänzer, Architekten, Romanschriftsteller oder Dichter.

Bei Malern spielt schon das Spielerische der Malsituation eine wichtige Rolle. Jacot und Hudson stellen den Maler als einen Mann dar, der durchaus ein wenig Distanz schätzt, indes wohl nicht so viel wie ein Physiker, und dessen Gegenstand oft eine Frau ist. Diese kommt in sein Atelier; er bezahlt sie für das Modellstehen, und deshalb ist schon eine gewisse Distanz – zwischen anderthalb und zwei Meter – Grundbestandteil der Situation. Andererseits kehrt der Maler ein jedes Mal, wenn er einen ganzen Nachmittag damit verbringt, ihren nackten Körper zu studieren, auch zu seiner Sehnsucht, zu seiner »Wunde« zurück. Ziel der meisten Maler ist es, den weiblichen Körper spielerisch zu ehren. Jacot und Hudson benutzen die Formulierung »Licht freisetzen«. Ein impressionistischer Maler arbeitet zum Beispiel so, daß er aus der Kathedralfassade von Notre-Dame in Paris Licht hervorholt; oder er malt Sonnenblumen so, daß sie ein im Innern verborgenes »Licht freisetzen«. Bonnard etwa, sagen Jacot und Hudson, studiert den weiblichen Körper so, daß er dessen »versteckte Leuchtkraft freisetzt« – eine wunderbare Beschreibung. Wir alle wissen, daß man das Werk solcher Maler auch negativer beschreiben kann, doch derartige Charakterisierungen stammen meistens von Kritikern, denen jegliches Gespür für das Spielerische abgeht.

Man kann also sagen, daß die von so vielen bewunderten Impressionisten Iwans Weg gegangen sind und die spielerische Seite ihres Wesens wiedererweckt haben, indem sie sich den beängstigenden Szenen nochmals stellten. Auf diese Weise könnte auch Iwan schließlich die Liebe wiederfinden, die das Weibliche für ihn hatte. Einst hatte diese Liebe die Form der »ursprünglichen Glückseligkeit in der Einheit von Mutter und Kind«.

Wir können jetzt sogar noch klarer erkennen, welche Bedeutung unser russisches Märchen für die Fortdauer der Lebendigkeit unserer Kultur hat, nicht nur für die Zukunft individueller Männer und Frauen. Wenn wir zur Großen Mutter zurückkehren und uns immer wieder dem Schmerz stellen können, den wir damals spürten, als wir uns von jener Frau lösten, die wir über alles liebten; wenn wir uns an diese kindlichen Szenen erinnern, zu ihnen zurückkehren und das darin verborgene Licht zum Vorschein bringen können, dann sind wir auch in der Lage, die spielerische Seite unseres Wesens in ihr Recht zu setzen und uns von jenem beängstigenden Geschlechterkampf ein wenig zu distanzieren, der heute so viele Männer und Frauen lähmt.

Ankunft in der Hütte der dritten Schwester

Iwan geht weiter. Und sein Weg dauert so lange, wie er dafür braucht. Man benötigt nicht lange, um etwas zu sagen, doch länger, um es zu tun. Schließlich kommt er erneut auf einer Waldlichtung an. Dort steht eine Hütte auf einem Hühnerbein. Das muß sie sein. Aber Iwan ist gewarnt: Die zweite Baba-Jaga hatte gesagt, daß ihre Schwester sehr gefährlich sei.

Schon bald kommt auch diese Große Mutter aus dem dunkelsten Teil des Waldes herbei. Sie sitzt in einem Mörser, rudert mit dem Stößel und verwischt ihre Spuren mit dem Besen, damit ihr auch ja niemand folgen kann. Sobald sie Iwan erblickt, nimmt sie eine große Feile – eine von der Art, wie sie Hufschmiede für Pferdehufe verwenden – und beginnt, ihre Zähne zu schärfen. Zwischendrin ruft sie aus:

> *Schon viele Jahre ist es her,*
> *Daß leck'rer Duft von einem Russenjungen*
> *mir in die Nase stieg!*
> *Schön! Schön! Ein Sieg!*
> *Jetzt sind sie ganz von selbst gekommen,*
> *Die kleinen Knochen, die mir frommen!*

Sie legt die Feile nieder, sieht Iwan in die Augen und sagt: »Nun, mein werter Junge, bist du freiwillig hergekommen oder hat dich jemand geschickt?«

»Aber Großmutter, du weißt doch, daß man einem Fremden keine Fragen stellt, ehe man ihn bewirtet hat.« Sie stimmt ihm zu, sieht ihn scharf an und holt aus ihrem großen Topf etwas Materie hervor, die vielleicht noch von der letzten Zerstörung des Universums übriggeblieben ist: ein Stück Dinosaurierleber oder den gebratenen Flügel eines Raubsauriers. Sie wird zur Gastgeberin. Schließlich aber fragt sie nochmals: »Bist du freiwillig hergekommen oder hat dich jemand geschickt?« Er antwortet: »Ich würde sagen, mein eigener Antrieb ist für die Hälfte zuständig, und die anderen zwei Drittel waren Zwang.« Doch diesmal läßt sich die Baba-Jaga nicht durch die Antwort beruhigen. Sie ist erregt. Sie greift erneut nach ihrer Feile und öffnet ihren Mund. Doch Iwan erinnert sich an das, was ihm die zweite Schwester gesagt hatte.

»Großmutter, ich habe gehört, daß du drei Hörner in deinem Haus hast. Dürfte ich mal auf einem spielen?«

Sie nimmt ein Horn und gibt es ihm. »Darf ich?« – »Ja.« Er bläst sanft hinein.

»Danke, Großmutter. Darf ich auch das zweite ausprobieren?« Das Horn gibt einen tiefen, resonanzreichen Ton von sich, als bliese man auf einer großen Muschel.

»Ich danke dir, Großmutter. Darf ich auch noch das dritte ausprobieren?«

Diesmal stößt er alle Luft, die er je in seine Lungen einziehen konnte, geballt in das Horn. Es erklingt ein sehr lauter, drängender Ton, als würden zwei Liebende gemeinsam aufschreien oder Krieger in die Schlacht ziehen.

Wir wissen aus alten keltischen Sagen, daß es eine bestimmte Art Schrei gab, der Krieger zu Berserkern machte, alle Umstehenden erblassen ließ und hochschwangere Frauen veranlaßte, spontan ihr Kind zur Welt zu bringen. Und wir erinnern uns auch an die Posaunen, die mit ihrem Klang die Mauern von Jericho zum Einsturz brachten. Mit solchen Schreien bewegen wir uns eindeutig im Reich der Klangmagie.

Seit Jahrtausenden gilt eine mächtige Stimme als Zeichen einer starken Persönlichkeit. Man könnte also sagen, je länger ein menschliches Wesen in der Unterwelt bleibt, desto mächtiger wird seine Stimme. Männer und Frauen kommen aus der Unterwelt mit einer Stimme zurück, auf die man einfach hören muß.

Der Schrei, den Iwan plötzlich auf dem Horn ausstößt, erinnert an seine abrupte Geste, als er den Kopf des Hauslehrers mit dem Säbel abschlug. Doch diese neue Tat stellt, anders als die erste, nicht nur eine Reaktion dar. Denn der Schrei kommt von innen und bahnt sich seinen Weg nach außen, als die Zeit reif dafür ist.

Vielleicht müssen wir alle, um eine starke Stimme zu bekommen, Zeit mit den Toten verbringen – oder im Gespräch mit der Baba-Jaga. Vielleicht muß die menschliche Stimme erst eine Komponente aus der Unterwelt annehmen, ehe ein Mann oder eine Frau sich eine geistige Auseinandersetzung mit der Dunklen Göttin zutrauen kann.

Plötzlich flogen von allen Seiten allerlei Vögel herbei; darunter war auch der Feuervogel. »Setz dich auf mich«, sagte der Feuervogel, »und wir werden fliegen, wohin auch immer du willst; sonst wird dich die Baba-Jaga auffressen!«

So bestieg Iwan den Feuervogel und flog davon. Nun ist er der Unterwelt entkommen, und damit hat auch dieser Teil der Erzählung sein Ende erreicht.

Wer geht in die Unterwelt?

Schon oft sind wir, Männer wie Frauen, in die Unterwelt hinabgestiegen, ohne es zu wissen. Denn Depression ist nur ein anderes Wort für Unterwelt. Wie die Statistiken belegen, ist die Zahl depressiver Frauen außerordentlich groß.

Der alte Drache, von dem Marion Woodman spricht, sorgt dafür, daß diese Frauen auf ihrem Sofa liegenbleiben. Auch Männer werden mit Depressionen immer vertrauter, obwohl sie traditionell nicht darüber sprechen wollen. Terence Real behauptet in seinem Buch *I Don't Want to Talk About It* (Darüber will ich nicht sprechen), daß jeder Mann im Westen mit verdeckten Depressionen lebt. Und er fügt hinzu, der einzige Weg, verdeckten Depressionen zu entkommen, bestehe darin, offen damit umzugehen. Das heißt, die einzige Möglichkeit, Baba-Jaga Nummer eins zu entkommen, besteht darin, zu Baba-Jaga Nummer zwei und drei zu gehen.

Das sagt unsere Geschichte ebenfalls. Wer der Baba-Jaga Knöchernes Bein begegnet, weiß wenigstens, daß die eigenen Depressionen endgültig offen ausgebrochen sind. Um mit Yeats zu sprechen: »Alles fällt auseinander, die Mitte hält nicht mehr.«

Lorca fängt die Stimmung der Unterwelt in dem bereits zitierten Gedicht aus New York wunderbar ein:

> *Im Weg sich irren,*
> *heißt zum Schnee gelangen,*
> *und zum Schnee gelangen,*
> *heißt während zwanzighundert Jahren das Gras der*
> *Totenäcker weiden.*

Iwans Wochen, Monate oder Jahre im Reich der stinkenden Gebeine stehen für jene depressive Leidenszeit, der eine Frau nicht entrinnen kann, wenn sie im Banne eines an Ritter Blaubart erinnernden Mannes steht – oder auch ein Mann, der im Banne einer Kali ähnelnden Frau steht. Unsere Erzählung legt den Schluß nahe, daß depressive Frauen oder Männer sich bei früheren Anlässen – jeder auf seine Weise, vielleicht aus Angst vor den dadurch entfesselten Kräften – der Erforschung ihrer inneren Wunde entzogen haben. Manche Leute glauben, ein Abstieg in die Unterwelt sei etwas ganz

Normales. In der oben herangezogenen Maya-Erzählung ist der entscheidende Faktor die Vergeßlichkeit gegenüber dem Göttlichen. Die Beleidigung des Göttlich-Weiblichen kann schon aus so einfachen Dingen bestehen wie der Entscheidung eines Paares, aus materiellen Gründen zu heiraten statt aus Liebe. So handeln gewöhnliche Menschen, aber auch außergewöhnliche. Als moderne Rationalisten und Skeptiker beleidigen wir das Göttlich-Weibliche tagtäglich und schenken unserer Handlungsweise kaum noch Beachtung. Doch mancher Schrecken hat eine mythologische Dimension und hängt – bei Männern – von dem Eingeständnis ab, daß Millionen junger Männer an einem entscheidenden Punkt ihres Lebens die ekstatischen Energien des Weiblichen zurückgewiesen haben – damals, als das Schiff mit der Zar-Jungfrau auf sie zukam – und daß der dafür zu zahlende Preis überfällig ist.

Was Kali in Einkaufszentren zu suchen hat

In seinem Buch *Hindu Goddesses* (Indische Göttinnen) faßt David Kinsley Kalis Wesen wie folgt zusammen:

Diese anderen Göttinnen, »Muttergottheiten« im offensichtlichen Sinne, spenden Leben. Kali nimmt Leben, unersättlich. ... Werden Muttergöttinnen als immer fruchtbar beschrieben, zeigt man Kali als immer hungrig. Ihre heraushängende Zunge, die auf groteske Weise lang und übergroß ist, ihr eingefallener Magen, ihre ausgemergelte Erscheinung und ihre scharfen [Reißzähne] vermitteln eine Gegenwart, die das direkte Gegenteil einer fruchtbaren, beschützenden Muttergottheit darstellt.

Man könnte also sagen, daß die Zähne der Baba-Jaga und Kalis Reißzähne den unersättlichen Hunger enthüllen, der logischerweise hinter der erstaunlichen Fruchtbarkeit und Liberalität der Guten Mutter liegen muß.

Wenn wir von unserer Mutter alles Gute bekommen, das wir benötigen, dann neigen wir dazu, unser ganzes Leben kindlich zu bleiben: Von ihr erwarten wir Leben, Essen, Trost, Nahrung, Mut, Unterstützung und Lob.

Unsere Mutter schenkte uns das Leben, und wir alle sind uns dessen bewußt, wie viel wir unserer Mutter verdanken. Schritt für Schritt hat die Menschheit ein Bild entwickelt von der Mutter aller Dinge, der Guten Mutter, der Universalen Mutter, der Gnädigen Mutter. Ihr Abbild steht heutzutage in Millionen von Kapellen, in Bergdörfern auf Madeira genauso wie in Sizilien oder Rußland. Sie strahlt eine großartige Ruhe aus und hält ihr Kind im Arm.

Doch wenn wir beim Gedanken an die Mutter nur die gütige Mutter des Überflusses sehen, werden wir niemals erwachsen werden. Und so hilft uns das Bild von Kali als Menschenfresserin auch dazu, erwachsen zu werden. Dagegen vermerken viele Beobachter, daß die Menschen im Westen immer kindischer werden, um nicht zu sagen infantil. Einige Anthropologen fanden um 1900 heraus, daß die Eskimos die erwachsensten Menschen auf dem ganzen Globus sind – nicht zuletzt wegen der Grenzen, die in der Welt der Eskimos so überdeutlich zu spüren waren. Die Anzahl der Seehunde, die die Natur zu den Eislöchern führte, war begrenzt, ebenso die Anzahl der Stunden, die man es im kalten Wind lebend aushalten konnte. Solche Grenzerfahrungen halfen den männlichen und weiblichen Eskimos dabei, erwachsen zu werden.

Dagegen verspricht uns die Verbraucherkultur, in der wir leben, einen Überfluß, der in früheren Jahrhunderten undenkbar gewesen wäre. Die Mall of America in Minneapolis ist das größte Einkaufszentrum der Welt, und die Snoopy-Statue, die dort steht, ist größer als jede Christusfigur in ganz Minneapolis. Würden wir diesen Snoopy durch eine Kali-Statue ersetzen – mit ihren Reißzähnen, ihrem blutigen Beil, ihrer

Halskette aus Menschenschädeln und ihrer weit heraushängenden Zunge –, dann würde uns das wahre Wesen unserer Konsumkultur deutlich werden. Jeder, der diese Statue erblickte, würde ein klein wenig erwachsener werden. Dann würde vielleicht auch deutlich werden, daß unser Überfluß gleichbedeutend ist mit unstillbarem Hunger anderswo auf der Welt.

Viele Mythologien erklären, daß unter der gebenden Seite der Guten Mutter ein unersättlicher Hunger liegt. Uns im Westen ist es jedoch nicht gut gelungen, diese Schattenseite der Göttin ebenfalls darzustellen und lebendig zu erhalten. Ich glaube, daß hier auch einer der Gründe dafür liegt, daß wir die Verarmung nicht ernst nehmen, die als Folge eines globalen Kapitalismus in anderen Teilen der Welt stattfindet. Wir genießen nur die gebende Seite der Göttin, während den Arbeitern in den »unterentwickelten« Ländern nur die nehmende bleibt. Wir essen, und sie werden gefressen.

Die Immense Mutter hat also zwei Seiten: Jungfrau Maria und Baba-Jaga. Manche Menschen im Westen erklären jedes Bild der Verschlingenden Mutter zum Werkzeug einer patriarchalischen Verschwörung und sehen darin nur die Absicht, Frauen zu verunglimpfen und abzustempeln, damit man ihnen dann um so leichter Vorwürfe machen und sie zurückweisen könne. Zunächst klingt diese Deutung auch plausibel, aber dann wird uns doch klar, daß das Nicht-wahrhaben-Wollen der zwei Seiten der Großen Mutter eine Art kindlichen Wahnsinns ist. Denn es waren ja gerade einige frühe, vom Matriarchat geprägte Zivilisationen, die eindrucksvolle Bilder der Verschlingenden Mutter geschaffen haben. Neuere Ausgrabungen in Çatal Hüyük in der Türkei etwa haben auf engem Raum ein hervorragendes Beispiel für eine von weiblicher Vorherrschaft geprägte Gesellschaft zutage gefördert. Männer spielten dort keine große Rolle. Frauen wurden in der Mitte der Räume unter dem Fußboden begraben, Männer irgendwo an den Seiten. Und in Räumen mit Schreinen wurden Skulpturen ausgegraben, bei denen direkt aus der Mutterbrust ein Geierschnabel hervorkommt. Eine solche Darstellung würde bestens in unsere Erzählung passen.

Psychologisch gesehen ist somit der Abstieg zur Hütte im Wald, die auf einem Hühnerbein steht, ein Akt seelischer Gesundung.

Teil III

Unter den englischen Dichtern ist William Blake einer der wenigen, die immer darauf bestanden haben, Diskussionen auf die Ebene der Mythologie zu heben. In *The Marriage of Heaven and Hell* stellte er sich – in leichter Abwandlung des biblischen Wortlauts – einen Gedankenaustausch zwischen sich selbst und Hesekiel (Ezechiel), einem der Propheten des Alten Testaments, vor. Dieser mußte während der babylonischen Gefangenschaft des Volkes Israel auf Geheiß des Herrn am Ufer des Flusses Chebar lange Zeit auf seiner einen Seite liegen, dann lange auf der anderen; und das Brot, das er aß, sollte er auf Menschenkot oder Kuhfladen backen. Der uns hier interessierende Passus lautet:

> *Ich frug darauf Hesekiel, warum er Dung gegessen und so lange auf seiner rechten und auf seiner linken Seite gelegen habe. Er entgegnete: »Weil es mich verlangte, andere zur Wahrnehmung des Unendlichen emporzuführen.«*

Das läßt sich auch über die Erzählung von der Zar-Jungfrau sagen: Trotz vieler psychologischer Einsichten liegt ihre Hauptabsicht darin, den Zuhörer »zur Wahrnehmung des Unendlichen emporzuführen«.

In seinem Essay *Wisdom of the Mythtellers* (Die Weisheit der Mythenerzähler) schreibt Sean Kane:

*Die Definition des Mythos, der ich folge, stammt aus vor-
agrarischer Zeit. Mythos meint einen Dialog zwischen
menschlichen Wesen und Erdgeistern, an dem sich Mythenerzähler aus Jäger- und Sammlergesellschaften vielleicht schon seit etwa hunderttausend Jahren beteiligen.
Und an manchen Orten ist dieser Dialog immer noch
nicht abgerissen. ... Diese Sprache kommt in Geschichten
vor, die charakteristischerweise zwei Ebenen haben: oben
und unten. Die obere gibt die menschliche Seite des Bildes wieder, die untere die Sicht der Erde (oft nicht ohne
Ironie), und der ganze Mythos ist ein – meistens unab-
sichtlicher – Dialog. Ein Austausch zwischen den Welten
über diese Grenze hinweg ist das zentrale Element des
Mythos und alles, worauf es wirklich ankommt.*

Die Oberfläche unserer Erzählung – der Kaufmann, der als
Vater die falsche Frau heiratet und einen Hauslehrer mit der
Erziehung des Sohnes beauftragt, sowie die Stiefmutter mit ihrer Einmischung – steht für die menschliche Seite dieses Dialogs, eines Dialogs, wie er sich zwischen menschlichen Wesen
und diversen Kräften der Erde fortlaufend abspielt. Die untere
Ebene mit den Baba-Jaga-Szenen spiegelt dagegen die Ansichten der Erde wider. Hier stoßen wir auf Überraschungen. Man
könnte sogar sagen, daß Baba-Jaga die Erde *ist*.
Mythen sagen uns, daß wir nicht die einzigen Wesen im Universum sind, die eigene Absichten und verletzte Gefühle haben. Wenn, wie Pythagoras sagt, »alles intelligent« ist, dann
heißt das auch, daß wir uns vorsichtig bewegen müssen. Wer
nicht wach bleiben kann, wenn das Göttliche zu uns kommt,
hat schon Verhandlungen mit der Göttin auf mythischer Ebene eröffnet – allerdings auf höchst unglückliche Weise. Wahrscheinlich ist genau das die rücksichtslose Art, mit der wir alle
als Teenager unsere Verhandlungen mit der mythischen Ebene
der Welt aufgenommen haben. Doch früher oder später müssen wir dafür bezahlen.

Der Feuervogel

»Setz dich auf mich«, sagte der Feuervogel, »und wir werden fliegen, wohin auch immer du willst; sonst wird dich die Baba-Jaga auffressen!« Es gelang Iwan gerade rechtzeitig, sich auf ihn zu setzen, als auch schon die Baba-Jaga herbeigerannt kam, den Feuervogel am Schwanz packte und ihm einige Federn herausriß.

Unzweifelhaft wurde der Feuervogel durch den großen Lärm herbeigerufen, den Iwan auf seinem Horn machte. Wir bewegen uns also nicht mehr im Reich des Sehens und der Augen, sondern im Reich der Töne. Dort hat sich mit seiner Trompete zum Beispiel auch der große Louis Armstrong unsterblich gemacht.

In seinem Buch *Das dritte Ohr* befaßt sich Joachim-Ernst Berendt mit Tönen und Geräuschen als einer fast vergessenen Macht. Er erwähnt zum Beispiel, daß es zwischen den Ohren und dem Gehirn dreimal so viele Nervenverbindungen gibt wie zwischen Auge und Gehirn.

Ödipus' heilsames späteres Leben wurde nach seinen früheren schrecklichen Gewalttaten erst möglich, als er sich die Augen ausgestochen hatte. Symbolisch gesprochen, war für ihn die Zeit der Augen nun vorbei. Den Rest seines Lebens verbrachte er, von seinen Töchtern geführt, mit Umherwandern und Zuhören.

Diese Töchter deuten auf eine Verbindung zwischen dem Weiblichen und den Ohren hin, wie umgekehrt zwischen dem Männlichen und den Augen ebenfalls eine Verbindung besteht. Berendt hebt solche Verbindungen immer wieder hervor. Iwans Abenteuer in der Unterwelt gingen, im Rückblick betrachtet, mit einer zunehmend subtilen Akzeptanz des Weiblichen einher, das heißt mit der Umkehrung seiner früheren Zurückweisung des Weiblichen infolge des Gebrauchs der Nadel. Iwans Geschichte verläuft in mancherlei Hinsicht parallel zu der vom Eisenhans, doch hier ist es eine Geschichte der Initiation in das Weibliche. Iwan erlernt jetzt sogar die Musik. So läßt sich diese Stelle jedenfalls auch deuten. Er könnte »Sweet Honey in the Rock« sein oder ein Schweizer Alphornbläser, der die Dorfgemeinschaft zusammenruft, ein Geiger, der alle zum Tanzen bringt, oder eine Afrikanerin, die den Gesang bei der Feldarbeit anführt. Auch an Jessye Norman könnte man denken, die sich den Schmerz der verletzten Frau von der Seele singt, oder an Johann Sebastian Bach, der die Unordnung der Welt in geordnete musikalische Bahnen bringt. Solche Töne jedenfalls sind es, die den Feuervogel anziehen.

Was ist der Feuervogel?

Die Landung des Feuervogels ist ein spektakuläres Ereignis; goldene Federn fallen dabei von seiner Brust. Aus anderen Geschichten wissen wir, daß, wenn der Feuervogel vom Himmel herabfliegt, alle anderen Vögel im Wald verstummen. Ein volltönender Klang zieht den Feuervogel an, und die anderen Vögel verfallen in Schweigen. In der russischen Kultur, die immer noch sehr auf Tönen und Klängen basiert, wie etwa die russisch-orthodoxe Liturgie zeigt, ist die alte Freundschaft mit dem uralten Feuervogel noch erhalten. Er ist auf Tausenden von russischen Schmuckkästchen, Teetöpfen, Folklorestoffen, Wandteppichen und Gemälden abgebildet. Auch kann man darauf verweisen, daß in Rußland Dichtung immer noch mit einer Sprachgewalt und Verve rezitiert wird, wie man sie im restlichen Europa nicht mehr kennt. Möglicherweise ist der kehlige Klang volltönender Stimmen, wie er bis heute in der russisch-orthodoxen Liturgie üblich ist, ein Ruf, der speziell dem Feuervogel gilt. Daraus ergibt sich die Frage: Was ist der Feuervogel eigentlich? Man könnte sagen, daß er etwas Unwiderrufliches an sich hat. Wenn er erst einmal Teil unseres Lebens geworden ist, gibt es kein Zurück mehr. Als er – in Strawinskys gleichnamigem Ballett – zum berühmten Ballettänzer Waclaw Nijinskij gekommen war, konnte dieser hinfort kein normaler Tänzer mehr sein. Eine der Ansichten von Initiation besagt, sie bedeute den Übergang von einer alltäglichen Welt in das Reich gefährlicher spiritueller Wesen – aus dem man sich nie wieder wirklich befreien kann. Für den Hindu-Gott Ganesha bedeutet Initiation, sein menschliches Haupt völlig zu verlieren und ein neues zu bekommen, in seinem Fall einen Elefantenkopf. Mythologisch gesehen, steht der Elefant nicht für die kleine Welt der Menschen, sondern für das Universum selbst.

Der spanische Dichter Juan Ramón Jiménez hat folgendes Bild für die Musik gefunden:

> *Musik –*
> *Eine nackte Frau,*
> *Die verrückt durch die reine Nacht läuft!*

Auch sein Landsmann García Lorca hat uns in seinem Essay »Das Spiel und die Theorie der *duende*« einiges über Töne zu sagen:

> *Wir kennen die Wege, auf denen wir nach Gott suchen können – vom barbarischen Weg des Einsiedlers bis zum feinsinnigen des Mystikers. Mit einem Turm wie der heiligen Theresia oder den drei Wegen des Juan de la Cruz. Und auch wenn wir vielleicht mit Jesaja ausrufen müssen: »Wahrlich, du bist ein verborgener Gott«, am Ende schickt Gott jedem, der ihn sucht, seine ersten feurigen Dornen. ...*
> *Jede Kunst hat ihre eigene* duende, *unterschiedlich in Form und Stil. Doch ihre Wurzeln treffen alle dort zusammen, woher die schwarzen Töne von Manuel Torre kom-*

men – die wesenhafte, unkontrollierbare, zitternde, gemeinsame Grundlage von Holz, Klang, Leinwand und Wort.

Hinter diesen schwarzen Tönen leben, zart und intim, Südwinde, Ameisen, Vulkane und die unendliche Nacht, die ihre Taille zur Milchstraße hin ausstreckt.

Man beachte, daß der Feuervogel nicht mit der Langsamkeit der Erde in Verbindung steht, mit der heilenden Kraft des Wassers oder der ruhigen Klarheit der Luft, sondern eher mit der schnellen Bewegung des Feuers. Das Feuer hat die Neigung, für den Menschen außer Kontrolle zu geraten, Tausende Hektar Wald zu verbrennen und dabei mit der Geschwindigkeit des Götterboten Hermes von Ast zu Ast zu springen. Die Geschwindigkeit des Feuers ähnelt der erstaunlichen Geschwindigkeit von Geist, Witz und Esprit, wenn die Synapsen im erhitzten Gehirn aufleuchten und Funken sprühen, bis die ganze Unterhaltung lebendig ist, bis sie einen unwiederholbaren, zügellosen, glänzenden, unerklärlichen Geist verströmt.

Der Feuervogel scheint sich genau auszusuchen, wen er besuchen will. Er kommt zu normalen Leuten genauso wie zu Künstlern, aber wir spüren, daß er zu Abtrünnigen und Außenseitern wie François Villon wohl eher kommt als zu schwerfälligen Autoren wie Theodore Dreiser. Die meisten Künstler kennen ihn. Wallace Stevens etwa, der große amerikanische Lyriker, erwähnt ihn in seinem letzten Gedicht (entstanden unmittelbar vor seinem letzten Krankenhausaufenthalt):

Du weißt nun, es ist nicht die Vernunft,
Die uns glücklich oder unglücklich macht.
Der Vogel singt. Sein Gefieder glänzt.
Die Palme steht am Rand des Alls.
Der Wind streicht langsam durch die Zweige.
Die feurigen Vogelfedern hängen herab.

Weltweit erinnert man sich noch an die sechziger Jahre, die in den USA ein so überwältigendes Maß an Feuervogel-Energie hervorbrachten: Janis Joplin, Jimi Hendrix, Jim Morrison. Wir haben das Gefühl, daß menschliche Wesen, wenn der Feuervogel kommt, ein überdrehtes Lebenstempo aufnehmen. Manche Körper halten das aus, andere werden in Stücke gerissen. Ein wenig Angst ist also in der Nähe des Feuervogels durchaus angebracht.

Die komplizierten Metren und die mathematische Disziplin großer Kunst – sie sind das Nest des Feuervogels. Dafür ist die formale Brillanz von Rumis Gedichten in seiner Muttersprache Farsi ein schönes Beispiel. Es ist, als müßte die Form eine ebenso intensive aristokratische Konstruktion sein wie das wilde demokratische Feuer, das darin zum Ausdruck kommt. Rumi sagt in »Ein Lob der Höflichkeit«:

Wir sollten Gott bitten,
Uns Manieren zu geben. Innere Gaben
Finden den Weg nicht zu Kreaturen
Ohne den nötigen Respekt.

Schlägt jemand um sich, so zerschlägt er
Nicht nur sein Haus, er brennt die ganze
    Welt nieder.

Deine Niedergeschlagenheit hat mit Unverschämt-
    heit zu tun
Und mit der Weigerung zu loben. Wer
    das Gefühl hat,
Auf gutem Wege zu wandeln, und weigert sich
    zu loben – der
Oder die stiehlt täglich von anderen – ist ein Dieb!

Die Sonne begann, vor Licht zu strahlen, als sie
    sich selbst in den Griff bekam.

Die Engel begannen erst zu leuchten,
als sie Disziplin gelernt hatten.
Die Sonne verlöscht, wann immer sich die Wolke
der Lobverweigerung nähert.
In dem Moment, als der törichte Engel unverschämt
wurde, hörte er, wie sich die Tür für ihn schloß.

In Demokratien gehen leider so viele große Künstler früh verloren, weil man in Demokratien glaubt, ein Künstler müsse allein aufrichtig sein.

Die ungeheure Disziplin des Flamenco-Tanzes und der Flamenco-Gitarre wurde entwickelt, um dem Feuervogel ein Nest zu bauen. García Lorca bewunderte am Flamenco jene Qualität, die die Zigeuner *duende* nannten: Elan und fröhliche Stimmung im Angesicht des Todes. Er schrieb:

> *Sehr oft ist der Intellekt der Feind der Poesie, weil er sich*
> *zu sehr auf die Imitation konzentriert, weil er den Dichter*
> *auf einen Thron mit scharfen Kanten hievt und ihn dabei*
> *vergessen läßt, daß er ganz plötzlich von Ameisen gefressen werden kann oder daß ihm ein großer vergifteter*
> *Hummer auf den Kopf fallen könnte.*

Der spanische Stierkampf ist im wesentlichen eine Angelegenheit für den Feuervogel, weil der elegant kostümierte Kämpfer und Tänzer in jedem Augenblick seines Tuns nur Zentimeter vom Tode entfernt ist. In der Arena hat der Tod Tiergestalt – die Gestalt eines ungeheuer vitalen, muskelbepackten, impulsiven und großartigen Tieres, dessen Gegenwart das Gefühl jubelnden Triumphes noch verstärkt. Von allen Lebewesen im Universum wurde der Mensch sorgfältig ausgewählt, dem Tode bewußt gegenüberzutreten, und so ist es nur angemessen, wenn der Mensch, der seinen Tod auf diese Weise herausfordert, goldbestickte Jacken trägt. Denn er steht für die Sonne – so wie der Stier seinerseits für den Mond steht, der ein Opfer fordert.

Dazu wieder Lorca:

Wenn die duende *kommt, setzt das immer eine radikale Veränderung aller Formen voraus, wie sie auf der alten Ebene existierten. Es entsteht ein bis dahin unbekanntes Gefühl der Erneuerung, zusammen mit der Qualität einer sich gerade öffnenden Rose, des Wunderbaren, das einen überkommt und in eine fast religiöse Ekstase versetzt.*
In der gesamten arabischen Musik, in den Tänzen, Liedern und Elegien Arabiens wird das Kommen der duende *mit inbrünstigen Rufen begrüßt:* Allah! Allah! Gott! Gott!, *die dem* Olé! Olé! *in unseren Stierkampfarenen so nahe kommen, daß man nicht weiß, ob es nicht sogar dieselben Rufe sind. Und in allen Liedern Südspaniens folgen auf das Kommen der* duende *Rufe aus tiefstem Herzen:* Gott lebt! *– profund, menschlich, zart, der Schrei der Gemeinschaft mit Gott durch das Medium der fünf Sinne, und die Gnade der* duende, *welche Stimme und Körper des Tänzers erregt.*

Wir können diese Ausführungen auch mit den Worten zusammenfassen, daß das Geschenk des Feuervogels in der Fähigkeit besteht, die unsichtbare Welt zu erleben. Die unsichtbare Welt fantasievoll zu erleben, das heißt auch, spielerisch zu sein. Wenn wir einen Chi-Quong-Meister dabei beobachten, wie er oder sie die Hände bewegt, um sich an die Bewegungen des *chi* in unserem Körper anzupassen, dann wissen wir, daß dieser Meister gelernt hat, die Welt phantasievoll zu erleben. Wenn wir lernen, unsichtbare Wesen als Freunde anzusehen, wenn wir jeden Tag für die unsichtbaren Geister Nahrung auslegen, die heute vielleicht etwas zu essen brauchen, und wenn wir begonnen haben, die Farben zu tragen, die den Unsichtbaren gefallen (und weniger nur die, die uns gefallen), dann nähern wir uns der Fähigkeit, die Welt ganzheitlich zu erfahren. William Butler Yeats hat einmal gesagt:

113

*Wir können unseren Geist so sehr einem stillen Wasser
annähern, daß sich andere Wesen um uns sammeln, um
in diesem Wasser vielleicht ihr eigenes Spiegelbild zu sehen und so, einen Augenblick lang, aufgrund unserer
Ruhe ein klareres, vielleicht sogar ein wilderes Leben zu
führen.*

Der Feuervogel ist wie eine Brücke, auf der wir in die
mythologische Welt wandeln und aus ihr wieder zurückkehren können. Nach den Zauberwirren der Nacht läßt Shakespeare im *Sommernachtstraum* seinen Theseus über die innere Affinität von Dichtern, Verliebten und Wahnsinnigen
(und damit über das Wesen von Phantasie und Inspiration)
folgendes sagen:

*Wahnwitzige, Poeten und Verliebte
Bestehn aus Einbildung. Der eine sieht
Mehr Teufel, als die weite Hölle faßt,
Der Tolle nämlich. Der Verliebte sieht,
Nicht minder irr, die Schönheit Helenas
Auf einer äthiopisch braunen Stirn.
Des Dichters Aug', in schönem Wahnsinn rollend,
Blitzt auf zum Himmel, blitzt zur Erd' hinab.
Und wie die schwangre Phantasie Gebilde
Von unbekannten Dingen ausgebiert,
Gestaltet sie des Dichters Kiel, benennt
Das luft'ge Nichts und gibt ihm festen Wohnsitz.*

Dazu paßt auch der folgende Vers aus Rumis *Mathnawi*, einer
der bedeutendsten Sammlungen islamisch-mystischer Weis-
heitsliteratur:

*Ich bin ein Liebender,
    in der Kunst des Wahnsinns geübt;
    tief habe ich Kultur und Wissen eingesogen.*

Das größte Geschenk des Feuervogels indes ist meiner Meinung nach seine Fähigkeit, Menschen »zur Wahrnehmung des Unendlichen emporzuführen«, um nochmals die Worte zu zitieren, die Blake Hesekiel in den Mund gelegt hat. Als vor einigen Jahren amerikanische Männer begannen, nach einem Männlichkeitsbild zu suchen, das sich von den Männlichkeitsvorstellungen unterscheiden sollte, die Wirtschaft und Sport ihnen überstülpten, da sahen sich viele von ihnen erstmals mit der unsichtbaren Welt konfrontiert, mit der mythologischen Ebene unseres Lebens. Doch das mythologische Denken erwies sich als sehr schwierig. Auch das Märchen, dem wir uns in diesem Buch widmen, bestätigt, daß der Weg vom vordergründig-realistischen über das psychologische zum mythologischen Denken lang und beschwerlich ist. Im Augenblick haben wir noch nicht einmal die Hälfte dieses Weges zurückgelegt.

Die Sehnsucht nach dem Feuervogel

Jeder Mensch hat Sehnsucht nach dem Feuervogel; jeder will, wie Lorca sagt, »ein bis dahin unbekanntes Gefühl der Erneuerung« erleben. Diese Sehnsucht nach dem Feuervogel kam eines Tages in Toronto lebhaft zum Ausdruck, als Marion Woodman und ich diesen Abschnitt der Geschichte vor Publikum szenisch aufführten. Als Geschichtenerzähler waren wir an dem Punkt angekommen, an dem Iwan (von mir gespielt) die drei Hörner von der dritten Baba-Jaga bekommt (die von Marion verkörpert wurde). Ich blies in die Hörner, und unsere gemeinsame Aufgabe bestand nun darin, sich die Landung des Feuervogels vorzustellen sowie den Augenblick, in dem Iwan den Vogel besteigt. Als sich der Feuervogel mit Iwan zu entfernen begann, fand sich Marion, nachdem sie ein paar Federn erhascht hatte, plötzlich zu Boden stürzend wieder – mit einem langen, harschen Schrei der Enttäuschung und Verzweiflung. So zu schreien hatte sie eigentlich gar nicht vorgehabt.

Sie erwähnte später, daß ihr ganzer Körper sich in diesem Moment elend verlassen vorkam: im Stich gelassen, in einer stagnierenden, vertrauten Welt zurückgelassen.

Als die Zuhörer diese Szene diskutierten, hatten die Frauen besonders viel dazu zu sagen. Eine nach der anderen erinnerte sich an den Kummer ihrer Mutter. Sie alle hatten gesehen, wie ihre Mütter in der konkreten Welt von Wäschewaschen, Kochen, Bügeln und Kindererziehung gefangen waren. Zweifellos waren die meisten Frauen im 19. Jahrhundert in diese Welt eingesperrt, wie schon in früheren Jahrhunderten. »Meine Mutter hat den Feuervogel nie bestiegen.« Einige Frauen beschwerten sich darüber, daß »die Männer den Feuervogel besteigen und die Frauen mit der Arbeit und den Depressionen zurücklassen«.

Daraufhin herrschte eine ziemlich starke Spannung im Raum, und es dauerte einige Minuten, bevor die anwesenden Männer etwas dazu sagten. Sie erinnerten daran, daß auch ihre Väter, in den dreißiger Jahren, während der Weltwirtschaftskrise, durch Zwölfstundentage im Büro, Fabrikarbeit oder Feldarbeit gefesselt, niemals den Feuervogel bestiegen hätten; nicht einmal in die Nähe dieses Vogels seien sie gekommen. Der Gedanke, alle Männer bestiegen kollektiv den Feuervogel, erwies sich als Illusion. Denn die meisten Männer und Frauen bleiben, mit ganz wenigen Ausnahmen, zurück, wenn der Vogel sich in die Lüfte erhebt.

Die Welt der meisten Männer und Frauen ist flach und horizontal ausgerichtet: Sie besteht aus Geldverdienen, Autofahren, Kindererziehung, Steuern, Einkaufszentren, Footballspielen, Friseuren, Sich-Durchmogeln, Essen und Arbeit. Gegenüber dieser horizontalen Ausrichtung kommt heutzutage die vertikale, etwa der Abstieg der Seele in die Unterwelt, ins Totenreich, oder der Aufstieg ins Reich der göttlichen Energien, zunehmend zu kurz. In diese vertikale Welt aber gehört der Feuervogel. Soviel ist unmißverständlich klar.

Zurück zur Erzählung:
Der Flug auf dem Feuervogel

Interessanterweise sagt der Feuervogel Iwan, daß er ihn nur einen Teil des Weges bringen könne.

Der Feuervogel flog mit Iwan dem Kaufmannssohn lange Zeit unter den Wolken, bis sie ans offene Meer kamen. »Nun, Iwan Kaufmannssohn, das dreimal zehnte Königreich liegt hinter diesem Meer; ich habe nicht genug Kraft, um dich an die andere Seite zu bringen; du mußt dich da selbst durchschlagen.« Iwan der Kaufmannssohn stieg hinunter, dankte dem Feuervogel und ging am Ufer entlang.

Interessant, daß der Feuervogel nicht ganz bis ans Ziel fliegen kann. Denn wenn er das könnte, würde jeder Stierkämpfer zu einem Ausbund an Vernunft und Intelligenz werden. Wenn einen der Feuervogel ganz ans Ziel bringen könnte, dann wäre Rimbaud niemals Sklavenhändler geworden. Niemals gab es einen jungen Dichter, der in seinem Innern stärker vom Feuervogel erfüllt war.

Iwan macht sich wieder auf den Weg. Er geht am Ufer entlang. Und nach einer langen oder auch kurzen Zeit kommt er im Haus der alten Frau an.

Das Reich der weisen Alten

Traditionell bewahrt die weise alte Frau das ganze Wissen ihres Stammes in ihrem Gedächtnis auf. Dazu schreibt Marion Woodman in ihrem Buch *Dancing in the Flames: The Dark Goddess in the Transformation of Consciousness* (Tanz in den Flammen: Die Rolle der Dunklen Göttin beim Bewußtseinswandel):

Die meisten Menschen brauchen ein ganzes Leben lang, bis ihre Psyche eine Beziehung zu dieser Göttin gefunden hat, die in der Seele in dreifacher Natur erscheint: manchmal als Jungfrau, manchmal als Mutter und manchmal als Alte. Dabei wurde die Alte in unserer Kultur brutal unterdrückt. Die weise Alte, die Heilerin, die Verwandlerin – sie stellte schon immer eine der größten Bedrohungen für die patriarchalische Welt dar. Ironischerweise wurden durch die Gründung der ersten Universitäten im 11. Jahrhundert (die doch gerade Zentren der Einheit sein sollten) die natürlichen Talente der Frauen zu beraten, zu heilen und Quell der Weisheit zu sein, beschnitten und eingeschränkt. Denn Frauen waren vom Studium ausgeschlossen. Entsprechende Dienstleistungen durften in der Öffentlichkeit nur noch von denjenigen erbracht werden, die Zeugnisse und Zulassungen vorweisen konnten. Und weil Frauen diese Berechtigungsnachweise nicht erwerben durften, waren sie aus dem intellektuellen Leben der Gemeinschaft praktisch ausgeschlossen. Viele, die als Hexen verbrannt wurden, zählten zu den begabtesten Frauen ihrer Zeit. ...

Als Symbol mußte die weise Alte von den patriarchalischen Religionen unterdrückt werden, weil ihre Macht »sogar den Willen des himmlischen Vaters Zeus überwand«. Sie kontrollierte die Zyklen von Leben und Tod. Sie war die Mutter des männlichen Gottes, seine Ernährerin und – als weise Alte – sogar seine Mörderin. Das Christentum hielt zwar an den weiblich-göttlichen Rollen der Jungfrau und Mutter fest, die Rolle der weisen Alten aber wurde eliminiert. ... Die weise Alte im Innern einer Frau ist jener Teil ihrer Seele, der nicht mit irgendeiner Beziehung gleichzusetzen ist oder durch irgendeine Bindung eingeschränkt wird.

Unsere Geschichte von der Zar-Jungfrau hat den Hörer/Leser zunächst mit der Wohlmeinenden Göttin der Ekstase bekannt gemacht, dann mit der Knöchernen Göttin der Toten. Jetzt folgt die weise Alte. Bildlich-symbolisch läßt sie sich als letzter Rest des abnehmenden Mondes darstellen, so wie andererseits die Jungfrau durch die Sichel des zunehmenden Mondes symbolisiert wird. Der Vollmond steht für die robuste Stärke der reifen Frau. Deren Gestalt ähnelt, so könnten wir sagen, der runden Gestalt des Erntevollmonds. Im Gegensatz dazu ähnelt die Sichel des »alten Mondes« der Frau, die über das gebärfähige Alter hinaus ist. Sie wird mit der Farbe Schwarz assoziiert, während Rot die Farbe der reifen Frau und Weiß die Farbe der Jungfrau ist.

Als Iwan die Hütte der alten Frau betritt, erzählt er ihr sofort, weshalb er gekommen ist: »Ich suche nach der ekstatischen Frau, die das dreimal zehnte Königreich bewohnt.« Und die Alte antwortet ungefähr so: »Du bist das also? Du bist der, den die Ekstatische Frau gefunden hat und der dann eingeschlafen ist?« – »Ja«, sagt Iwan, »der bin ich.«

Was die alte Frau zu sagen hat

»Ach«, sagt die Alte und kommt sogleich zur Sache, »sie liebt dich nicht mehr!« An dieser Nachricht ist wirklich etwas Erstaunliches. Die Tatsache, daß die Zar-Jungfrau Iwan nicht mehr liebt, bedeutet für die Erzählung eine dramatische Wende, und diese Veränderung erscheint durchaus nicht absonderlich. Sie wirkt vielmehr wie das unausweichliche Resultat einer Gesetzmäßigkeit, vor der wir als Menschen gern die Augen verschließen.

C. G. Jung hat einmal gesagt, daß alle Teile der Seele, die man in seiner Jugend nicht liebt, die man ignoriert oder verdrängt, sich später in feindlicher Absicht an einem rächen. Wenn ein Mann beispielsweise mit zwanzig die Sexualität verdrängt, weil er Erfolg im Beruf haben will, dann kann es sein, daß sie später, wenn er sie mit fünfzig besonders ausleben will, sein Leben zerstört. Beispiele dafür erleben wir täglich. Wenn eine Frau ihren Ehrgeiz, es in der Welt zu etwas zu bringen, schon früh hintanstellt, um attraktiv zu sein, dann kann der Ehrgeiz, der sich später dann doch meldet, durchaus Schaden anrichten. Die Frage, die unsere Geschichte stellt, lautet also: Was geschieht mit einem jungen Mann, dem das Ekstatisch-Weibliche in seiner Jugend nicht willkommen war? Daß es dafür gewisse Gesetzmäßigkeiten gibt, sagt die Alte zu Iwan. »Sie liebt dich nicht mehr!« Für uns alle, die wir heute, am Ende des 20. Jahrhunderts leben, ist das eine Geschichte über das Thema »Die Göttin, die dich nicht mehr liebt«. Wir müssen feststellen, daß viele, die nach den Regeln des New Age leben, behaupten, man müsse nur in ihre Workshops kommen, dann werde man die Liebe der Göttin unweigerlich erfahren. Aber sie haben kein Recht, das zu behaupten.

Was zu tun ist

»Ach«, sagte die alte Frau. »Sie liebt dich nicht mehr; wenn du ihr vor die Augen trittst, wird die Zar-Jungfrau dich zerreißen: Ihre Liebe ist weit von hier versteckt!«

Die weise alte Frau hat noch eine zweite wichtige Information parat. Die Liebe, die die Göttin uns entgegenbringt, ist irgendwo versteckt, weit fort von hier. Das hat etwas Verheißungsvolles an sich. Damit scheint ein besserer Ausgang möglich zu sein, als wenn die alte Frau nur gesagt hätte: »Sie ist wütend, die Liebe ist vorbei; gib es auf!«
Die Liebe, die das Göttliche für uns empfunden hatte, ist irgendwo außer Reichweite versteckt worden. Die Frage ist nur, wo?
Das Göttlich-Weibliche liebt Iwan nicht mehr. Und die Liebe

ist nicht nur erkaltet, sondern die Abneigung geht noch einen Schritt weiter: »Wenn sie dich jetzt sehen würde, dann würde sie dich in Stücke zerreißen.« Das heißt, an die Stelle warmer Liebesempfindungen ist nicht Gleichgültigkeit, sondern aktiver Haß getreten. Vor einer solchen Entwicklung hat uns niemand gewarnt. »Sie sagen ganz andere Dinge in der Schule« (Yeats). Und was ist mit den Vereinigten Staaten, die so viel getan haben, um die Religion der Ureinwohner, die wir Indianer nennen, oder die afrikanischen Gottheiten in afrikanischen Dörfern zu zerstören, die so viel getan haben, um unsere Wälder zu zerstören und den globalen Kapitalismus voranzutreiben? Was können wir dazu sagen? Nun, vor allem, daß den USA zweifellos Unglück bevorsteht. Und Iwan, der impulsive Fischer? Er muß damit rechnen, in Stücke gerissen zu werden.

Die Botschaft der weisen Alten impliziert, daß wir alle in Gefahr sind, zerrissen zu werden. Dieser Prozeß muß bereits in Gang gekommen sein. Vielleicht dient die zunehmende Feindseligkeit zwischen den Geschlechtern als stille Erinnerung daran, daß die Göttin wütend auf uns ist. Und weshalb? Weil wir auf beiden Seiten so unhöflich geworden sind. Unhöflichkeit ist bei so vielen Zeitgenossen in unserer Kultur ein Zeichen von Undankbarkeit. Die Botschaft der Alten hat etwas Schockierendes an sich: Wo bleibt denn da die Mutterliebe, die wir alle stets von den Frauen erwarten, ganz gleich, was wir als Söhne oder Töchter tun? Vergiß es! Solch mütterliche Liebe gibt es für dich nicht mehr. »Wenn sie dich jetzt sehen würde, dann würde sie dich in Stücke zerreißen.«

Die zunehmende Kindlichkeit unserer Gesellschaft ist überall im Westen, aber auch in Japan festzustellen. Der japanische Psychologe Takeo Doi sagt, daß in Japan der »erwachsene Erwachsene« weitgehend verschwunden sei; alles, was bleibe, seien »erwachsene Kinder und kindische Erwachsene«. Eine solche Zunahme kindlicher und kindischer Verhaltensweisen muß etwas mit der Sehnsucht nach mütterlicher Liebe von unseren eigenen Müttern zu tun haben, mit der Sehnsucht nach kollektiver weiblicher Liebe, nach der Liebe des Universums. Doch diese Liebe kommt nicht.

Unsere Sehnsucht, uns an unsere leibliche Mutter kuscheln zu können, vertieft sich von Dekade zu Dekade. Wenn Väter ihre Familien verlassen – ermutigt, wie wir wissen, durch bestimmte Vorstellungen von Individualismus und Selbstverwirklichung –, dann klammern sich die daheim zurückbleibenden Kinder um so verzweifelter an ihre Mütter. Kürzlich hörte ich einen dreißigjährigen Mann im Gefängnis sagen: »Wenn ich hier rauskomme, dann habe ich wenigstens noch mein Nest« – womit er das Haus seiner Mutter meinte. Niemand weiß, wie er der zunehmenden Kindlichkeit unserer Kultur etwas entgegensetzen soll. Und es sind auch nur die wenigsten, die überhaupt darüber sprechen wollen.

Die alte Frau deutet an, daß Iwan schon etwas tun müsse – und zwar mehr als nur Trübsal zu blasen, wie es oft geschieht, wenn ein junger Mann mehr von seiner Mutter haben will, als sie zu geben bereit ist. An die Stelle früherer Liebe ist bei der Zar-Jungfrau aktive, gefährliche Wut getreten. Die »verlorene Liebe« aber ist »weit von hier versteckt«.

Aber wo könnte sie sein? Niemand scheint es zu wissen. Stets aufs neue überrascht es uns, daß alle Wesen in der Unterwelt nur ein begrenztes Wissen haben. Die ersten beiden Baba-Jagas wußten nicht, wo sich das dreimal zehnte Königreich befindet, und jetzt weiß die Alte nicht, wo die alte Liebe versteckt ist. Doch weiß es wenigstens ihre Tochter – und wir müssen annehmen, daß sie eine der ursprünglichen dreißig Jungfrauen ist. Die Alte will sie fragen.

»Ach«, sagte die alte Frau. »Sie liebt dich nicht mehr; wenn du ihr vor die Augen trittst, wird die Zar-Jungfrau dich zerreißen: Ihre Liebe ist weit von hier versteckt!« – »Wie kann ich sie finden?« – »Warte ein Weilchen! Bei der Zar-Jungfrau lebt meine Tochter, und heute wird sie mich

besuchen; vielleicht werden wir von ihr etwas erfahren.«
Da verwandelte die alte Frau Iwan den Kaufmannssohn
in eine Nadel und steckte diese in die Wand. Am Abend
flog ihre Tochter herbei. Die Mutter begann sie zu fragen:
Ob sie nicht wisse, wo die Liebe der Zar-Jungfrau verbor-
gen sei? *»Das weiß ich nicht«, antwortete die Tochter und*
versprach, die Zar-Jungfrau selbst danach zu fragen.

Wir erfahren also, daß die weise Alte ihr Haus gerade für den
Besuch ihrer Tochter herrichtet. Und als Teil dieser Vorberei-
tungen verwandelt sie Iwan in eine Nadel und steckt diese in
die Wand. Das ist ein überraschendes Detail. Denn damit
scheint die Nadel aus dem ersten Teil des Märchens wiederzu-
kehren – doch nun seltsamerweise mit umgekehrter Bedeutung. Die Nadel, die Iwan einst in den Schlaf versetzte, damit
er weder sehen noch hören konnte, ermöglicht es ihm nun, alles zu hören, was in dem Raum gesagt wird, ohne daß er selbst
gesehen werden kann. Iwan wird vom aktiven Menschen zum
passiven Zuhörer. Auf diese Weise ist er dem Zustand eines
Kleinkinds wieder näher gekommen:»Alles, was du tun mußt,
ist zuzuhören.« Im Mutterleib konnten wir nichts sehen, aber
wir konnten hören. So haben wir alle gewissermaßen als
kleine Nadeln begonnen, die in die Wand der Gebärmutter gesteckt waren. Und es stimmt wahrscheinlich: Wenn man versteckt ist und nichts sieht, dann hört man besser.

Die drei Mütter

Ted Hughes, einer der großen zeitgenössischen Dichter, hat
einmal gesagt:»Ziel und Zweck der Kunst ist es, die Verhandlungen des Menschen mit der mythischen Ebene wieder aufzunehmen.« Wir sehen, genau darum bemüht sich unsere Erzählung nachhaltig.
In der mediterranen Welt gibt es mehrere unterschiedliche

Teilvorstellungen der Großen, der Unermeßlichen Mutter: die Heilige Braut (Schönheit), die Mutter (tiefe Liebe) und die Knöcherne Totengöttin (abgründige Gewalt). Die Frühgeschichte der Verehrung dieser Göttin ist, soweit wir wissen, mit vielen dunklen Ereignissen verbunden. In einem Drama, das eine Komödie sein soll, ist bestimmt die Rolle der Knöchernen ausgelassen. In einer Tragödie dagegen wird sie vorkommen, und oft ergibt sich dabei ein krasser Konflikt zwischen der Mutter des Überflusses und der Knöchernen, in dem letztere schließlich siegt. Der »Held« des Dramas wird am Ende in Stücke gerissen, wie Hippolytos durch die eigenen Pferde. Man könnte auch an den Königsmord durch Macbeth und Lady Macbeth denken.

Doch unsere Geschichte ist keine Tragödie. Sie verläßt die Bahnen der Tragödie in dem Augenblick, als der Feuervogel die Musik hört, herabfliegt und Iwan zum Haus der weisen Alten bringt. Die Alte ist eine Beschützerin, und sie hat zwei Botschaften für Iwan. Erstens, die Ekstatische Göttin »liebt dich nicht mehr«. Es ist durchaus möglich, daß Ihre eigene Mutter Sie noch liebt, ja es kann sogar sein, daß, psychologisch gesprochen, in Ihrem Innern Ihre Mutter Sie immer noch liebt. Doch auf der mythologischen Ebene werden Sie nicht mehr geliebt. Da können Sie genausogut auch gleich erwachsen werden.

Die zweite Botschaft lautet, daß die Liebe, welche die Ekstatische Frau auf dem Schiff einst für Iwan empfunden hat, sich nicht in Luft aufgelöst hat, sondern daß sie lediglich unzugänglich ist. Nur die »Tochter« der Alten weiß, wo sie zu finden ist.

Teil IV

Jetzt ist das Geheimnis also heraus: »Es gibt eine Göttin, die dich nicht mehr liebt.« Noch nie habe ich etwas Derartiges in anderen Märchen gehört, jedenfalls nichts genau Vergleichbares. Die heute übliche Einstellung besagt dagegen: Die Göttin ist immer liebevoll. Sie tötet niemals, ganz anders als die bösen Männer. Wenn du einen Beitrag für das kommende Wochenendseminar bezahlst, hinfährst und teilnimmst, dann wird die Göttin deine Freundin sein. Deine Gesundheit wird sich bessern, all deine Beziehungen werden sich in wunderbare Partnerschaften verwandeln, und die Herrschaftskultur der Unterdrücker wird verschwinden. Wenn wir die Göttin nur richtig lieben, dann wird alles Unangenehme aufhören – das Zähnewetzen, der plötzliche Tod, Kindermord und Krieg.

Es ist wirklich peinlich, erwachsene Männer und Frauen solchen Unsinn verkünden zu hören. Denn an diesem Weltbild stimmt verschiedenes nicht. Zunächst einmal gibt es, mythologisch gesehen, nicht nur eine Göttin, sondern viele. Einige von ihnen lieben dich, andere nicht; einige würden sich regelrecht beleidigt fühlen, wollte man sie nett oder mitfühlend nennen. Zweitens verstärkt die Idealisierung der weiblichen Gottheiten den Infantilismus, der in unserer Kultur bereits mit Händen zu greifen ist. Die Neigung, die Vatergottheiten zu dämonisieren und sich eine sentimentalisierte Version der Göttin zurechtzuformen, macht Männer und Frauen gleicherma-

125

ßen infantiler. Und drittens muß man der New-Age-Kultur den Vorwurf machen, daß sie diese infantile Abhängigkeit von »der Göttin« mit Mystik und religiösen Gefühlen verwechselt. »Die Zar-Jungfrau« ist älter und härter als die New-Age-Kultur und steht der wilden Intelligenz des erwachsenen Menschen viel näher.

»Es gibt eine Göttin, die dich nicht mehr liebt.«

»Wie meinst du das? Unsere Mutter läßt uns manchmal im Stich – unser Vater immer – unsere Geschwister ebenfalls –, aber die sind ja schließlich auch nur Menschen. Götter lassen uns niemals im Stich. Die Liebe der Großen Mutter übersteigt jedes menschliche Maß. Sie läßt uns nicht im Stich.« Na schön, dann träum nur weiter. Ein Eskimo-Jäger würde dem vielleicht entgegnen: »Wenn ich auf ihrem Eis erfrieren kann, wie kann man dann nur sagen, daß ihre Liebe einen niemals im Stich läßt?«

Die weise Alte sagt nicht, daß die Göttin vom dreißigsten Schiff wütend auf Iwan sei. Nein, sie sagt nur, daß die Liebe dieser Göttin unerklärlicherweise woandershin gewandert und nicht mehr verfügbar sei. Die Liebe zu Iwan ist der Göttin aus dem Sinn gekommen; sie ist wie eine Formel, an die sie sich nicht mehr erinnern kann. Die Liebe zu den Menschen ist ihr aus dem Gedächtnis gerutscht, etwa so, wie sich ein Hund von der Leine befreit. Und wo ist sie nun, die Liebe? Vermutlich irgendwo in der Stadt.

Diese spezielle Göttin hatte sich einst in Iwan verliebt – vielleicht war es auch eine allgemeinere Liebe zu den Menschen – und diese Liebe ist irgendwie verlorengegangen. Die Göttin ist den Menschen weder feindlich gesonnen noch ist sie voller Liebe zu ihnen. »Ich weiß nicht, wo ich sie hingetan habe – gestern war sie doch noch da!«

Sobald der Feuervogel gekommen war, bestand kein Zweifel mehr daran, daß Iwan – anders als Hippolytos – nicht in Stücke gerissen werden würde. Die Rettung durch den Feuervogel heißt, daß Iwan weiterleben wird. Er wird zu einem Testfall werden, denn er muß jetzt versuchen, die Liebe wiederzufinden.

Man kann sagen, daß sich Atheisten in Wirklichkeit von Gott ungeliebt fühlen. Daraus ziehen sie den Schluß »Es gibt keinen Gott«. Sie könnten genausogut sagen: »Ich bin zu sehr beschäftigt gewesen, um nach Gott zu suchen. Ich habe zu viel um die Ohren.«

Aus alldem wird uns klar, daß der Weg zurück, der Weg zur Wiederentdeckung der verlorenen Liebe nicht einfach werden wird. Die Liebe, die wir uns wünschen, kann, so sagt unser Märchen, gefunden werden, obwohl sie verborgen ist, und zwar »auf dieser Seite des Meeres«.

Wenn das Meer Leben und Tod voneinander trennt, dann suggeriert diese Phrase, daß diese Suche nach der Liebe ins Diesseits, »in die Zeit *vor* dem Tod gehört«. Der indische Dichter Kabir, der im 15. Jahrhundert lebte, hat darüber großartige Verse geschrieben:

> *Freund, hoffe auf den Gast, solange du lebst.*
> *Stürze dich in Erfahrungen, solange du lebst!*
> *Denke ... denke nach ... solange du lebst.*
> *Was du »Heil« und »Rettung« nennst,*
> *   gehört in die Zeit vor dem Tod.*
> *Wenn du dich nicht befreist, solange du lebst,*
> *Glaubst du etwa,*
> *Geister werden es danach für dich tun?*

> *Die Idee, die Seele werde sich mit dem Ekstatischen*
> *   vereinen,*
> *Nur weil der Körper verfallen ist –*
> *Sie ist reine Phantasie.*
> *Nein, was du jetzt findest, findest du auch dann.*
> *Wenn du jetzt nichts findest,*
> *Wirst du einfach in einer Wohnung in der Stadt der*
> *   Toten enden.*

Wenn du aber jetzt das Göttliche in Liebe umarmst,
wirst du im nächsten Leben den Gesichtsaus-
druck befriedigter Lust zeigen.

Drum stürze dich in die Wahrheit, finde heraus,
wer der Lehrer ist. Glaube an den Großen Klang!
Kabir sagt dir: Wenn man nach dem Gast sucht,
ist es die Intensität der Sehnsucht nach dem
Gast, die die ganze Arbeit tut.
Sieh mich an, und du wirst einen Sklaven dieser
Intensität sehen.

Durch den knappen, sachlichen Ton im vierten Teil unseres Märchens dürfen wir uns nicht irreführen lassen: Eiche, Truhe, Hase, und so weiter. Es gilt, was Kabir sagt: »Wenn man nach dem Gast sucht, ist es die Intensität der Sehnsucht nach dem Gast, die die ganze Arbeit tut.« Man muß wirklich verzweifelt sein, um die verlorene Liebe wiederzufinden.

Am nächsten Tag kam die Tochter wieder herbeigeflogen
und erzählte ihrer Mutter: »Auf dieser Seite des Ozean-
Meeres steht eine Eiche, in dieser Eiche liegt eine Truhe,
in dieser Truhe ist ein Hase, in diesem Hasen eine Ente,
in der Ente ein Ei und in dem Ei ist die Liebe der Zar-
Jungfrau!«

Wir wollen versuchen, diese verblüffende Aufzählung ein wenig aufzuschlüsseln. Unsere erste Reaktion ist bestimmt: »Was soll das denn heißen?« Und die Antwort lautet: Es handelt sich um eine bildhafte, metaphorische Nachricht. Unsere Vorfahren haben oft Metaphern benutzt, um ihre Einsichten zu verdeutlichen. Dagegen vermeidet die heutige Zeitungsprosa bewußt Metaphern, um Sachverhalte so präzise und klar wie möglich auszudrücken. Man hat uns allen in der Schule beigebracht, daß eine Ausdrucksweise ohne Metaphern klarer und verständlicher sei. Doch das ist eine verengte Sicht. Nehmen wir nur das Beispiel Herman Melvilles. Herschel Parker zeigt in seiner Melville-Biographie, daß der Autor in den Jahren, die der Entstehung seines Meisterwerks *Moby Dick* (erschienen 1851) vorangingen, drei wichtige Dinge entdeckte: Metaphern, die Metaphysik und Shakespeare. Dazu schreibt James Wood in seiner Besprechung von Herschels Buch: »Während Melville am *Moby Dick* arbeitete, verfiel er in eine Art Wahnsinn: den Wahnsinn der Metaphern. ... Melville gehört jedoch zu den seltenen Autoren, denen Metaphern vollkommen natürlich geraten, und deshalb zählt man ihn zu den bedeutendsten Schriftstellern.«

Wer bereits Schwierigkeiten mit unserer Geschichte hat, weil sie über psychologisch plausible Denkmuster hinausgeht, dem wird dieser Teil des Märchens sicher noch mehr Kopfzerbrechen bereiten. Denn jetzt kommen wir um die Metaphern nicht mehr herum.

Die Eiche als Metapher

Jahrhunderte lang wurden im Nahen Osten bestimmte Götzenrituale unter Eichen ausgeführt. Darum heißt es im Alten Testament beim Propheten Jesaja (Kapitel I, Vers 29): »Denn sie müssen zu Schanden werden über den Eichen, daran ihr Lust habt.« Und schon für den Zeitraum von Jahrtausenden vor dieser Zurechtweisung wissen wir von Ereignissen, die auf eine enge Verbindung zwischen Eichen und religiösen Ritualen verweisen, die mit der Göttin zu tun haben. In den Wurzeln der Eiche ist sozusagen alte rituelle Energie verborgen.

Bei den Griechen war die Eiche Rhea und Artemis heilig, bei den Römern der Diana und bei den Phöniziern der Kybele. Wir erinnern uns, daß Circes Insel dicht mit Eichen besetzt war, denn die Männer, die sie in Schweine verwandelt hatte, fraßen Eicheln. Wir wissen, daß Diana einen Eichenhain hatte, und Ovid erwähnt in seinen *Metamorphosen* (II, 3), daß die Mänaden, die den Sänger Orpheus zerrissen hatten, später in Eichen verwandelt wurden. Die Römer glaubten schließlich auch, daß die Eiche jener »goldene Zweig« sei, der Zugang zum Hades gewährte.

Die Große Göttin des Mittelmeerraums hatte üblicherweise einen Gefährten, meistens Eichenkönig genannt, der mit Erlaubnis der Göttin die Herrschaft ausübte. In seinem berühmten Buch *The Golden Bough* stellt Sir James Frazer dar, wie bei diesem König die Nachfolgefrage geregelt war: Alle sieben Jahre stellte sich der König unter einer Eiche seinen Herausforderern mit dem Schwert. Siegte er, wurde er von der Göttin weitere sieben Jahre lang beschützt. Verlor er, dann wurde er unter ebenjener Eiche getötet. In seinem Gedicht »To Juan at the Winter Solstice« (»Für Juan zur Wintersonnenwende«) spielt Robert Graves, ein bedeutender Kenner der antiken Mythologie, auf dieses Ritual an:

Wasser zu Wasser, Arche zu Arche,
Vom Weib zurück zum Weibe:
So tritt jedes neue Opfer unbeugsam
Den unveränderlichen Kreislauf seines Schicksals an,
Bringt zwölf von gleichem Rang als Zeugen mit
Für seinen schicksalhaften Aufstieg, seinen Fall.

Die Skandinavier versammeln sich noch immer unter Eichen, und sie benutzen Eichen für ihre Sonnwendfeuer im Sommer – ein Hinweis auf das immense rituelle Alter dieses Baumes. Der längste Tag des Jahres war auch unter dem Namen »Türangeltag« bekannt, denn jener Tag war für den Eichenkönig ein Tor zur anderen Welt. Die Göttin des Silberschlosses war zugegen, und durch ihre Tür konnten die Seelen der geopferten Könige hindurchziehen.

Was folgt daraus für unsere Geschichte, für den ersten Akt von Iwans Suche, der ihn zu der alten Eiche führt? Zunächst einmal, bei einer derartigen Untersuchung müssen wir die Überzeugungen und Probleme unserer Vorfahren respektieren und ernst nehmen. Wir können nicht einfach davon ausgehen, daß wir ihnen beim Verständnis der Welt unendlich weit voraus sind. Das gilt übrigens auch für Kritiker, die dekonstruktivistischen Methoden oder dem neuen Historismus anhängen. Sie würden gern alle alten Praktiken und Gebräuche als subtile Herrschaftsmechanismen bezeichnen, die nur dazu dienten, normale Menschen zu versklaven. Mit einer solchen Einstellung indes kann man nicht in die Vergangenheit zurückkehren, wenn man etwas aus ihr lernen will; das wäre von vornherein aussichtslos.

Die Eiche, nach der wir hier suchen, steht »auf dieser Seite des Meeres«. Sie verweist damit auf die Möglichkeiten, von denen Kabir spricht: auf mystische Erfahrungen und Erlebnisse im irdischen Leben. Die Eiche als Metapher sagt uns etwa folgendes: »Verneige dein Haupt, verzichte auf intellektuellen Hochmut, kehre zurück zum Eichen-Stadium der Religion. Du mußt in der Nähe der Eichenwurzeln niederknien – dort, wo die Schweine am liebsten Eicheln fressen.«

Die Truhe als Metapher

Eine magische Truhe ist im Wurzelwerk der Eiche verborgen. Eine solche Schatzkiste oder Truhe kommt in vielen irischen Erzählungen vor. In einer sagt zum Beispiel ein Riese: »Hab keine Angst vor mir. Ich werde dir inneren Frieden verschaffen. Auf dem Grund des Meeres liegt eine Kiste – verriegelt und zugebunden. Und in dieser Kiste ist eine Ente, in der Ente ein Ei«, und so weiter.

Wer die Märchen der Gebrüder Grimm kennt, wird sich auch an die Geschichte vom »Geist im Glas« erinnern. Ein Schüler, der seinem armen Vater beim Holzhacken hilft, geht eines Tages in der Mittagspause im Wald spazieren, als er eine Stimme hört, die aus einer im Wurzelwerk einer riesigen Eiche verborgenen Glasflasche kommt: »Laß mich heraus, laß mich heraus!« Der naive junge Mann befreit den Geist aus der Flasche. Doch statt der erwarteten Belohnung wird er mit dem sofortigen Tode bedroht. Der Geist, der sich als »der großmächtige Merkurius« vorstellt, ist außer sich vor Wut, weil er so lange eingesperrt war, und hat deshalb beschlossen, dem Menschen, der ihn losläßt, den Hals zu brechen. Aus diesem Gefahrenpotential können wir vielleicht auch ableiten, warum in unserer Erzählung die Energie, nach der wir gemeinsam mit Iwan suchen, mehrfach verpackt ist: in Eichenwurzeln, einer Truhe, einem Hasen, einer Ente und einem Ei. Wäre diese Energie nur schwach verhüllt, sie würde sofort jeden töten, der ihr zu nahe käme.

Die Lage der Flasche mit dem eingesperrten Geist impliziert – im übertragenen Sinne, wie bei metaphorischen Einzelheiten üblich – eine Energie, die beim Menschen im Bereich der unteren Wirbelsäule lokalisiert und eingesperrt ist. Wir wissen, daß es in der Kundalini-Tradition, einer asiatischen esoterischen Überlieferung, heißt, am unteren Ende der Wirbelsäule sei eine enorme Kraft gefangen, und wer sie freisetze, müsse damit sehr sorgfältig umgehen. (Symbolisiert wird diese Vitalkraft, die meditativ geweckt werden sollte, durch eine Schlange, die sogenannte Kundalini-Schlange.) Die Flasche im Grimmschen Märchen ist mit der Truhe im Märchen von der Zar-Jungfrau zu vergleichen. Wie hier geistige Energie eingeschlossen ist, das erinnert auch ein wenig an die Retorte des Alchimisten oder an eine Einsiedlerklause. Für den schon mehrfach zitierten Wallace Stevens enthält auch jedes große Gedicht eine solche gefährliche Energie. In »Poetry Is a Destructive Force« (»Poesie ist eine zerstörerische Kraft«) heißt es lakonisch:

Der Löwe schläft in der Sonne.
Seine Nase liegt auf den Pfoten.
Er kann einen Menschen töten.

Sorgfalt und Umsicht sind darum unbedingt vonnöten.

In den orientalischen Märchen aus *Tausendundeiner Nacht* kommen diverse Geister vor, die in kleinen Behältern gefangen sind. Aladin zum Beispiel begegnet einem solchen Geist in einer Wunderlampe, und dieser Geist hilft ihm später. Manche Kommentatoren sehen in Grimms Märchen vom »Geist im Glas« eine verkappte Paracelsus-Biographie. Als nämlich der junge Mann gelernt hat, den »gefährlichen Geist« Merkur ohne Naivität zu behandeln, erhält er von diesem als Geschenk ein kleines Stückchen Stoff. Ein Ende dieses »Pflasters«, wie es im Grimmschen Text heißt, kann ganz gewöhnliches Eisen in Silber verwandeln, das andere ist in der Lage, Menschen zu heilen. Darin kann man durchaus eine Anspielung auf die beiden großen Bereiche im Leben des Paracelsus sehen: Alchimie und Heilkunde.

Was können wir also nun zur zweiten Stufe der Freilegung der verlorenen Liebe sagen? Der erste Schritt, das Suchen und Finden der Eiche, verlangte Aufrichtigkeit sowie die Bereitschaft, auf die Knie zu fallen, in den Wald zu gehen und Eicheln zu essen. Demgegenüber erfordert der zweite, mit der Truhe verbundene Schritt Eigenschaften wie Wendigkeit und Einfallsreichtum – Eigenschaften, die zum trickreichen Götterboten Hermes/Merkur gehören (bei den Griechen hieß Merkur Hermes). Lewis Hyde behandelt sie in seinem Buch *Trickster Makes This World: Mischief, Myth and Art* (Der trickreiche Held beherrscht die Welt: Gaunerei, Mythos und Kunst). Brillant schildert Hyde zum Beispiel die ernsthafte Energie des Listenreichen, die sich in Gestaltwechsel und Verkleidung zeigt, im Einsperren und Freisetzen sowie in der Ersetzung physischer Nahrung durch symbolische. Auf dieser Stufe muß man lernen, jenen Teil der Seele zufriedenzustellen, der starke Bedürfnisse hat und zur Befriedigung dieser Bedürfnisse sogar stehlen würde; der alle Regeln bricht, Grenzen überschreitet, sich ins Fäustchen lacht und sich immer zu verschaffen weiß, was er braucht. Etwa so, wie Hermes erfolgreich eine Rinderherde stahl, indem er den Tieren kleine Hufschuhe anlegte, die den Anschein erweckten, die Herde sei aus seiner Scheune herausgetrieben worden, anstatt hinein. Dies ist das Stadium des Gauners, des Diebes, des Illusionskünstlers und Taschenspielers, der einsperren und freisetzen, Eisen in Silber verwandeln und sich selbst heilen kann. Der amerikanische Philosoph und Psychologe William James, Begründer des Pragmatismus und Bruder des berühmten Romanciers Henry James, beschreibt in *The Will to Believe (Der Wille zum Glauben und andere popularphilosophische Essays)* das extravagante Wesen des Menschen, seine Hermes-Natur, wie folgt:

Der Hauptunterschied zwischen Mensch und Tier liegt im Überschuß und Überschwang seiner subjektiven Neigungen. Begründet ist sein Vorrang gegenüber den Tieren einzig und allein in der Anzahl und im phantastischen, unnötigen Charakter seiner Bedürfnisse physischer, moralischer, ästhetischer und intellektueller Art. Wäre nicht sein ganzes Leben ein Streben nach dem Überflüssigen gewesen, dann hätte sich der Mensch niemals so unbezwinglich etablieren können, wie es ihm im Bereich des Notwendigen gelungen ist. Und aus dem Bewußtsein dieses Erfolges sollte er lernen, daß er seinen Bedürfnissen vertrauen muß, daß selbst dann, wenn deren Befriedigung noch in weiter Ferne liegt, die innere Unruhe, die dieser Zustand hervorruft, immer noch der beste Führer in seinem Leben ist. Diese Unrast wird ihn in Bereiche vorstoßen lassen, die gegenwärtig seine Vorstellungskraft noch völlig überfordern. Nimm dem Menschen seine Extravaganz, ernüchtere ihn, und du wirst ihn zugrunde richten.

Man sieht, es dürfte Fundamentalisten sehr schwer fallen, dieses Hermes-Stadium je zu erreichen, in dem der Geist aus der

Flasche entweicht. Fundamentalisten neigen dazu, treu und aufrichtig wie eine Eiche zu sein. Sie gedeihen bei einer Rhetorik, die wir »Eichen-Rhetorik« nennen wollen und deren Wurzeln tief in den Boden reichen. Die Eiche hat einen mächtigen Stamm, der dem Wind trotzt, und die Zweige halten ihre Blätter fest. All das macht es solchen nüchternen, guten, bodenständigen Menschen ja so schwer, sich weiterzuentwickeln und sich auf die Trickreichen, Wendigen zuzubewegen. Und schließlich soll beim Nachdenken über die Truhe und die Möglichkeiten, sie zu öffnen, auch nicht unerwähnt bleiben, daß solche Behältnisse entfernt dem Mutterleib ähneln, dem allerersten Behältnis, das wir in unserem Leben kennen gelernt haben. Jesus sprach häufig von »Wiedergeburt«. Impliziert dieser Begriff nicht eine vorübergehende Rückkehr in den Mutterleib? So argumentierte zum Beispiel – laut Johannes-Evangelium (Kap. X) – der Pharisäer Nikodemus. (Man könnte ihn den ersten Soziologen nennen.) Sinngemäß entgegnet er Jesus: »Aber wie können wir denn mit unseren breiten Schultern durch die Vagina wieder in die Gebärmutter unserer Mutter kriechen?« – »Bist du ein Meister in Israel«, sagt Jesus, »und weißt das nicht?« (Freier übersetzt: »Was lernt man denn bei euch in der Schule?«)

Der Hase als Metapher

Als Iwan die Truhe öffnet, kommt ein Hase heraus. Wenn wir uns nun die Bedeutung des Hasen vergegenwärtigen wollen, müssen wir zunächst feststellen, daß wir das meiste von dem vergessen haben, was unsere Vorfahren an Gefühlen und Gedanken mit dem Hasen verbunden haben. Für unsere Altvorderen indes besaß der Hase eine ganz außerordentliche Bedeutung, die weitgehend mit Opfern zu tun hatte.
Auch Träume, die im 20. Jahrhundert aufgezeichnet wurden, enthüllen noch sehr deutlich, daß der Hase eine mythische

Aura hat. Als der Psychologe John Layard kurz vor dem Zweiten Weltkrieg in England lebte, therapierte er eine Irin, der das Verhalten ihrer jungen Tochter große Sorgen bereitete. Diese Frau, eine Mrs. Wright, eine Protestantin mit Volksschulbildung und ohne mythologische Kenntnisse, erzählte Layard, der damals ebenfalls noch keine Kenntnisse über die mythologische Bedeutung von Hasen und Eiern hatte, den folgenden Traum:

Die Szene ist in der Nähe meines Hauses in Irland, und ich gehe mit Margaret zu einem massiven Haus, das einer Kusine gehört, die ich sehr gut kenne. Der Boden war mit Schnee bedeckt. Margaret war ein wenig nervös, weil sie schnell machen und das Haus vom Staub befreien wollte, doch ich sagte ihr, sie solle nicht einen solchen Wirbel machen. Wenn Schnee liege, gebe es doch ohnehin fast keinen Staub. ...
Dann ging ich alleine ums Haus herum, in die Küche an der Rückseite des Hauses. Drinnen war es sehr hell, und alles war so weiß wie draußen, obwohl ich nicht sagen kann, wie der Schnee da reingekommen ist.
Es waren auch Leute drinnen, und da saß auch, in einer weißen Schüssel mit etwas Wasser darin, ein lebender Hase. Irgendjemand sagte mir, ich müsse ihn töten. Das erschien mir als eine schreckliche Sache, aber ich mußte es tun. Ich nahm das Messer (ein normales Küchenmesser), das anscheinend schon für mich bereit lag, und zwar im Wasser in der Schale neben dem Hasen, und mit einem Gefühl des Schreckens begann ich, tief in sein Fell hinein zu schneiden. Ich mußte den Hasen direkt in der Mitte des Rückens aufschneiden, und ich fing damit auch an, doch meine Hand zitterte so sehr, daß das Messer beim Schneiden von der geraden Linie abrutschte, und am Ende schnitt ich ziemlich krumm in die Hasenkeule hinein.

Ich fühlte mich schrecklich dabei, doch der Hase bewegte sich überhaupt nicht, und es schien ihm auch nichts auszumachen.

Obwohl der Boden draußen mit Schnee bedeckt war, hatten wir überhaupt keine Fußspuren hinterlassen.

Mehrere Wochen später unterhielt sich Layard erneut mit Mrs. Wright, nachdem er sich in der Zwischenzeit über Tieropfer kundig gemacht hatte:

[Ich] erzählte ihr, wie in bestimmten primitiven Religionen das Tier zunächst immer geopfert wurde, ehe man es verspeiste, und daß es dabei zugleich ein williges Opfer war, so wie der Hase im Traum. Sie berichtete mir dann vom Augenausdruck des Hasen, der extreme Befriedigung und unbedingtes Vertrauen verriet, als er sie ansah, während sie das Messer in seinen Rücken stach. Sie habe dabei an Christus denken müssen.

In Mrs. Wrights Traum gehen viele Themen und Motive ineinander über. Wenn wir an das Mondlicht denken, das vom Schnee ausgeht, wobei sich dieses seltsame Licht auch im Innern des Hauses findet, dann liegt der Gedanke an einen heiligen Raum nahe. Hinzu kommt die Verbindung des Hasen mit Wasser und mit dem Mond. Hier ist an die volkstümliche Idee zu erinnern, daß auf der Oberfläche des Mondes die Umrisse eines Hasen zu sehen seien. Schließlich verkörperte der Hase in Mrs. Wrights Traum auch noch das Motiv des freiwilligen Opfers.

All diese Motive kehren in der Mythologie vieler anderer Kulturen wieder. Ein Lieblingsthema der japanischen Kunst ist zum Beispiel die Darstellung der Mondgöttin Gwatten, die Priestern eine Schale hinhält, die tatsächlich eine kleine Mondsichel ist. Darin sitzt ruhig ein weißer Hase, als würde er zum Opfer dargeboten.

In der europäischen Mythologie ist der Hase, in den Worten des englischen Dichters Ted Hughes, »des Mondes eigenes Liebeszauberwesen«. In vielen Kulturen ist der Hase als mythisches Tier mit dem Menstruationszyklus der Frauen verbunden. Der Mond schickt sozusagen einmal im Monat ein Ei in die Eierstöcke, einmal auf der linken Seite der Gebärmutter, beim nächsten Mal auf der rechten Seite. All das wird vom Mond geleistet.

Die Ojibwe-Indianer nennen den Mond das Auge des Hasen. Und wir sollten uns auch daran erinnern, daß Nanzibojo, der Große Hase, Held eines Mythenzyklus der Algonkin-Indianer ist. Der Hase ist mit der Unsterblichkeit verbunden. Das läßt sich auch in Mrs. Wrights Traum aus dem geheimnisvollen Licht im Haus entnehmen. In China stellt man den Hasen dar, wie er auf dem Mond die Kräuter der Unsterblichkeit zerstampft.

Was können wir also nun zur dritten Stufe der Freilegung der verlorenen Liebe, zum Hasen-Stadium unserer Erzählung, sagen? In Symbollexika begegnen wir dem Hasen überall, wie es auch Mrs. Wright in ihrem Traum intuitiv erahnte, in Verbindung mit Opferpraktiken. Der Hase steht für die Bereitschaft, Dinge aufzugeben, Teile von sich selbst loszulassen und einer Gottheit etwas anzubieten, das einem selbst lieb und teuer ist – und zwar nicht unbedingt mit der Erwartung, als Gegengabe etwas Gutes zu bekommen, sondern als Beleg für Ernsthaftigkeit und Altruismus: Man möchte einen Wechsel, versteht, daß der Besitz einer Sache nicht unbedingt heißt, daß sie einem auch gehört, und möchte sie aus Dankbarkeit Geistern oder dem Universum gegenüber verschenken, opfern. Mönche und Nonnen opfern ihre Sexualität – zumindest beabsichtigen sie es. T. S. Eliot schreibt, das Leben eines Schriftstellers ähnle einer »täglichen Kreuzigung«, weil er einen großen Teil seines sinnlichen Lebens aufgeben müsse, um gut zu schreiben. Oft bittet auch der Therapeut seinen Patienten um ein Opfer: Er oder sie solle drei Monate lang nicht fernsehen, samstags in einem Obdachlosenasyl arbeiten, jeden Tag pünktlich um fünf Uhr nachmittags von der Arbeit nach Hause kommen und abends für die Kinder da sein.

Viele Menschen haben das Gefühl, daß Frauen emotional früher reif werden als Männer, weil eine Frau sozusagen jeden Monat ihr Blut opfert und weil sie sich bewußt ist, wie viel sie opfern muß, wenn sie ein Baby bekommt. Manche Leute sagen, ein Mann müsse die *Absicht* haben, erwachsen zu werden, um es tatsächlich zu werden. Ein Autor, der sich mit Mythen befaßt, schrieb kürzlich:

> *Ich erinnere mich, einmal eine wunderbar treffende Bemerkung gelesen zu haben, die ein Mann aus dem Mandan-Stamm, einem Indianerstamm in Missouri, gemacht hat. George Catlin war 1832 als junger Maler von der Harvard University ausgezogen, um Bilder von diesen Indianern, ihren großartigen Ritualen und anderem mehr zu malen. Einer der jungen Männer dieses Stammes, an Stiften aufgehängt, welche die Brustmuskulatur durchbohrten, und überdies geschlagen, sagte zur Erklärung: »Wir müssen zu leiden lernen, um einen Ausgleich für das Leid unserer Frauen zu schaffen.« Das Leben bringt der Frau Leid, und der Mann muß diesen Umstand dadurch wettmachen, daß er sich selbst Leiden auferlegt.*

Ein Opfer impliziert demnach, daß es freiwillig dargebracht wird – jedenfalls sind in unserem Zusammenhang keine erzwungenen Opfer gemeint. Jener Schritt von Iwans Suche, der metaphorisch als ein Hase beschrieben ist, der aus der Truhe springt, hat also mit Opferbereitschaft zu tun. Goethes großartiges Gedicht »Selige Sehnsucht« bringt dieses Gefühl umfassend zum Ausdruck:

Sagt es niemand, nur den Weisen,
Weil die Menge gleich verhöhnet,

Das Lebend'ge will ich preisen
Das nach Flammentod sich sehnet.

In der Liebesnächte Kühlung,
Die dich zeugte, wo du zeugtest,
Überfällt dich fremde Fühlung
Wenn die stille Kerze leuchtet.

Nicht mehr bleibest du umfangen
In der Finsternis Beschattung,
Und dich reißet neu Verlangen
Auf zu höherer Begattung.

Keine Ferne macht dich schwierig,
Kommst geflogen und gebannt,
Und zuletzt, des Lichts begierig,
Bist du Schmetterling verbrannt.

Und so lang du das nicht hast,
Dieses: Stirb und werde!
Bist du nur ein trüber Gast
Auf der dunklen Erde.

Das dritte Stadium der Suche impliziert also Opferbereitschaft und Selbstaufopferung.

Die Ente als Metapher

Unsere Geschichte sagt, daß Iwan, als er den Hasen öffnete, eine Ente entgegenkam. Wie ist das denn möglich? Was für eine blutige Metzelei! Achtung, wir beschränken unser Denken schon wieder auf das realistisch Plausible! Wenn es heißt, daß Iwan »aus dem Hasen die Ente nahm«, handelt es sich um eine Gedächtnisstütze, eine Erinnerungsformel, die dem Erzähler hilft, die richtige Reihenfolge einzuhalten.

Wenn wir in die Phase des inneren Reifungsprozesses eingetreten sind, die mit dem Hasen verbunden ist, wenn wir bereit sind, freiwillig Opfer zu bringen, dann haben wir möglicherweise gelernt, »zu sterben und zu werden«.

Die Ente ist kein erdgebundenes Tier wie ein Waschbär, ein Vielfraß, ein Bär, ein Schimpanse oder ein Hase. Sie lebt und bewegt sich in allen drei Welten: auf der Erde, im Wasser und in der Luft. Möglicherweise war es diese Eigenschaft, die unsere Vorfahren dazu brachte, in der Ente ein Sinnbild des Geistes zu sehen, der sich ebenfalls nicht auf eine der drei Sphären beschränken läßt. In einem Schwan spüren wir aufgrund der kulturellen Assoziationen, die sich überall dort, wo er heimisch ist, mit dem Schwan verbinden, die Eleganz des Geistes. Die Menschen früherer Jahrhunderte sahen in seinem schönen Dahingleiten, in der lebenslangen treuen Partnerschaft, im Gesang, den er, wie es die Überlieferung will, kurz vor seinem Tode von sich gibt, ein getreues Abbild des Geistes. Rilke hält all diese Eigenschaften in seinem Gedicht »Der Schwan« fest:

Diese Mühsal, durch noch Ungetanes
Schwer und wie gebunden hinzugehn,
Gleicht dem ungeschaffnen Gang des Schwanes.

Und das Sterben, dieses Nichtmehrfassen
Jenes Grunds, auf dem wir täglich stehn,
Seinem ängstlichen Sich-Niederlassen –:

In die Wasser, die ihn sanft umfangen
Und die sich, wie glücklich und vergangen,
Unter ihm zurückziehn, Flut um Flut;
Während er unendlich still und sicher
Immer mündiger und königlicher
Und gelassener zu ziehn geruht.

Die königliche Qualität des Geistes kommt in den beiden letzten Zeilen wunderbar zum Ausdruck. Wir müssen nur daran denken, daß einige dieser Qualitäten allen Wasservögeln zukommen, dann sind wir auch in der Lage, die Verbindung vom Hasen zur Ente zu ziehen.

Homer bezieht sich im Namen von Odysseus' Frau Penelope auf die Ente. Auf populärer Ebene ist die *Odyssee* eigentlich nichts anderes als die einfache Geschichte eines Mannes, der einen Krieg überlebt und anschließend auf dem Rückweg zu seiner Heimatinsel zahlreiche Abenteuer zu bestehen hat, die lebendig und unterhaltsam geschildert werden. Doch jedes alte Werk der Weltliteratur hat, wie uns immer deutlicher wird, auch eine okkulte oder versteckte Bedeutung. Odysseus bewegt sich auf seine Frau und seinen Sohn zu, während dieser sich gleichzeitig auf die Suche nach seinem Vater macht und sich dabei in dessen Richtung bewegt. Der Name des Sohnes, Telemachos (»Ziel des Kampfes« oder »Fernkämpfer«), impliziert, daß sich Odysseus seinem Zuhause nähert, während gleichzeitig das Ziel oder der Sinn seines Lebens auf ihn zukommt.

Wir wissen, daß Odysseus' Haus derweil von Freiern der Penelope geradezu belagert wird, die alle Besitztümer verprassen. Diese Freier symbolisieren auf der verborgenen Sinnebene die vielfältigen Begierden, die man im mittleren Lebensalter noch nicht unter Kontrolle hat. Dazu passen auch die folgenden Verse aus Shakespeares 146. Sonett:

Kern sündigen Staubs, du arme Seele mein,
Von den rebellischen Kräften stets genarrt,
Was härmst du dich und leidest Not und Pein,
Indes dein Äußeres von Reichtum starrt?
Was härmst du dich und leidest Not und Pein,
So hohe Kosten bei so kurzer Pacht?
Wird alles einst des Wurms Besitz und Schmaus?
So kläglich Ende deinem Leib gemacht?

Wir wissen, daß Penelope sich, so gut sie konnte, gegen die gierigen Freier zur Wehr setzte, daß sie sich den Heiratsanträgen listig entzog. Was den meisten Lesern indes gar nicht bewußt ist: *penelops* ist das griechische Wort für »Ente«. Penelope kämpft darum, daß ihr Haus entgegen allen Begierden zu einem Hort des Geistes wird. Als Odysseus schließlich heimkehrt, werden die Freier, wie sich's gehört, getötet, und danach wird sein Haus nicht länger von »den rebellischen Kräften stets genarrt«.

Die Ente lebt im Wasser und kann trotzdem fliegend große Entfernungen überbrücken. Wir aber haben festen Boden unter den Füßen, wenn wir sagen, daß das »Penelope-Stadium« mit seiner Abkehr von Verschwendung und Disziplinlosigkeit eine ganz andere Intensität erfordert als die vorangegangenen, in Eiche, Truhe und Hase symbolisierten Stadien. Viele Menschen, die das »Truhen-Stadium« durchlaufen und dabei einen an Hermes erinnernden Geist- und Erfindungsreichtum sowie die Kühnheit und Gewandtheit eines trickreichen Gauners erworben haben, ersparen sich leider den nächsten Schritt – hin zur Spiritualität. Aleister Crowley etwa, einer der großen Trickbetrüger des 20. Jahrhunderts, könnte als Beispiel für diesen negativen Typus des Trickreichen dienen. Aber auch viele im positiven Sinn Trickreiche, zum Beispiel Woody Allen, haben das nächste Stadium nicht erreicht. Geistreiche Witze sind nicht dasselbe wie Spiritualität, das ist uns allen bewußt. Und wir haben das Gefühl, daß sich für Woody Allen – einen wunderbaren Autor und Regisseur, der »immer strebend sich bemüht« – das Geistige kürzlich eher in Gestalt einer jungen Frau konkretisiert hat. Die Krickente mit ihren blauen Flügeln indes, oder der Reiher, der Flamingo, der Schwan – sie alle sind darauf aus, zu fliegen, geheimnisvoll, hingebungsvoll. Sie sind Vorbild und Symbol für den Menschen, der sich aus seiner Erdgebundenheit befreit hat. Der schon mehrfach zitierte indische Mystiker Kabir, der ein rein vertikal, das heißt spirituell ausgerichtetes Leben preist, bittet in einem seiner Gedichte den Schwan – die Seele –, ihm an den Ort zu folgen, wo das Erleben intensiver Spiritualität möglich ist:

> *Schwan, erzähl mir doch deine ganze Geschichte!*
> *Wo du ins Leben getreten bist, welch dunkler Sand*
>   *dein Ziel,*
> *und wo du schläfst des Nachts, wonach du suchst.*
> *...*
> *Der Morgen ist gekommen, Schwan, wach auf,*
>   *steig in die Lüfte, folge mir!*
> *Ich weiß von einem Land, in dem nicht geistige*
>   *Flachheit regiert, nicht stete Nieder-*
>   *geschlagenheit,*
> *und in dem, die dort leben, nicht Angst vor dem*
>   *Sterben haben.*
> *Dort sprießen wilde Blumen durch den blättrigen*
>   *Grund,*
> *und der Duft des »Ich bin er« schwebt auf dem*
>   *Winde.*
> *Dort bleibt die Biene des Herzens tief in der Blüte*
>   *sitzen,*
> *und alles andere ist ihr gleich.*

Wir alle wollen den Himmel spiritueller Gelassenheit sofort erreichen, doch Shakespeare hat ihn im *Sturm* auch erst gefunden, nachdem er zuvor viele Jahre die dunklen Regionen der Baba-Jaga durchlebt hatte.

Die kompromißlose Energie des Geistes zu erlangen, ist harte Arbeit. Viele Menschen wollten – besonders in den sechziger Jahren – sofort das Schwanen-Leben führen, schon mit zwanzig oder dreißig Jahren. Auch ich gehörte dazu. Ich wollte den Aufstieg in den Himmel schon erleben, ehe ich je auf die Knie gesunken war und Eicheln gegessen hatte, ehe ich zu irgendeinem Opfer bereit gewesen war. Möglicherweise beflügelte uns dabei die Opferbereitschaft unserer Eltern, wir wollten sie an die Stelle der eigenen setzen. Inzwischen sind allerdings seit den sechziger Jahren viele Formen persönlicher Opfer- und Entbehrungsbereitschaft praktisch verschwunden. Wo gibt es das noch: intensives Studium in ungeheizten Räumen, das Erlernen der klassischen Sprachen Latein und Griechisch, den freiwilligen Verzicht auf geballten Sinnengenuß? Heute haben wir eine Popkultur, keine Schwan-Kultur.

Bei Blake heißt es in *The Marriage of Heaven and Hell*:

> *Siehst du einen Adler, so siehst du einen Boten*
> *des Genius; erhebe dein Haupt!*

Das Ei als Metapher

Die letzte Metapher in unserer Reihe ist das Ei. Schon seit frühesten Zeiten haben die Menschen im Ei etwas Besonderes gesehen. Menschliche Wesen und Hühnereier scheinen genetisch gut zusammenzupassen. Für Menschen ist der Geschmack dieser Eier genau richtig. Menschen und Hühner bilden eine Lebensgemeinschaft, sie füttern und ernähren sich gegenseitig in ganz Asien, Europa und Afrika. Das Ei selbst ist ein Wunderwerk, egal ob es von Pinguinen, Hühnern, Adlern oder Singvögeln stammt. Der englische Dichter Gerard Manley Hopkins sagt in seinem Gedicht »Frühling«, Drosseleier sähen »wie kleine Himmel« aus. Physikalisch und ästhetisch scheint die Gestalt des Eies perfekt zu sein. Die Ukrainer schmücken das Ei, als sei es eine Königin. Es paßt sich allen geometrischen Mustern, allen Farben und Schattierungen an. Das Ei ist ein Triumph des Einfachen. Und es entging unseren Vorfahren auch nicht, daß der kleine gelbe Ball in seinem Innern nicht einfach ein »Eigelb« ist, wie wir es prosaisch zu nennen belieben, sondern die Sonne. Jeder Idiot mit guten Augen würde das sehen. Wir haben also da oben am Himmel die äußere Sonne, umgeben von weißen Sternenansammlungen, und hier unten die innere Sonne – direkt vor unserer Nase, auf unserem Teller. Überdies gibt es Eier im Überfluß. Das ist oben, am Himmel, ganz anders, denn dort »genehmigt uns«, wie der französische Dichter Francis Ponge sagt, »der melancholische Alte ... nur widerwillig eine Sonne pro Tag«.

Wo also könnte die Liebe, die uns das Universum entgegenbringt, besser versteckt sein als in einem Ei? Eigentlich ein leichtes Versteck, nach dem zu suchen Freude macht.

Eine Österreicherin hat in einer bei Layard wiedergegebenen Schilderung eine Ostereiersuche beschrieben, die in den vierziger Jahren unseres Jahrhunderts in ihrem Dorf stattfand. Dafür pflegten die Kinder am Ostersonntag besonders zeitig aufzustehen:

> *Gefärbte, hartgekochte Eier, hauptsächlich rote und blaue, aber auch in anderen Farben, werden in großer Zahl, insgesamt mehrere hundert Stück, in »Nestern« überall in den Gärten versteckt. Und wenn die Familien am Morgen vom Hochamt zurück sind, machen sich die Kinder auf die Suche.*

Weiter heißt es in dem Bericht: »Der Osterhase, der diese Eier gelegt hat, erscheint allerdings erst am Nachmittag, wenn die Kinder alle ihre Großmütter besuchen.« Die Hervorhebung der Großmütter läßt an eine Verbindung zur Großen Göttin oder wenigstens zur weisen Alten denken.

> *Die Hauptfigur auf dem Weg zu ihrem Haus ... ist ein Kind, das sich mit einem Umhang, mit Kopf und Ohren als Hase verkleidet hat, der auf dem Rücken einen kleinen Wassereimer mit gefärbten Eiern trägt.*
> *Die ersten Eier bekommt die Großmutter geschenkt. ...*
> *Die Kinder wollen auch Eier haben. ... Doch die Macht liegt beim Hasenkind, das sich hier und da versteckt und*

wieder hervorkommt, im ganzen Haus und im Garten, ge-
jagt von den anderen. Ihnen verteilt es seine Eier ganz
nach seinem persönlichen Belieben. Und das tut ihm gut.

Auch hier also eine Verbindung von Hase und Ei! Wir wissen, daß dieses Ostereierritual einst in ganz Europa verbreitet war, und teilweise auch heute noch ist. Ohne Erinnerung an seine Bedeutung findet es alljährlich ebenfalls zu Ostern auf dem Rasen des Weißen Hauses in Washington statt. Vermeintlich ist es ein christlicher Brauch. Auch ich habe früher für meine Kinder Ostereier versteckt, ohne je zu verstehen, was ich da tat. Vor einigen Jahren aber haben Wissenschaftler herausgefunden, daß dieses Ritual einer Sächsischen Göttin namens Eostre oder Eastre galt, die noch heute in Teilen Schottlands verehrt wird. Jahrelang haben wir alle selbst ihr Ritual ausgeführt, ohne uns seiner heidnischen Herkunft bewußt zu sein. Das Ritual vom Hasen und den Eiern ist wahrscheinlich Jahrtausende älter als das Christentum. Es gab und gibt also auch hier eine Große Göttin, vielleicht der »Jungfrau von den dreißig Schiffen« gar nicht so unähnlich; ihr Name war Eastre, und der Hase war ihr rituelles Tier. Man könnte auch daran erinnern, daß die nordische Liebesgöttin Guda bei ihrem Ritt in die Stadt von einem Hasen begleitet wird. Man nannte sie die Göttliche Guda oder Godiva.
Wir wissen, daß in Pommern im 19. Jahrhundert zur Osterzeit Hasen gefangen wurden, um daraus ein öffentliches Mahl zu bereiten – also auch hier ein Hasen-Gott, der geopfert wird. An den Hasen als Sinnbild der Opferbereitschaft erinnern auch die Schokoladenosterhasen, die wir unseren Kindern schenken. Auf diese Weise können sie das »öffentliche Opfermahl« fortsetzen.
Doch zurück zum Ei. Auf einige seiner symbolischen Bedeutungen haben wir bereits verwiesen. Die Tatsache, daß das Ei im Innern der Sonne ähnelt, schließt das Wissen nicht aus, daß es äußerlich eher dem Mond gleicht. Der Mond ist Licht

in der Dunkelheit, und man entdeckt dieses Licht an unerwarteten Orten. Es leuchtet zum Beispiel durch die Zweige der Bäume, so wie leuchtende Eier sich von ihren Nestern aus dunklem Gras abheben. Daß die österreichischen Kinder ihren Großmüttern Eier schenkten, ist mythologisch plausibel: Symbolisch geben sie die Eier dem Mond zurück.

Unsere Geschichte besagt, daß nur Erwachsene, die in der Unterwelt waren, je in der Lage sein werden, das Ei in seiner ganzen Großartigkeit zu verstehen, und das ist sicher richtig. Erst wenn das innere Haus des Menschen dem Geist geweiht ist, haben wir keine Angst mehr zu sterben. Erst wenn wir gelernt haben, uns wie die Ente, der Schwan, der Reiher und all die anderen Wasservögel zu bewegen, die an Land gehen und in der Luft große Entfernungen fliegend zurücklegen können, erst dann sind wir in der Lage, das Ei richtig zu würdigen: es zu erleben, uns daran zu erfreuen, ihm die gebührende Aufmerksamkeit zu widmen; es zu bewundern, seiner wert zu sein, es zu schätzen und ihm gewachsen zu sein. Erst wenn wir unsere eigenen Höhenflüge hinter uns haben, wenn wir, wie Rilke sagt, das »Nichtmehrfassen jenes Grunds, auf dem wir täglich stehen«, gelernt haben, dürfen wir wie Iwan unsere Hand ausstrecken und das Ei aufheben.

Und was tat Iwan, als er das Ei endlich in Händen hielt? Er brachte es ins Haus der alten Frau – ganz so, als sei er ein Kind in einem österreichischen Dorf am Ostersonntag.

Das Zurückbringen des Eies in das Haus

Iwan der Kaufmannssohn nahm etwas Brot und ging zu dem genannten Ort; er fand die Eiche, nahm die Truhe hinaus, zog aus der Truhe den Hasen, nahm aus dem Hasen die Ente, aus der Ente das Ei und kehrte mit dem Ei zu der alten Frau zurück. Kurz darauf war der Namenstag der Alten; sie lud die Zar-Jungfrau und ihre dreißig ande-

ren Jungfrauen, die Nennschwestern, zu sich ein. Sie briet
das Ei, zog Iwan den Kaufmannssohn festlich an und
versteckte ihn.

Wie geht es denn nun weiter? Wir erfahren, daß die weise alte
Frau kurz nach Iwans Rückkehr mit dem Ei Namenstag hat –
immer ein guter Anlaß für eine Feier. Eingeladen sind ihre
Tochter – eine der dreißig Schwanenjungfrauen, die die Zar-
Jungfrau auf den Schiffen begleitet hatten – und natürlich
auch die anderen 29 Jungfrauen, ihre Nennschwestern. Und
wenn schon gefeiert wird, warum sollte dann nicht auch die
»Frau mit dem Goldenen Haar« dabei sein, die Zar-Jungfrau
selbst? Alle nehmen die Einladung zur Party an.

Diesmal verwandelt die Alte Iwan nicht in eine Nadel, die
sie in die Wand steckt, sondern sie zieht ihn festlich an – so
wie sich russische Kaufleute damals herauszuputzen pflegten
(wahrscheinlich sah er am Ende selbst wie ein Osterei aus) –
und versteckt ihn im Schrank.

Das Ei wird gebraten, nicht roh gegessen. Wer ißt denn auch
rohe Eier? Nur die Barbaren. Alle guten, wertvollen Dinge
müssen erst gar werden: Eier, Menschen, vielleicht sogar
Götter.

Dieser Tag also ist der richtige, der *kairos* – der perfekte Zeitpunkt, an dem sich Silber mit einer passenden Tinktur in
Gold verwandeln läßt und an dem das Heilen alter Wunden möglich ist. An diesem Tag fliegt die Segensreiche – alias
das Wesen, das auf dreißig Schiffen daherkommt, alias die
Große Göttin, die sich nicht mehr sicher ist, ob sie dich noch
lieb hat – gemeinsam mit den dreißig Nennschwestern durch
das Fenster des Hauses: alle in Schwanengestalt. Sie setzen
sich an den Tisch, ihre langen Flügel berühren den Boden,
sie schütteln ihr Gefieder zurecht – und verwandeln sich in
Menschen.

Die alte Frau hat ihr Fest sorgfältig vorbereitet. Von ihren eigenen Hühnern – oder gar von ihren Enten? – hat sie dreißig

schöne Eier geholt, eins für jede der Nennschwestern, und alle perfekt zubereitet. Das Ei, das Iwan ihr gebracht hat, wird separat gehalten und getrennt gebraten, bis es ebenfalls genau richtig zubereitet ist.

Als Nachtisch werden die Eier serviert, und die Zar-Jungfrau bekommt ihres zweifellos auf einem besonders prächtigen Teller. Die Schwestern essen die Eier ohne erkennbare Regung, doch die Zar-Jungfrau kostet zunächst nur ein wenig von ihrem Ei und sagt kurz darauf: »Was wohl aus Iwan geworden ist? Ich habe schon so lange nicht mehr an ihn gedacht.« Und als sie das Ei dann verspeist hat, fragt sie sich: »Ob ich Iwan wohl noch liebe? Doch, ich glaube, ich liebe ihn noch!«

Die Alte hat aufmerksam zugehört, und nun holt sie Iwan aus dem Schrank hervor. »Iwan! Bist du's?« – »Ja, ich bin's!« – »Wie schön, dich wiederzusehen! Und so wach!« – »Ja, wir haben lange gebraucht, um uns zu finden! Ich mußte erst etliche Großmütter behelligen, um dich zu finden. Aber jetzt habe ich dich! Laß mich erzählen ...« Und so weiter, und so weiter. Diese Szene und was dabei gesagt wurde, können wir uns alle sicher lebhaft vorstellen. Es ist eine schöne Szene, mit viel Wärme.

Der Verzehr des Eies

Was läßt sich über den Vorgang des Essens sagen? Zunächst: Es gibt für das hier Gemeinte ein besseres Wort, »Nahrungsaufnahme«, auch wenn es sehr förmlich und medizinisch klingt. Entscheidend ist vor allem dieser Aspekt: etwas anderes in sich aufzunehmen. Etwas zu essen und Nahrung aufzunehmen, ist nicht genau dasselbe. Die Zar-Jungfrau ißt das Ei, aber sie nimmt ihre eigene Liebe in sich auf. In dieser Szene müssen wir als Interpreten Fingerspitzengefühl beweisen und vielleicht auch einige Fragen stellen.

Wie fühlt es sich denn für eine Frau an, wenn sie ihre Liebe zu einem Mann (oder auch zu einer Tochter, einem Sohn, einer

anderen Frau) zu sich nimmt, wenn sie sie »in sich aufnimmt«? Wo liegt der Unterschied gegenüber der Feststel-
lung, einen Mann, eine Tochter, einen Sohn oder auch eine
andere Frau einfach zu »lieben«? Es könnte sein, daß manche
Männer einzelne Frauen lieben, sich jedoch schwer damit tun,
deren Liebe in sich aufzunehmen, weil sie im Grunde Frauen
eher verachten. Vielleicht sind ja auch manche Frauen auf
Männer so wütend, daß sie zwar individuelle Männer lieben,
die Liebe zum Männlichen aber nicht in sich aufnehmen können.

Früher war es so, daß sehr junge Frauen unter ihresgleichen
lebhaft und munter waren, daß sie die Jungen neckten und ab-
fällig über sie sprachen. Als junge Frauen merkten sie dann
mit Mitte Zwanzig, welche Arbeit Männer verrichten, um ihre
Familien zu ernähren, die Stadt zu verteidigen und für das Ge-
meinwohl tätig zu sein – oft unter großen persönlichen Ent-
behrungen –, und begannen, ihre Liebe zu Männern und zum
Männlichen in sich aufzunehmen. Dieser Vorgang machte sie
übrigens noch nicht zu unterdrückten Wesen; das Gefühl der
Unterdrückung kam aus ganz anderen Quellen.

Seit ein paar Jahrzehnten jedoch sind junge Frauen als Teenager immer noch putzmunter, indes, einige finden später den
Dreh nicht mehr, ihre Liebe zum Männlichen in sich aufzunehmen.

Auch Jungen machen ähnliches durch. Man könnte sagen,
daß der junge Mann seine eigene Liebe zum Weiblichen immer weniger in sich aufnimmt. Er möchte hart bleiben und –
wie der beliebte amerikanische Fernsehkomiker Jerry Sein-
feld – gemeinsam mit seinen Freunden in einer Welt ohne
Frauen leben. In Seinfelds gleichnamiger Comedy-Serie geht
es im Grunde darum, daß junge amerikanische Männer unfähig sind, ihre eigene Liebe zum Weiblichen zu fühlen und
in sich aufzunehmen. Das ist leider noch eine Verschlimme-
rung des früheren Zustands. Es fällt Männern und Frauen
heutzutage leicht, sich gegenseitig »aufzufressen«. Wenn es je-

doch darauf ankommt, die eigene Liebe zum anderen Geschlecht in sich aufzunehmen, sieht die Sache schon ganz anders aus.

Wir sollten vielleicht noch einmal zu dem erstaunlichen Satz der weisen Alten zurückkehren: »Sie liebt dich nicht mehr.« Was heißt das eigentlich: »Die Göttin liebt uns nicht mehr«? Je weiter die Ausrottung verschiedener Arten auf dieser Erde voranschreitet, je mehr Regenwälder brennen, je stärker das Grundwasser verseucht wird, desto schutzloser fühlen wir uns. Die Menschen im 19. Jahrhundert fühlten sich in außerordentlich starkem Maße schutzlos: durch gesetzloses Treiben, durch Feuersbrünste, Sturm und Blitz oder Seuchen; und doch schien das Netz der Natur sie zu tragen. Die Natur war gewissermaßen wie die Jungfrau Maria, die alle Menschen auf ihrem Schoß hielt.

Heutzutage indes haben wir Menschen das Gefühl, von diesem Schoß heruntergestoßen zu sein. Die jüngere Generation fühlt sich im großen und ganzen nicht mehr von der Natur beschützt. Die meisten von ihnen leben in der Stadt, und das städtische Leben ist für sie Bestandteil einer Todeskultur. Wenn wir ein T-Shirt mit der Aufschrift »Please Kill Me« (»Bitte töte mich!«) sehen, wissen wir, daß sich der Träger oder die Trägerin schutzlos fühlt. Wenn uns die Göttin, durch unseren sorglosen Umgang mit der Natur ramponiert, nicht mehr liebt, dann haben wir keinen festen Boden mehr unter den Füßen.

Was geschieht, wenn die Schimpansen die Wälder verlassen? Genau das geschieht uns jetzt.

Vielleicht kann die Natur oder das Universum seine Liebe zu menschlichen Wesen nur in sich aufnehmen, wenn diese den schwierigen Prozeß durchlaufen haben, der in unserer Geschichte geschildert ist. Der Mensch muß sich entwickeln: Auf einen Besuch bei seinen Vorfahren in der Eiche folgt die Freisetzung der Trickenergie, darauf die im Hasen symbolisierte Opferbereitschaft und schließlich der spirituelle Höhenflug. Am Ende muß der Mensch dann nur noch zugegen sein, wenn das Göttlich-Weibliche das Ei in sich aufnimmt.

Kann sich eine Göttin, die Sie nicht mehr liebt, verändern? Was müssen *Sie* als Frau oder Mann mit dem Gefühl, von der Göttin nicht geliebt zu werden, tun, um dieser Liebe wieder teilhaftig zu werden? Die Regenwälder niederzubrennen, scheint keine gute Art und Weise zu sein, die Göttin in sich aufzunehmen. Praktizierende Christen verspeisen jeden Sonntag beim Abendmahl, in der Eucharistie, den männlichen Gott und nehmen so Christus in sich auf. Wir nehmen den männlichen Gott in uns auf, aber es scheint uns an Möglichkeiten zu fehlen, auch die Göttin in uns aufzunehmen. Außerdem ist es in unserer Geschichte ja auch so, daß das Göttlich-Weibliche selbst seine Liebe zum Menschen in sich aufnimmt. Die zu ihren Lebzeiten im 19. Jahrhundert unbekannte – und auch heute noch oft verkannte – amerikanische Lyrikerin Emily Dickinson schildert in einem ihrer Gedichte die Ekstase des Vorgangs, wenn ein menschliches Wesen Gott in sich aufnimmt – oder auch umgekehrt:

Wilde Nächte – Wilde Nächte!
Mit dir zu sein –
Wilde Nächte wären Luxus
Für uns allein!

Nutzlos – die Winde –
Für ein Herz im Port –
Fort mit dem Kompaß –
Die Karte fort!

Rudernd in Eden –
Ach, das Meer!
Daß ich in dir – heut nacht –
Verankert wär'!

Mirabai, der indische Dichter aus dem 13. Jahrhundert, beschreibt die Stimmung beim In-sich-Aufnehmen des Göttlichen in der Krishna-Radha-Tradition:

Schön spielst du die Flöte; ich liebe deine
geschwungenen Locken.
Jasumati, deine Mutter, war es nicht sie,
Die dein schönes Haar wusch und kämmte?
Kommst du auch nur in die Nähe meines Hauses,
So will ich meine Sandelholztür schließen und dich
einsperren.
Miras Herr ist halb Löwe, halb Mensch.
Sie gibt ihr Leben der Mitternacht seines
Haares hin.

Man könnte über die Göttin sagen: »Wenn Menschenwesen sie nicht mehr in sich aufnehmen, warum sollte dann sie die Menschen noch weiter lieben?«
Wie ist das denn nun aber, wenn man die Liebe zu einem anderen Mann oder einer anderen Frau in sich aufnimmt? Dafür benötigt man zunächst einmal ein ruhiges Umfeld, etwa so wie beim Geburtstagsessen der weisen Alten. Da sitzen wir inmitten von Personen, die sich dem Geist widmen, und sehnen uns intensiv danach, den Geschmack unserer eigenen Liebe zu kosten. Essen und Nahrungsaufnahme fallen hier zeitlich zusammen. Da bekommen wir ganz bestimmt den Geschmack unserer eigenen Seele mit, und darüber hinaus wird sie mit der Seele des oder der anderen verschmelzen. Auch der Geschmack beider Seelen wird sich mischen.
Danach können wir dann üben, wie man die Göttin in sich aufnimmt. Tanzen kann Teil dieser Übungen sein, das Rezitieren von Gedichten oder das Weinen; wir können die ganze Nacht hindurch mit dem oder der anderen versuchen, uns an die Göttin zu erinnern, in eigenen Erinnerungen schwelgen und erst am frühen Morgen zu Bett gehen.

Rumi gibt uns die Stimmung der Liebe zur Heiligen Braut und das eigene Erlebnis ihrer Liebe in folgenden Versen aus dem *Diwan* wieder:

> *Bin ich bei dir, so schlaf ich nicht vor Freuden,*
> *Bin ich ohn' dich, so schlaf ich nicht vor Leiden.*
> *Gelobt sei Gott, daß beide Mal' ich wache,*
> *Du magst die Art der Wachheit unterscheiden.*

Und ich füge noch ein weiteres Gedicht von Rumi an; es wurde bereits weiter oben zitiert:

> *Komm zum Obstgarten im Frühling.*
> *Licht gibt's da und Wein und Liebchen in den*
> *   blühenden Granatapfelhainen.*
> *Wenn du nicht kommst, ist all dies ohne Belang.*
> *Wenn du kommst, ist all dies ohne Belang.*

Schließlich gibt es noch einen weiteren Schritt, wahrscheinlich nur einen unter Hunderten, die wir vergessen haben: Wir müssen die Göttin noch heimholen. Der persische Dichter Hafiz (an dem sich Goethe in seinem *West-östlichen Diwan* orientierte) – er lebte im 14. Jahrhundert – ist bereit, die Göttin, von der wir getrennt waren, in sein eigenes Haus zu holen. Er sagt über die »verlorene Tochter«:

> *Schickt die Marktschreier aus, geht auf den*
> *   Marktplatz der Seelen,*
> *»Hört her, alle, die ihr in der Kolonnade der*
> *   Liebenden weilt, hört her:*
>
> *Die wilde Tochter ist seit einigen Tagen vermißt*
> *   gemeldet.*
> *Ruft all ihre Freunde! Wer immer ihr nahe kommt,*
> *   ist in Gefahr.*

Ihr Kleid ist rubinrot, ihr Haar ist mit Seeschaum
  frisiert;
Sie raubt euch den Verstand; paßt auf, seid auf der
  Hut vor ihr!

Wer diese Bittere findet, erhält meine Seele zum
  Dessert.
Und ist sie in der Unterwelt, dann müßt ihr auch
  dahin gehen.

Sie ist ein Wesen der Nacht, schamlos,
  verrufen und rot.
Wenn ihr sie findet, dann bringt sie bitte in
  Hafiz' Haus.«

Ich glaube, jetzt ist alles über die Geschichte gesagt, was wir im Augenblick sagen können. Das Bild der Göttlichen, die das Ei verzehrt, welches ihre eigene Liebe zum Menschen enthält – diese Szene übersteigt mein mythologisches Verständnis. Darum überlasse ich dieses Bild jetzt Ihnen.
Begonnen haben wir in der Unterwelt. (Wie Hafiz sagt: »Und ist sie in der Unterwelt, dann müßt ihr auch dahin gehen.«) Nachdem Iwan dort – wie jeder von uns – viele Jahre verbracht hat, macht er einige Dinge richtig, und dann holt ihn der Feuervogel heraus. »Iwan« steht für Männer, aber auch für das männliche Element in Frauen. Frauen können ebenfalls in der Unterwelt gefangen sein und dort jahrelang relativ untätig und träge verweilen, wie Männer. Nachdem das vergeßliche Menschenwesen aber aus Baba-Jagas Wunderreich, wo es gelernt hat, die Wahrheit zu sagen und sich nicht mit modischer Schwarzweißmalerei zu begnügen, auf die Erde zurückgekehrt ist, ist es reif für die Gesellschaft der weisen alten Frau, die *Verbindung* zur ursprünglichen Göttin hat. Jetzt beginnt die eigentliche Arbeit – die Arbeit an der Überwindung der Vergeßlichkeit, auf der unsere Kultur basiert. Wir müssen

durch die Stadien hindurch, die in diesem Kapitel kurz geschildert wurden. Symbolisiert sind sie in der Eiche (Rückkehr zur alten Heimat der Vorfahren), der Truhe (Gefängnis und Freisetzung der beherzten Energie), dem Hasen (Aufforderung und Bereitschaft, sich vom Irdischen zu lösen) und der Ente (spirituelle Höhenflüge). Dann endlich – endlich! – dürfen wir das Ei aufhebcn und es ins Haus der Alten bringen.

Wenn wir dann auch noch dahin kommen, daß die Zar-Jungfrau das Ei ißt und ihre so viele Jahre verlorene Liebe wieder in sich aufnimmt, ist alles bestens gelaufen. Man hätte ja auch schon vor diesem Zeitpunkt sterben können. Selbst dann wäre alles in Ordnung gewesen.

In unserer Erzählung leben am Ende noch alle (außer dem enthaupteten Hauslehrer natürlich), und darum folgt jetzt noch ein letztes Ereignis: die Hochzeit.

Die Hochzeit

Was soll man dazu noch viel sagen? Sie heirateten. Und die Menschen in jenem Teil der Welt bereiteten sich noch nie so voller Freude auf eine Hochzeit vor wie auf diese. Die Männer wienerten ihre Stiefel, bauten Tische auf und holten den besten alten Wein aus dem Keller. Die Frauen gaben ihr Bestes in der Küche, und aus dem ganzen Land, ja sogar aus dem Ausland, holte man die besten Musiker zusammen. Yo Yo Ma spielte bei der Hochzeit Cello. »Sweet Honey in the Rock« gab ein Rockkonzert. Tanzmusikanten spielten die ganze Nacht, und die Leute tanzten, bis sie lachend zu Boden fielen. Es kamen auch Märchenerzähler. Marion und ich wurden als Geschichtenerzähler ebenfalls eingeladen, und als die Hochzeitsfeier vorüber war, gab man uns auch für Sie noch eine Flasche Wein mit. Doch beim Gepäcktransport stellten sich die Diener ungeschickt an: Die Flasche fiel hin und zerbrach. Ich glaube, solchen Wein werden wir nie wieder zu trinken bekommen.

Interpretation
von Marion Woodman

Teil I

Die Zar-Jungfrau

Zwischen Märchen und Träumen besteht eine enge Verbindung. Das zeigt sich nicht zuletzt darin, daß wir vor dem Einschlafen Geschichten erzählen, als müßten wir uns auf den Schlaf vorbereiten und sanft in ihn hinübergleiten.

Mehr noch als die traditionelle Anfangsphrase »Es war einmal« etabliert die Formulierung »*in irgendeinem Reich, in irgendeinem Land*« den Schauplatz des Märchens von der »Zar-Jungfrau« in jener örtlich wie zeitlich unbestimmten Welt, in der unsere Psyche lebt, sich bewegt und zu Hause ist.

Wie in der Welt der Träume sind auch in einem Märchen die Charaktere Personifizierungen psychischer Energien, die an den Körper gebunden sind und aus ihm erwachsen. Der Körper, der auf ein als Gutenachtgeschichte erzähltes Märchen reagiert, nistet sich in dieser Märchenwelt ein und wird dabei in den Schlaf geleitet. Er nistet sich im eigenen natürlichen Unbewußten ein, in dem auch die Psyche ursprünglich zu Hause ist. Psyche und Soma (Seele und Körper) sind im Unbewußten eins.

Wie wir sehen werden, wenn wir jetzt gemeinsam das Märchen »Zar-Jungfrau« lesen, führt uns die Geschichte in ihrer natürlichen Entfaltung zum ursprünglichen Zustand der Ganzheit zurück. Diese wird durch die Spaltung von Psyche und Soma zerstört – eine notwendige Voraussetzung für die Bewußtwerdung. In einem Märchen, das wir bewußt verstehen, das uns dann aber eher wach macht als einschläfert, »kommen wir am Ausgangspunkt an/ Und kennen den Ort zum ersten Mal« (T. S. Eliot). Das Kind, das sich zu einem friedlichen Schlaf bereit macht, kommt dort an, wo wir alle »aufgebrochen« sind. Der Erwachsene, der dem Kind das Märchen vorliest, kennt am Ende diesen Ort vielleicht auch, wenn er im schlafenden Kind ein Symbol jenes Schauplatzes sieht, den das Märchen geschaffen hat. Den schlafenden Körper des Kindes richtig zuzudecken und das Licht zu löschen, ist vielleicht ein Ausdruck dafür, daß auch der Vorleser »angekommen« ist. Der vollkommen wache, bewußte Erwachsene ist innerlich eins geworden mit dem Kind, das vollkommen eingeschlafen ist und nun im Unbewußten lebt.

In der folgenden Interpretation unserer Erzählung wird hoffentlich die Gegenüberstellung unseres Wachzustandes mit dem Schlafzustand des Kindes nicht so verstanden, als handele es sich dabei um Gegensätze. Denn Wach- und Schlafzustand hängen voneinander ab, beide Bereiche sind eher vereint als getrennt – Unbewußtheit und Bewußtsein, Schlaf und Wachheit.

Wie im Traum sind auch in einem Märchen die Personen verschiedene Aspekte von uns selbst, männliche wie weibliche. Die Charaktere in »Zar-Jungfrau« – der falsche Hauslehrer, die hinterlistige Stiefmutter, der Feuervogel, die Baba-Jaga, die weise Alte – sind allesamt psychische Aspekte Iwans, des suchenden jungen Mannes. Er muß sie, will er erwachsen werden, durch Aktivierung seiner gesamten Seele in sich aufnehmen. Im Verlauf der Geschichte kommen diese Aspekte, die eingangs im Konflikt liegen, zusammen und verwandeln sich – ehe sie dann erneut in Bewegung geraten und sich in neuen Konfigurationen weiter verwandeln. So ist das eben auf der Lebensreise hin zu jener Ganzheit, in der alle Aspekte unseres Selbst im Idealfall zusammenfinden. Im Märchen wird dieser

162

Prozeß als ein ewig sich neu entwickelndes Muster vorgeführt – als Paradigma eines Kampfes, den siegreich zu bestehen sich viele von uns, Frauen wie Männer, bewußt oder unbewußt vornehmen. Im Zentrum eines Märchens steht immer eine Vision der Ganzheit.

Die Psychodynamik, die sich in den Abenteuern des jungen Mannes in »Zar-Jungfrau« zeigt, kommt aus dem Unbewußten uralter Geschichtenerzähler, die namenlos bleiben – so als sei der wahre Autor das Unbewußte selbst. Wir, die wir die Geschichte lesen, erkennen darin nicht nur unser Verlangen nach vollkommener Liebe, sondern auch den Verlust alles Erhofften, den Ausbruch des Chaos, das mögliche Sich-Wiederfinden. Und wir erkennen, daß all dies irgendwie zeitlos ist. Wir sehen, daß das Geschehen zu etwas Universalem in uns gehört, das uns einen weiteren Identitätskontext vermittelt, indem es uns auf der psychischen Bedeutungsebene unserer Handlungen erkennen läßt, wer wir sind. Gerade die kantige Starre im Detail – eine Nadel im Kragen, das Abschlagen eines Kopfes – fügt diese Einzelheiten in unserer Phantasie zu Mustern und Strukturen zusammen. So hanebüchen die Details auch sein mögen, wenn man sie wörtlich nimmt, irgend etwas in uns spricht auf ihre tiefere Wahrheit an. Ob wir fünf oder fünfundachtzig Jahre alt sind, ob wir die Einzelheiten der Geschichte verstehen oder nicht – wenn wir mit diesen Mustern in Berührung gekommen sind, empfinden wir uns stärker als eine Einheit. Das liegt daran, daß die Zielrichtung der Handlung dorthin weist, wo auch unsere eigene potenzielle Ganzheit anzusiedeln ist. Der englische Romantiker John Keats nannte diesen Vorgang einmal eine »Begrüßung des Geistes«.

Wie tief unser Verständnis der Figuren ist, die aus dem Unbewußten kommen, hängt davon ab, wie weit wir in der Lage sind, die Welt der Metaphern als eine Welt anzuerkennen, in der wir zu Hause sind. Dabei muß unsere Reaktion nicht unbedingt bewußt ablaufen. Denn Metaphern kann man leichter unbewußt erleben als bewußt verstehen, weil sie zur kinetischen, körperlichen Dimension der Sprache gehören. Sie stellen eine Rückbindung der Sprache an die körperlichen Ursprünge im Mutterleib dar – Sprache als Rhythmus, Atem, Laut. Metaphern sind eine Bildersprache auf dem Bewußtseinsniveau von Kleinkindern, die gerade zu sprechen beginnen, indem sie aus Lauten Wörter bilden und diese dann mit Personen und Dingen in Verbindung bringen (ma-ma, da-da, pa-pa, und so weiter).

Diese Lautwörter – man denke etwa an Helen Keller an der Wasserpumpe, wie sie das Wort »Wasser« entdeckte, das für die Empfindung feuchter Kühle an ihrer Hand stand – erlösen das kleine Kind aus seiner totalen Abhängigkeit von körperlichen Empfindungen. Auf anderer Ebene besteht die Bindung an die körperlichen Empfindungen jedoch fort. Die Lautwörter eines Kleinkinds sind dessen unbewußte Möglichkeit, sich in eine Welt einzubringen, die nicht mit ihm identisch ist, ohne daß deren Anderssein ihm auf allzu grausame Weise deutlich würde.

Auf dieser primitiven Ebene haben Wörter eine magische Kraft. Indem das Kleinkind die benannte Person oder das benannte Objekt mit dem Namen vereinigt, erreicht es eine Verschmelzung des Namens mit der Person oder dem Objekt. Auf dieser primitiven Ebene ist die Sprache Trägerin einer körperlichen Energie, die durch Laute in psychische Energie verwandelt wird. Eine grundlegende Definition von Metaphorik könnte also lauten: Sprache auf jenem Energieniveau, auf dem Psyche und Soma zusammentreffen.

Darum spürten wir als Kinder die Metaphern körperlich; was sie bedeuteten, scherte uns nicht. Wenn die böse Stiefmutter mit dem vergifteten Apfel zu Schneewittchen kam, bissen wir die Zähne zusammen. Unsere Bäuche rumpelten, wenn wir mit Rotkäppchen die Antwort des Wolfes hörten: »Damit ich dich besser fressen kann.« Und als die gute Fee Dornröschen zur Hilfe kam, klatschten wir in die Hände. Was man uns vorlas, erlebten wir körperlich. Ohne daß wir es wußten, diente die Sprache als psychische Verwandlung körperlicher Energie. Diese riesige Transformation der Energie vom physischen in den psychischen Zustand, eine Umwandlung, die das Wesen der Metapher ausmacht (das griechische Wort *metaphora* heißt »Übertragung«), wird *erlebt*, ohne *verstanden* zu werden. Später im Leben ist es leider allzuoft umgekehrt: Wir verstehen, aber erleben das Verstandene nicht mehr. Die Botschaft, die der Erwachsene bewußt überbringt, wird vom Kind durch körperliche Reaktionen bestätigt. Beim Vorlesen eines Märchens vereint, erleben Kind und Erwachsener eine Verschmelzung, die für die Ganzheit des im Märchen verkörperten Lebens von zentraler Bedeutung ist.

Unser Körper liebt Metaphern, weil diese unseren Körper mit unserer Seele verbinden, anstatt ihn in einem seelenlosen Zustand zu lassen. Die alten chinesischen Alchimisten nannten diesen leibseelischen Zustand den »Hauchkörper«, den durchgeistigten Leib. Sie glaubten, je tiefer man darin versinke, desto größer seien die dort enthaltenen seelischen Schätze. Im Kern liegt der »Diamant-Leib«, eine facettenreiche Ganzheit, die jener gleicht, die bei unserer Lektüre des Märchens von der »Zar-Jungfrau« der Entdeckung harrt.

Wenn wir ernsthaft nach Einsichten über unsere eigene Psychodynamik und die unserer Kultur suchen, dann können wir Märchen allerdings nicht mehr so lesen, wie wir es als Kinder taten – obwohl wir andererseits, würden wir beim Lesen den Kontakt zum Kind in uns verlieren, von ebendieser Dynamik abgeschnitten wären. In der Kindheit waren wir in der Lage, all unsere aufgestauten Ängste auf das kleine Mädchen mit den Zündhölzern zu projizieren, all unsere Eifersucht auf Aschenputtels Stiefschwestern, unsere Wut auf den Riesen, um danach sanft und friedlich einzuschlafen. Wir mußten uns mit diesen Ängsten, mit unserer Eifersucht und Wut nicht als eigenen ungelösten Problemen auseinandersetzen. Wir konnten einfach – wie Iwan mit der Nadel im Kragen – einschlafen. Doch Iwan, der junge Mann in unserer Geschichte, muß aufwachen und alles in sich aufnehmen, was in seinem Unbewußten abläuft. Die Geschichte gibt uns zu verstehen, daß wir als Erwachsene nicht mehr auf andere projizieren können, was in uns ist und zu uns gehört. Wir müssen aufwachen und versuchen zu verstehen, was in unserem eigenen Unbewußten abläuft, denn diese Dynamik beherrscht unser Verhalten nach außen hin. Wir müssen uns unsere Projektionen zu eigen machen. Das ist die wahre Bedeutung von Iwans Fischzug mit seinem Hauslehrer – und die Botschaft des ganzen Märchens. In »Zar-Jungfrau« geht es um das Fischen – das Tiefseefischen – auf einem kleinen Floß.

Die Verhältnisse am Anfang der Geschichte sind bei genauerer, bewußter Betrachtung ein Graus. Wir wissen, daß sie destruktiv sind; auch ein Kind erkennt das unbewußt sofort. Wir werden sofort mit Teilen und Aspekten von uns selbst konfrontiert, die wir am liebsten nicht zur Kenntnis nähmen, und die wir nicht einmal sehen können, weil sie so tief in unserem Unbewußten verankert sind. Wir könnten sogar selbst darin gefangen sein – wie Iwan in seinem Beziehungsdreieck mit Stiefmutter und Hauslehrer. Ganz allmählich verwandelt sich in unserer Geschichte die im Beziehungsdreieck herrschende unnatürliche Dynamik, besonders jene im Zusammenspiel von männlichen und weiblichen Energien, bis eine Ganzheit erreicht ist. Am Ende der Geschichte sind die unnatürlichen Beziehungen im Sinne einer gesunden Psychodynamik gelöst.

Wie sind männliche und weibliche Energien in ihrem natürlichen Verhältnis zueinander beschaffen? Vor kurzem habe ich einen Sonnenaufgang über der schönen Farm beobachtet, auf der ich zu Gast war. Gleichzeitig sah ich den Vollmond über silbernen Wolken am dunklen Himmel stehen. Ich hörte den Hahn krähen, die Gänse schnattern und sah in der Dunkelheit die Silhouetten der Kühe und Pferde. »Wie sanft die Nacht doch ist«, dachte ich, »und wie exquisit sie ›des Grams verworrenes Gespinst entwirrt‹!« – um Shakespeares Charakterisierung des Schlafes im *Macbeth* aufzugreifen. Goldene

Sonnenstrahlen erleuchteten den Horizont, während die silbernen Strahlen des Mondes die Landschaft noch liebkosten. Beide Energien, die weibliche der Nacht und die männliche des Tages, zwei komplementäre, lebenswichtige Energien, waren einander in Liebe zugetan.

Kulturen, die der Natur – und der natürlichen Dynamik der Seele – nahestehen, haben mit der Wertschätzung dieser Liebe keine Probleme. Im alten Hinduismus standen Shiva und Shakti im Zentrum des Glaubens – auch dies eine Metapher. Shiva, der Große Geist, das Mysterium, das unseren Verstand übersteigt, und Shakti, der exquisite Körper, in dem sich dieses Mysterium manifestiert – gemeinsam sind sie in steter göttlicher Umarmung anzutreffen. Wenn man so denkt, sind alle theologischen Rangeleien über das Geschlecht Gottes vergessen. Der Geist ohne Form und Gestalt ist unsichtbar; Materie ohne Geist ist tot. Doch Geist und Materie lieben einander, sie existieren durch den jeweils anderen. Das Männliche und das Weibliche voneinander zu trennen – wie es am Anfang von »Zar-Jungfrau« geschieht –, ist unnatürlich. Ihr Ringen, um zusammenzukommen und sich zu vereinigen, ist ein Bewußtwerdungsprozeß – ein Prozeß, bei dem wir allmählich zu verstehen lernen, was im Bereich des Unbewußten *immer schon da war*.

Weil mein eigenes Lebenswerk in Träumen verwurzelt ist, fühle ich mich in dieser Welt, die immer schon da war, weitgehend zu Hause. In Träumen, meinen eigenen genauso wie denen meiner Patienten, die zur Analyse kommen, gewinnen die komplementären Energien bildhafte Gestalt – als Männer und Frauen. Wenn ich verstehen will, in welchem Verhältnis die beiden Energien in Körper und Seele zueinander stehen, dann sehe ich mir die Beziehungen der männlichen und weiblichen Gestalten als Verkörperung dieser Energien in den Träumen an. Ich sehe sie dabei nicht als Männer und Frauen im Sinne des biologischen Geschlechts. Ganz gleich, ob wir in homosexuellen oder heterosexuellen Beziehungen leben, männliche *und* weibliche Energien sind sowohl in Männern als auch in Frauen vorhanden. Ihre innere komplementäre Entsprechung, ihre Erfüllung, finden sie in der sogenannten »Hochzeit im Innern«, einer Vermählung wie der von Nacht und Tag.

»Wie im Innern, so auch außen« – das ist eine psychische Realität. Die Energieabläufe haben das Ziel, die innerlich komplementären Elemente des Männlichen und Weiblichen zur inneren Hochzeit zusammenzubringen. Auf dem Weg zur Ganzheit werden wir zu Natur, die sich ihrer selbst bewußt ist – zu Natur, die nicht im Stich gelassen, wie ein unbewußter Körper behandelt und wie ein wildes Tier ausgebeutet wird. Wir begegnen fremden und geliebten Menschen und verlassen sie wieder, je nachdem, wo wir innerlich gerade stehen. Haben wir ein Gleichgewicht zwischen den Energien gefunden, dann kommt manchmal ein Seelengefährte (der vielleicht schon die ganze Zeit da war) und bestätigt dieses Gleichgewicht, gibt ihm eine äußere Form. Daß Märchen die innere und äußere Psychodynamik zwischen den komplementären Energien des Männlichen und Weiblichen enthüllen, ist längst erwiesen. Diese Dynamik kann, wenn sie sich aus einer unnatürlichen Konstellation wie der am Anfang eines Märchens entwickelt, sehr schmerzlich sein, besonders wenn wir nicht mit den Gestalten unseres eigenen Unbewußten vertraut sind.

Solange wir die Macht des Unbewußten, unsere bewußten Anstrengungen zu sabotieren, noch nicht erkannt haben, können wir nichts ändern. Unsere Geschichte spricht, obwohl sie uralt ist, die tiefsten Enttäuschungen im Kern unserer persönlichen Erfahrungen direkt an, aber auch eine offene Wunde im Herzen unserer Kultur an der Wende zum neuen Jahrtausend. Zielgenau wird der Machttrieb im Zentrum unserer Kultur angesprochen, der weder das Männliche noch das Weibliche respektiert – und der uns von unseren Seelen trennt, indem er unsere Körper und Gefühle niederknüppelt. Das Märchen von der Zar-Jungfrau dringt zu unseren Wurzeln im Unbewußten vor und schafft eine Verbindung zwischen uns und der geliebten Ganzheit in unserem Innern – einer Ganzheit, die unser Geburtsrecht ist. Die Zar-Jungfrau liebt Iwan schon von Anbeginn der Welt an. Ihre Liebe ist die Grundlage der Welt.

Natürliche Mutter versus Stiefmutter

Das erste Detail unserer Geschichte ist »*ein Kaufmann; seine Frau war gestorben, und er blieb allein mit seinem Sohn Iwan zurück*«. Der Schlüssel zu einem Märchen liegt immer in dem, was am Anfang fehlt. In unserem Fall fehlt die natürliche, wahre Mutter als leibseelische Gegenwart im Leben ihres Kindes. Iwan ist diese Gegenwart genommen worden. Statt dessen ist er dem Regiment der unnatürlichen, hinterlistigen Stiefmutter unterworfen, die für die Schattenseite der natürlichen Mutter steht. Um wirklich zu verstehen, was in dieser Anfangskonstellation fehlt, müssen wir uns klarmachen, was die psychische Energie der natürlichen Mutter zum Wohlbefinden des Kindes beiträgt und was, wenn sie fehlt, ein hinterlistiger Ersatz bedeutet. Dabei müssen wir zunächst die Notwendigkeit des Schattens erkennen.

Mit einer »natürlichen« oder positiven Mutter ist jene gemeint, die glücklich und im Einklang mit ihrem eigenen Körper lebt, die ihre Weiblichkeit liebt und ihre Menstruation als Ausdruck der weiblichen Beziehung zu den Mondphasen erlebt. Wenn eine solche Frau ihre Kinder nährt, hegt und pflegt, ist sie sich ihrer weiblichen Identität sicher und deshalb in der Lage, als Spiegel für ihre Kinder zu fungieren. Seelisch und körperlich gedeihen Kinder durch die bedingungslose Liebe, die ihre Mutter ihnen schenkt. Sie können der Mutter in die Augen sehen und sich darin erkennen, wie sie sind – ohne ein Gefühl, daß es da noch eine Tagesordnung gibt, die vorschreibt, wie und was sie sein müssen oder sein sollten. Die Mutter sieht die Individualität ihrer Kinder und respektiert die

Herausbildung dieser Individualität. Sie bietet eine mächtige Vision der Ganzheit und verkörpert sie in ihrer Selbstgewißheit perfekt. So vermittelt sie ihren Kindern Geborgenheit – eine Geborgenheit, die diese immer wieder suchen werden, nachdem sie beim Erwachsenwerden unwiderruflich verlorengegangen ist.

Kinder, die von einer solchen Mutter aufgezogen wurden, verbringen ihr Leben nicht mit der hektischen Suche nach dem Beifall der anderen. Sie müssen ihre eigenen Bedürfnisse und Sehnsüchte nicht verleugnen, um anderen um jeden Preis zu gefallen und auf diese Weise überleben zu können. Sie leben nicht mit der schrecklichen Angst, völlig vernichtet zu werden, wenn sie nicht sind, was sie sein sollten. So übertrieben solche Ängste auch klingen mögen, ich habe sie mehr als einmal nicht nur bei Söhnen wie Iwan erlebt, die einer hinterlistigen Stiefmutter überantwortet waren, sondern auch bei Töchtern, deren wahre Weiblichkeit sich im Banne einer Figur, die Iwans Stiefmutter nicht unähnlich war, nicht entfalten konnte. Viele der Frauen, die sich von mir analysieren lassen, stehen am Anfang der Gespräche noch ganz im Banne einer hinterlistigen Stiefmutter. Ihre natürliche Mutter tragen sie – wie Iwan – tot in ihrem Innern. In vielen Märchen werden tote Mütter als ein ungeheurer Schub psychischer Energie wiedergeboren, durch den eine neue Perspektive herbeigeführt wird.

Wie physikalische Energie kann auch psychische Energie weder geschaffen noch zerstört werden. Sie kann allerdings verwandelt und dabei – unter Umständen mehrfach – als Tod und Wiedergeburt erlebt werden. Iwans weibliche Energie etwa äußert sich in einer Vielzahl von Formen: Am einen Ende der Skala verwandelt sich die tote Mutter in die Stiefmutter, am anderen in die Zar-Jungfrau als Braut. Zwischen diesen beiden Polen erscheint noch eine ganze Reihe weiterer weiblicher Figuren, die Iwans Übergangsritual vom einen Extrem zum andern markieren, ehe am Ende eine Neuintegration dieser Aspekte steht.

Als Psychoanalytikerin habe ich Männer wie Frauen dabei beobachtet, wie sie sich über Jahre hin vom einen Pol zum andern bewegten – von einem todesähnlichen, desintegrierten Zustand zur Fülle und Ganzheit des Lebens. Diese innere Entwicklung verläuft nicht linear, Schritt für Schritt. Sie gleicht vielmehr der Bewegung einer Schlange: Deren Vorwärtsbewegung wird durch Schlängeln und Zurückwinden erreicht, wobei Energie für das Vorwärtskommen gesammelt wird. Träume und Begleitassoziationen – als die Schlangenlinien und Kreisbewegungen, die die Entwicklung vorantreiben – markieren die verschiedenen Stadien der Übergangsrituale dieser Menschen. Iwans revitalisierende Abenteuer spiegeln die Entfaltung des Innenlebens bei vielen Menschen wider, die nach einem anfänglichen Gefühl, körperlich und seelisch vom Leben abgeschnitten zu sein, allmählich immer besser in der Lage sind, die Botschaften ihres Unbewußten zu absorbieren.

Wenn sie sich ihren Träumen widmen, merken sie vielleicht, daß sie sich am Ende eines jeden Kreislaufs auf einer neuen Ebene befinden. Sie bewegen sich spiralförmig und erkennen bei jeder Runde neue Bedeutungen und Resonanzen. Die Bilderwelt gibt immer mehr von ihrem Geheimnis preis. Während sie sich auf ihrer Spirale auf und ab bewegen, fühlen sie sich von Zeit zu Zeit wohl auch verloren. Dafür haben sie dann in der nächsten Runde vielleicht das Gefühl, daß sie in ihrer gesamten Spirale Widerhall finden. Sie umkreisen den »Diamant-Leib«. All seine Facetten zu sehen heißt, ihn von jedem denkbaren Blickwinkel aus zu betrachten, auch von oben und unten. An manchen Punkten erstrahlt er vielleicht in seiner Totalität, wenn auch nur einen kurzen Augenblick lang – wie in einem kubistischen Gemälde von Picasso oder Braque.

Iwans belebende Erlebnisse werden durch die Nadel in seinem Kragen unterbrochen. Diese unterbricht die Verbindung zum Weiblichen in seinem Innern, und sie kann nicht entfernt werden, bis sein Ego stark genug ist, den Schmerz seines ungelebten Lebens zu absorbieren. Dieses ruht zunächst in Iwans toter Mutter, dann in der flüchtigen Gegenwart der Zar-Jungfrau.

Die Psyche ist freundlich, wie sich erweisen wird, wenn sich die Handlung des Märchens entfaltet. Solange man ihr nicht mehr abverlangt, als ein expandierendes Bewußtsein zu leisten vermag, wird sie keine Psychosen bilden. »Die Ewigkeit«, schreibt Blake in *The Marriage of Heaven and Hell,* »liebt, was die Zeit hervorgebracht hat«. Die Psyche wartet, bis die Zeit reif ist; sie wartet auf den rechten Augenblick, den die Griechen *kairos* nannten. Iwans expandierendes Bewußtsein ist Schritt für Schritt in der Lage, die Schrecken aus der Tiefe der Seele zu absorbieren und zu transformieren.

Ich habe einmal eine Frau dabei beobachten können, wie sie sich mit diesen Schrecken auseinandersetzte. Ich habe ihren Versuch gesehen, zum Zeichen ihrer Selbstermächtigung die Arme zu heben; ich habe ihren vergeblichen Versuch zu sprechen miterlebt; sie brach nur wie ein Häufchen Elend auf dem Boden zusammen. Und warum? Weil die Stimme der Mutter – darin der Nadel von Iwans Stiefmutter ähnlich –, der Frau von Kindheit an als falsche Stimme des eigenen Unbewußten eingeprägt, sie im trügerischen Gewand der Liebe noch immer peinigte: »Was glaubst du wohl, wer du bist? Du willst doch wohl nicht, daß sich deine Mutter deinetwegen schämen muß! Sei lieb und tu, was ich dir sage.«

Oft werden solche Worte nicht einmal ausgesprochen. Sie werden zwischen Mutter und Tochter unterschwellig verstanden und wirken im Alltagsleben wie etwas Selbstverständliches. Erst wenn eine Frau beginnt, mit der natürlichen Mutter in ihrem Innern Kontakt aufzunehmen, erst wenn sie in sich das zum Leben erweckt, was sie zuvor nur als tot erlebt hatte, ist sie stark genug, die innere Stimme des Schattens, der Stiefmutter, zu erkennen, von der sie beständig erniedrigt wird. Erst wenn ihr Ego durch das Wiederauftauchen ihrer natürlichen Mutter stark genug geworden ist, kann sie nachdrücklich antworten: »Du bist nicht meine eigene Stimme. Du bist es nie gewesen. Ich lasse mich von deinem Gift nicht länger schwächen.« Wenn sie den Schmerz in sich aufnimmt, erlebt sie die Transformation der negativen in die positive, die wahre Mutter – ein Mutterbild, das auch in den Tiefen der unbewußten Ängste bereits vorhanden war. Energie läßt sich nicht zerstören, sondern nur verwandeln. Das ist das erste Gesetz unserer Psyche.

Und je mehr Bewußtsein eine Frau entwickelt, desto eher lernt sie, ihre Wut in Grenzen zu halten. Denn sie weiß nun, daß die lebensverneinende Stimme weder speziell ihrer Mutter noch ihrer Großmutter noch irgendeiner anderen Frau aus der langen Abfolge früherer Generationen gehörte, die alle keinen Ausweg aus ihrer Gefangenschaft gesehen hatten. Alle diese Frauen hatten die Verurteilung des Weiblichen im Schöpfungsbericht der Bibel hingenommen. Viele hatten darin nicht einmal eine Verurteilung gesehen, sondern akzeptiert, daß sie als Verkörperung der Erde mit der Schlange im Bunde standen, die auf der Erde kroch, und daß sie Gefährtinnen des Satans waren. Erde, Schlange und Satan aber sind böse. Mutter Erde ist gegenüber dem Geist zweitrangig. Darum ist auch das Weibliche gegenüber dem Männlichen zweitklassig, zum Dienst am Manne geboren. John Milton hat es in seinem Epos *Paradise Lost (Das verlorene Paradies)* knapp auf den Punkt gebracht:

Er nur für Gott, sie für den Gott in ihm.

In »Zar-Jungfrau« ist diese kulturell verkörperte Negativerfahrung des Weiblichen in der Stiefmutter personifiziert. Weil sie aus sexueller Habgier Iwan besitzen will, schneidet sie ihn vom Weiblichen in seinem Innern ab, welches sich ihm dreimal kurz präsentiert, aber jedesmal durch die Nadel, die Iwan auf Geheiß der Stiefmutter in den Kragen gesteckt wurde, ins Vergessen abgedrängt wird. Was Iwan noch nicht weiß, ist,

173

daß – im Gegensatz zur unnatürlichen, eifersüchtigen, sexuellen Liebe der Stiefmutter – das natürliche Weibliche in seinem Innern, gerade erst zum Vorschein gekommen, ihn schon sein ganzes Leben lang wirklich liebt – schon seit der Empfängnis im Leib seiner Mutter.

Die negative Stimme, die uns einflüstert, wir hätten kein Recht, Freude zu empfinden, kann vom Vater eines Menschen stammen, aber auch von seiner Mutter. In seelischen Tiefenschichten ist diese innere Stimme mit der negativen Seite der Großen Mutter assoziiert, deren Kinder wir alle sind. Waren bereits unsere menschlichen Eltern von der vibrierenden Lebenskraft und Lebensfreude in ihrem Blut abgeschnitten, dann tragen auch wir diesen Dämpfer in uns. Würde unser inneres Feuer normalerweise hoch auflodern, so wird es durch diesen Dämpfer klein gehalten oder erstickt. Denn es gilt: Die Mutter ist Trägerin der Lebenskraft, die in unserem Blut pulsiert.

Dieses schmerzliche Erwachen zum verlorenen Weiblichen, das in der Stiefmutter dämonisch parodiert erscheint, enthält – als Schmerz – bereits die Anfänge des Heilungsprozesses. Der Schmerz hat auch seine positive Seite. Mit zunehmendem Bewußtsein gewinnt diese Einsicht immer mehr Raum. Diesem seelischen Prozeß sind wir alle unterworfen, wenn wir Ganzheit je bewußt erreichen wollen. Das Paradies muß erst verlorengehen, ehe es bewußt wiedergewonnen werden kann.

Beim Lesen der Geschichte erkennen Männer in Iwans Ringen mit dem Weiblichen in seinem Innern vielleicht den schmerzlichen Vorgang des Erwachens und Reifens ihrer eigenen Männlichkeit. Männer müssen erst ein stabiles Verhältnis zu ihrer eigenen Männlichkeit haben, ehe sie sich dem Weiblichen in ihrem Innern öffnen können. Dieses Thema hat Robert Bly in *Eisenhans* ausführlich behandelt. Aber dort ging es in erster Linie um Männer, die sich der weiblichen Seite ihres Wesens schon geöffnet hatten, ehe sie mit ihrer Männlichkeit ins reine gekommen waren.

Frauen könnten, wenn sie um die Wiedergewinnung ihrer verlorenen Weiblichkeit kämpfen, einen ähnlichen Reifungsprozeß bezüglich der männlichen Seite ihres Wesens erkennen. In ihren Träumen finden die meisten Frauen ihre Wurzeln in einem stark weiblich geprägten Behälter mit starker Verbindung zur Guten Mutter, ehe sie jenen Wegabschnitt in Angriff nehmen, der sie zum Männlichen in ihrem Innern bringen wird. Je stärker die Beziehung zum eigenen Inneren wird, desto mehr werden die beiden Energien, das Weibliche und das Männliche, gestärkt, die wie die beiden Schlangen am Äskulapstab, dem Emblem der Mediziner, miteinander verschlungen sind. Sie interagieren und gewinnen dabei beide an Stärke, während die innere Beziehung ständig schwankt. In dieser Interaktion werden sich, im guten wie im bösen, auch eigene frühkindliche Erfahrungen mit beiden Elternteilen widerspiegeln.

Wenn sich dieser Prozeß im Zusammenleben von zwei Menschen abspielt, ist er wie ein steter Tanz. Wie die »Augenstrahlen« zweier Liebender, die – so sagt es der englische Barockdichter John Donne – beider Augenpaare »auf einer doppelten Schnur verflechten«, muß das Paar ständig auf subtile Akzentverschiebungen im Miteinander achten und reagieren. Die beiden »Tanzpartner« müssen sich gegenseitig daran erinnern, daß jeder das ganze Leben Zeit hat, um die Ehe der beiden Prinzipien im eigenen Innern herbeizuführen. Sind beide Partner bereit, in gleichem Maß an ihrer Beziehung zu arbeiten? Wurde die Beziehung vom Schicksal als Werk des Unbewußten herbeigeführt, oder war sie ein menschlicher Fehler? »Alles – ist der Preis von allem«, sagt Emily Dickinson in einem ihrer Gedichte. Es kann nicht nur ein Partner die Beziehungsarbeit verrichten, die beide tun müssen.

Viele Frauen weisen darauf hin, daß sie anscheinend weit mehr als ihren Anteil übernehmen müssen, um das nötige Bewußtsein in eine Beziehung einzubringen: »Warum muß ich denn diese Verantwortung übernehmen?« Dazu kann ich nur sagen: »So ist das leider bei den Menschen. Eva brachte Adam zum Baum der Erkenntnis von Gut und Böse, auch wenn man es ihr nicht dankte, und jetzt bringt sie ihn zum anderen Baum, dem Baum des Lebens – und dafür wird sie, zumindest kurzfristig, wahrscheinlich noch weniger Dank ernten.«

Der Prozeß, um den es hier geht, ist ein Dialog zwischen Bewußtsein und Unbewußtem – ein göttliches Geheimnis, das jedem einzelnen sein Selbst enthüllt, und auf Gegenseitigkeit auch das des anderen. Ob die äußere Ehe menschlich erfolgreich sein kann, hängt von der inneren Ehe ab, die aus dem archetypischen Material des Unbewußten geschmiedet wurde. Dabei wird die äußere Ehe zum menschlichen Ausdruck zweier innerer Ehen, die zueinander in Beziehung treten. Sie ist äußerer Ausdruck eines inneren göttlichen Lebens. Gibt es in der Beziehung kein Bewußtsein für dieses göttliche Leben, an das man sich in der Krise hilfesuchend wenden kann, dann kann sich das Paar auch auf Lösungen verständigen, die zunächst nur Flickwerk und vorläufig sind. Dabei beinhaltet die Bezeichnung »Flickwerk« kein negatives Urteil. Die »Fülle der Zeit« ist im Reich des Unbewußten Tatsache. Die Natur hat bei Reifeprozessen ihre eigenen Gesetze. Ist die Zeit noch nicht reif, muß eben eine vorübergehende Lösung gefunden werden.

Ich habe das göttliche Geheimnis, das einem jeden von uns – einzeln und wechselseitig – sein Selbst enthüllt, in meiner eigenen Ehe erkannt, als ich nach fünfundzwanzig Ehejahren einmal beim Morgenkaffee aus meinem Sessel aufblickte und zum ersten Mal meinen Mann ohne archetypische Projektionen sehen konnte. Er stand in der Küche. Unter seinem alten Morgenmantel sah ich zwei spindeldürre Beine. Er mühte sich damit ab, ein Ei zu pochieren. »Das hätte ich aber viel besser gekonnt«, dachte ich, »viel, viel besser.« Und während ich in Gedanken versunken war, legte der Mann seine Hand auf einen Brotlaib und nahm ein Messer auf – ich sah ihn vor mir: ein menschliches Wesen, ganz auf seine Ernährung konzentriert. »Das ist die Hand«, dachte ich, »die ich so gut kenne, die Hand, die Tulpen pflanzt, Schreibmaschine schreibt, mich liebkost. Ich habe ihm das Leben schwergemacht; er hat mir das Leben schwergemacht. Und da sind wir nun, im siebzehnten Stock eines Wohnhochhauses in Toronto, draußen die schizophrene Welt, und in der Küche eine Heidenunordnung. Und wir sind immer noch zusammen. Er geht seinen Weg, so mutig er kann, und ich gehe meinen, so ehrlich ich kann.« Plötzlich wallte Liebe in mir auf. Ich liebte dieses Menschenwesen, das so völlig anders war als der Idealmann in meinem Innern – so großartig, völlig menschlich, unvollkommen. »Möchtest du noch etwas Kaffee, Marion?« – »Ja, gerne«, sagte ich.

Betrachtet man die Unterordnung des Weiblichen unter das Männliche, äußerlich als Unterordnung von Frauen in einer männlich bestimmten Welt erkennbar, im Zusammenhang der göttlichen Ehe des weiblichen und des männlichen Prinzips im Innern von Männern wie von Frauen, so erweist sich die Zweitrangigkeit des Weiblichen als schreckliche Lüge. Schon seit mindestens drei Jahrtausenden erdulden Frauen bewußt oder unbewußt ihre kulturell determinierte Rolle im Verhältnis zu den Männern – eine zweitrangige Rolle. Durch patriarchalische Erziehung wurde die männliche Seite in ihrem Innern verwundet. Auch die Männer blieben davon nicht unberührt, denn durch die dem Weiblichen zugeschriebene untergeordnete Rolle werden auch Männer kulturell und persönlich verkrüppelt: Eine schwach entwickelte weibliche Seite in ihrem Innern ist genauso schädlich wie eine schwach entwickelte männliche Seite im Innern von Frauen. Als Komplementärenergien sind das Weibliche und das Männliche aufeinander angewiesen, wenn eine natürliche Balance in den zwischenmenschlichen Beziehungen entstehen soll. Eine unterentwickelte weibliche Seite bei Männern bringt eine verzerrte, einseitige Männlichkeit hervor: den Militaristen, das Rädchen in der Firmenmaschinerie, den roboterartig Funktionierenden. Eine unterentwickelte männliche Seite bei Frauen bringt eine verzerrte, einseitige Weiblichkeit hervor: das Püppchen, das vorgibt, alles zu sein, was irgendein Mann in ihr sieht, oder den Drachen, ein Ungeheuer wie die sagenhafte Gorgo, die andere zu Stein erstarren ließ.

Was dabei herauskommt, ist unsere gegenwärtige Situation: ein Zusammenbruch in den Beziehungen zwischen Mann und Frau, ein Kollaps, der sich zum Zusammenbruch der normalen Abläufe in der natürlichen Ordnung ausweitet. Bewußt oder unbewußt hat die patriarchalische Lüge unsere jüdisch-christliche Kultur von der positiven, natürlichen Mutter abgeschnitten. Körperlich gesehen, hat sie Männer wie Frauen von ihrem ersten Chakra, dem Überlebenschakra, distanziert, jenem Energiezentrum, das im Perineum (dem Damm zwischen Geschlechtsteilen und After) lokalisiert ist und sinngemäß ausruft: »Ich liebe das Leben. Ich sehne mich nach Farben, Gestalten, Oberflächen. Ich sehne mich nach Sex, nach den üppigen Möglichkeiten alles dessen, was das Leben zu bieten hat. Ich bejahe das Leben. Ich bejahe das Leben mit all seinen Unvollkommenheiten, die sich zu einem Ganzen ergänzen. Ich liebe das Leben in seinem ständigen, fließenden Wandel. Ich akzeptiere den Tod als Teil des Lebens, der zum Wachstum beiträgt. Ich vertraue auf die Erneuerung in der Fülle des Lebens der Seele.« Zugegeben, das klingt wie ein Manifest, aber ich muß anscheinend so übertreiben, um überhaupt deutlich machen zu können, worin die klare Verbindung zum pulsierenden Blut der Großen Mutter besteht.

Hier liegt der Kern der Tragödie im Zentrum unserer Kultur: Viele der heute lebenden Männer und Frauen wissen gar nicht, daß sie vom eigenen Lebensquell abgetrennt sind – so wie Iwan durch die Nadel vom seinigen isoliert ist. Wenn ich mich mit dieser dunklen Periode in Iwans Wachstumsprozeß auseinandersetze, ertappe ich mich dabei, wie ich am liebsten schnell weiter voranschreiten würde. Aber ich weiß, daß ich noch eine Zeitlang dabei verweilen muß: so lange, bis die in dieser Phase unterdrückten Energien in mir – wie in der Erzählung – ihre eigene Befreiung inszeniert haben. Ich muß mich durch dieses Dunkel immer wieder hindurcharbeiten, so wie auch Iwan nicht darum herumkommt. Ein Märchen erfordert mehr als ein gelegentliches Vorlesen vor dem Schlafengehen. Kinder wissen dies unbewußt und bestehen darauf, daß man ihnen die Geschichte immer wieder vorliest, Abend für Abend, ohne auch nur ein einziges Wort zu verändern.

Vielen Menschen wird durch den Verlust der Verbindung zur eigenen Lebensenergie im eigenen Körper quasi die Lebensgrundlage entzogen. Patriarchalische Strenge und Verurteilung, die in Müttern und Vätern wirksam war, hat sie abgeschnitten und eine Spur der Verwundung auch in ihren Söhnen und Töchtern hinterlassen. Wenn auf ihre ganz natürlichen Wünsche und Sehnsüchte immer nur die Reaktion »Nein!« kam, haben sie sich allmählich von Lust und Begehren, lokalisiert im Überlebenschakra, distanziert, um den Eltern zu gefallen. Im Kleinkindalter gibt es keinen Unterschied zwischen Begehren und Bedürfnis. Als Erwachsene schauen solche Menschen dann erstaunt andere Leute an, die das Leben zu lieben scheinen, und wundern sich, daß es bei ihnen nicht so ist. Schon als Kinder geben sie vor, aus eigenem Antrieb auf andere zuzugehen. Doch der Ursprungsort dieses Begehrens ist der falsche: Ihre Wünsche kommen nicht aus den *natürlichen* Instinkten, und darum können diese Instinkte auch nicht befriedigt werden. Weil ihre Körper keine Wünsche zum Ausdruck bringen, die aus natürlichen Instinkten kommen, verfallen sie auf unnatürliche Begierden, Sehnsüchte, Formen der Sucht, denen sie nicht gewachsen sind. Sie werden Getriebene, Abhängige. Sie verlangen nach Essen, das sie nicht nährt, Getränken, die ihnen keinen Geist zuführen, Sex, der ihnen keine echte Vereinigung bringt. Weil ihre Kultur das Materielle verehrt und die Rolle der Seele völlig herunterspielt, konkretisieren sie alles metaphorisch Gemeinte und reduzieren das Leben auf oberflächlich Faktisches, auf Buchstabengenauigkeit. Sie hungern ja wirklich und sehnen sich nach Nahrung – aber nach *Seelen*nahrung. Sie hungern nach Freundlichkeit, nach *Mutter*nahrung, die sie wieder in Verbindung bringt mit dem ursprünglichen Ziel ihres Lebens, das ihnen bei der Geburt mitgegeben wurde. Sie dürsten nicht nach geistigen Getränken, sondern nach dem Geist, sie sehnen sich nach Vereinigung und Einheit. Es verlangt sie nach einer Verbindung zu ihren eigenen Wünschen, zu ihrer eigenen Lust, die aus den Wassern des Lebens in ihrem Unterleib entspringt. Diese schreckliche Verleugnung ihres eigentlichen Wesens ist im Bild der trügerischen Stiefmutter gegenwärtig, die ja die Abwesenheit der natürlichen Mutter personifiziert.

Die natürlichen Wünsche und Begierden, im Unbewußten unterdrückt, melden sich in Träumen zu Wort – und im Märchen. In Träumen beißt etwa ein geliebter Hund wiederholt den Träumenden, trompetet ein Elefant wie wild in einem winzigen Garten, siecht ein Baum dahin und stirbt. Die Natur ist hier – wie Hamlets Hofstaat in Dänemark – schief, verquer, »aus den Fugen« geraten. Der Träumende kann ihr »bizarres« Verhalten nicht ohne weiteres verstehen.

Werden die Träume ignoriert, so hören sie schließlich auf, und der Konflikt sinkt ins Unbewußte. Dort kann er sich körperlichen Ausdruck verschaffen, psychosomatisch werden: Die Psyche verwandelt sich in den Körper oder umgekehrt. Da Iwan auf die Zar-Jungfrau nicht reagiert, spielt sich die Geschichte fortan auf tieferen Ebenen des Unbewußten ab. In der psychischen Realität der Erzählung sind Iwans Abenteuer nichts anderes als die Ganzwerdung, die sich entfaltenden Stadien der Seelenreise zur Ganzheit. Weit entfernt davon, reine Tortur oder Strafe zu sein, stellen sie einen Heilungsprozeß dar. Vieles, das ansonsten wohl unbewußt bleiben würde (etwa ein Todeswunsch), wird ins Bewußtsein gehoben – ein Vorgang, nach dem sich die psychischen Abenteuer als Symptome eines Ungleichgewichts geradezu gesehnt haben. Man kann sie bei genauem Hinhören fast schreien hören: »Laß mich raus! Bring mich ins Bewußtsein!« Ein solcher Schrei hallt jetzt rund um den Globus wider: Es ist das Plädoyer unseres Planeten, zur Kenntnis zu nehmen, daß er nur *ein* Leben hat.

Am Ende muß Iwan, wie in allen Märchen üblich, aufwachen und die Wahrheit in seinem eigenen Unbewußten zur Kenntnis nehmen. Im Leben können wir durch ein solches Geschehen dermaßen überwältigt werden, daß wir wie Iwan nicht mehr wissen, ob wir vom Zwang getrieben oder aus eigenem freien Willen handeln (Frage der Baba-Jaga). Stellt man uns diese Frage, während wir uns anscheinend irrational verhalten, kommt sie einer Aufforderung gleich, dieses unser Verhalten unter die Lupe zu nehmen – mit dem Ziel, darin Verborgenes aufzuspüren (so wie die Zar-Jungfrau lange vor Iwan verborgen war). Der Antrieb, der verborgen bleibt, heißt Zwang; der Antrieb, der enthüllt wird, Freiheit. Mit der Frage der Baba-Jaga ergeht an Iwan die Einladung, seine eigene Freiheit zu reklamieren, und diese Freiheit ist nichts anderes als sein eigenes authentisches Leben. Das authentische Leben ist die Verwandlung von Zwang in Freiheit, ohne daß dabei die dem Zwang innewohnende Energie verlorenginge.

Die Beziehung von Männern zur positiven, natürlichen Mutter ist etwas anders gelagert als die von Frauen – einfach, weil sie in männlichen Körpern zu Hause sind. Nach meinen beruflichen Erfahrungen mit Männern zu urteilen, sind sie jedoch genauso tief von ihrer *mater* (so das lateinische Wort für »Mutter«) getrennt wie Frauen. Viele haben ihre Knabenzeit damit verbracht, »der liebste kleine Junge auf der Welt« zu sein und zu versuchen, allen an sie gerichteten Ansprüchen gerecht zu werden. Doch nun können sie, da sie ihren Körper immer gestählt, ihre Schultern immer so gerade gehalten haben, einfach nicht mehr loslassen und sich fallen lassen. Ihre Muskeln sind so verspannt und blockiert, daß sie die Gefühlswerte in ihren Eingeweiden einfach nicht mehr empfinden können. Sie sind buchstäblich vom eigenen Erleben im eigenen Körper abgeschnitten. Wie der von der Nadel gestochene Iwan sagen sie: »Ich versichere ihr zwar, daß ich sie liebe, aber ich spüre unterhalb meines Halses einfach nichts von dem, was ich sage.« Wenn ich an Iwan denke, muß ich auch an den impotenten Fischerkönig denken, dem ein Speer die Hoden durchbohrt, während der Heilige Gral vorüberzieht – so wie die Zar-Jungfrau an Iwan vorbeizieht.

Der Verlust der Beziehung zur positiven, natürlichen Mutter steht im Zentrum all dieser Leere. Ich möchte noch einmal ganz klar sagen, daß es mir hier nicht darum geht, auf Mütter – oder auch auf Väter (wegen ihres Mangels an weiblichen Zügen) – einzuschlagen. Die meisten von uns hatten Eltern, die ihr Möglichstes getan haben, um uns das Leben so gut wie möglich einzurichten. Aber sie konnten uns nicht geben, was sie selbst niemals empfangen hatten; und das gilt auch für ihre eigenen Eltern, deren Eltern, und so weiter. Wenn wir daran arbeiten, eine eigene Verbindung zur Vitalkraft im eigenen Körper herzustellen, verändert sich vielleicht auch etwas im Unbewußten unserer Eltern. Manchmal werden wir zu unserer ungeheuren Überraschung ihre Brüder und Schwestern – eben weil wir alle von patriarchalischen Wunden geschädigte Kinder sind.

Ohne die Sicherheit einer weiblichen Liebe, die dem Leben im Körper vertraut und die deshalb offen und in der Lage ist, dem Leben zu vertrauen, lernen wir nur, Angst vor dem Leben selbst zu haben. Schon als Kinder bauen wir dann auf falschen Fundamenten – darauf wird oft in Kinderliedern angespielt, etwa wenn London Bridge einstürzt oder Humpty Dumpty auseinanderfällt. Und als Erwachsene suchen wir dann noch mehr Sicherheit durch opulente Besitztümer.

Wir sind eine Gesellschaft, die wegen ihrer Habgier berühmt ist. Wenn wir keine innere, liebevolle Beziehung zur Großen Mutter haben, dann nehmen wir eine entfremdete Mütterlichkeit wörtlich und bewegen uns nur noch im Vordergründigen, Oberflächlichen. Aus Mutter wird *mater*. Wir häufen ganze

Berge materieller Besitztümer an und versuchen so, unser eigenes Sehnen nach der Göttlichen Mutter zuzudecken und zu übertönen. Ironischerweise sind wir Materialisten, im wesentlichen eine *matriarchalische* Gesellschaft, die das Goldene Kalb in ihrer Mitte verehrt. In Abwesenheit der natürlichen Mutter ergreift die Gier der Stiefmutter, auch ihre sexuelle Gier, das Regiment. Iwan unter der Kontrolle der Stiefmutter – das ist nichts anderes als eine Metapher für unsere gegenwärtige Gesellschaft.

Der Verlust des natürlichen Vaters

Iwan hat keine Verbindung zu seiner natürlichen Mutter, und sein positiver, natürlicher Vater ist drauf und dran, ihn auf Gedeih und Verderb in der Obhut der Stiefmutter und eines Hauslehrers zu lassen. Ohne Vater zu sein, der die Seele unterstützen kann, heißt, verlassen und ohne männliches Vorbild zu sein, ohne inneres Ordnungsprinzip. Ein Mann, der mit seinem Vater noch nicht innerlich eins geworden ist, hat möglicherweise Angst vor älteren Männern und deren Autorität. Er kann aber auch als ewiger Rebell gegen alles, wofür ältere Männer stehen, enden. Auf jeden Fall beurteilt er sich selbst mit den Augen anderer Männer oder seiner patriarchalisch geprägten Mutter. Er reift nicht durch eigene Authentizität – ein Verlust, mit dem sich Robert Bly in *Eisenhans* aus der Sicht des Mannes auseinandergesetzt hat.
Eine ebenso große Lücke klafft in diesem Fall in der Psyche der Tochter. Diese Lücke hat zwar nichts mit dem Kernthema unserer Erzählung zu tun, aber sie stellt gleichwohl in Iwans Verhältnis zum Weiblichen ein unterschwelliges Problem dar. Wenn er ohne Vater ist, verhält sich auch die weibliche Seite seines Wesens möglicherweise wie eine vaterlose Tochter, die die Männlichkeit idealisiert. Seine Projektionen könnten dann auf eine perfekte, unerreichbare Frau fallen,

nach der er sich in Sehnsucht verzehrt. Eine Frau, deren männliche Seite durch Abwesenheit eines positiven, natürlichen Vaters geschädigt ist – sei diese Abwesenheit nun durch Alkoholismus, Scheidung oder Tod bedingt oder auch durch Unfähigkeit des Vaters, ihre Realität zu erkennen –, eine solche Frau hat wahrscheinlich Angst, sich entschieden zu äußern, besonders Männern gegenüber, die väterliche oder patriarchalische Werte repräsentieren. Shakespeares Ophelia etwa gehorcht, als ihre Reife auf dem Prüfstand steht, blind ihrem Vater – ganz anders als Iwan, der seinen Säbel dazu benutzt, den mutterhörigen Kopf des destruktiven Patriarchen einfach abzuschlagen. So verrät auf ihre Weise Ophelia Hamlet – den Mann, der sie hätte lieben können, wäre er nicht auf gleiche Weise an einen geisterhaften Vater gebunden gewesen. Allmählich verliert sie den Boden unter den Füßen, »als ob sie nicht die eigne Not begriffe«, und ertrinkt in den schlammigen Fluten des eigenen Unbewußten. Eine solche Frau könnte ihre Rolle dadurch akzeptieren, daß sie fortwährend Papas kleine Prinzessin und/oder die Mutter für ihren Gatten spielt, der dann auf die Rolle eines kleinen Jungen verwiesen ist. Ihre eigene Realität kommt in solchen Beziehungen nirgends auch nur in die Nähe des Bewußtseins, weil sie in einer Phantasiewelt radikaler Gegensätze lebt. Im Märchen ist sie die Schwanenjungfrau: von exquisiter Schönheit, aber mit Flügeln gestraft.

Eine der tiefsten Wunden für eine Frau mit einem abwesenden oder geisterhaften Vater ist ihre Idealisierung ebendieses Vaters. Ohne einen Papa, der ein realistisches männliches Gegengewicht zu ihrer kindlichen Idolisierung der Männer bildet, kann sie immer vor sich hin phantasieren: »Wenn Papa doch nur hier wäre, dann wäre alles in Ordnung.« Im Erwachsenenleben vergiftet die Phantasie ihre Beziehungen, weil »Papa«, wenn er in Gestalt ihres Mannes oder Liebhabers nach Hause kommt, nicht so perfekt ist, wie sie sich das schon ihr ganzes Leben lang gewünscht hat. In ihren Träumen gehört sie einem Phantasievater, und jeder Mann, der sie liebt, muß damit rechnen, daß dieser Vater früher oder später sagen wird: »Der ist für dich nicht gut genug!« Kühlt das die lebendige Beziehung noch nicht hinreichend ab, so könnte ein weiterer Traum ins Spiel kommen, in dem die Vaterfigur den Liebhaber tötet. Kann sich die Frau danach nicht schnellstens bewußtmachen, was da abläuft, droht ein Bruch der Beziehung. Und abermals wird sie verlassen sein und sich fragen, warum ausgerechnet sie immer allein bleibt. Übersetzt in die psychische Handlung von »Zar-Jungfrau« heißt das: Iwans unbewußte Idealisierung der Jungfrau könnte eine Kombination seiner Sehnsucht nach der positiven, natürlichen Mutter mit seiner Projektion von Papas kleiner Prinzessin sein. Hätte er nicht die bewußte Konfrontation mit dieser Idealisierung gewagt, hätte er nicht mit Nachdruck darum gekämpft, sie ins Bewußtsein zu bringen – ein Kampf, der sich übrigens auch in der Zar-Jungfrau selbst wiederholt –, so wäre Iwan wohl das Schicksal Ophelias letztlich nicht erspart geblieben.

Der tiefste Verlust für die vaterlose Tochter ist allerdings ihre verwundete Sexualität. Ein kleines Mädchen, das mit dem Vater nicht spielerisch flirten kann, verpaßt die allmähliche Anerkennung ihres erotischen Potentials. Außerdem ist sie von der täglichen Intimität mit dem Unbewußten ihres Vaters abgeschnitten, somit auch von der liebevollen Vertrautheit mit der männlichen Seite in ihrem Innern. Eine solche Intimität kann zwar zu psychischem Inzest führen, sie kann aber auch das Verbindungsglied zwischen ihrer Weiblichkeit und ihrer eigenen inneren Männlichkeit werden. Solche Intimität ist die starke Brücke zu ihrem eigenen kreativen Geist – stark genug, auch die Wildheit des kreativen Chaos auszuhalten. Und die starke Brücke zu einem liebevollen geistigen Führer, einem guten Geist (den die Griechen *daimon* nannten und der sich durchaus von einem Dämon unterscheidet), der ihr Bräutigam wird bei der Hochzeit von Weiblichem und Männlichem in ihrem Innern. Wenn sie sich dem Fluß dieses Transformations-

185

prozesses anvertrauen kann, wird sie eines Tages ihren Vater-
komplex als wichtigen Wegbereiter feiern.

In unserer Erzählung ist die vaterlose Tochter ein wichtiger
Bestandteil, weil sie sich bei ihrer spirituellen Suche so schnell
Flügel wachsen lassen kann, weil sie die Erde hinter sich lassen und zur Schwanjungfrau werden kann. Ebendiese Qualität würde einen Jungen anziehen, der sich nach der Vollkommenheit göttlicher Weiblichkeit sehnt. Irgendwo in seinem
Innern hält Iwan das Weibliche aus dem Leben heraus, indem
er es einerseits idealisiert, andererseits dämonisiert. Doch in
beiden Fällen kann ihn das Weibliche »in Stücke reißen«. Wir
müssen sehen, wie die nicht entwickelte weibliche Seite in
Iwan aussieht, damit wir verstehen können, was er unternehmen muß, um von diesen Begrenzungen befreit zu werden.
Solange er das Weibliche dadurch idealisiert, daß er ihm ein
menschliches Leben verweigert, muß die Zar-Jungfrau sich in
seinem Unbewußten versteckt halten. Seine Aufgabe besteht
nun darin, seine tote Mutter loszulassen, damit aus der Toten
seine eigene Braut geboren werden kann. Die Zar-Jungfrau ih-
rerseits, das Weibliche in Mann und Frau, muß ihren eigenen
Platz finden: in der *mater* und in der Männlichkeit, die ihr zugetan ist.

Der Verlust der natürlichen Mutter und des natürlichen Vaters

In Abwesenheit der positiven Mutter ist Iwan von ihrer unbewußten Gegenwart abhängig, die untergründig in der Stiefmutter verkörpert ist. Diese Vertrautheit mit dem Unbewußten macht ihn außergewöhnlich empfänglich für dessen Zau-
berkraft. Diese seine Illusion kann ihn zerstören, sie kann
sich – im Einklang mit den Gesetzmäßigkeiten der gesunden
Psyche – aber auch zu einer wahrhaft menschlichen Bewußtheit weiterentwickeln.

Sein Vater hat ihn in der Obhut eines Hauslehrers zurückgelassen, der in den Diensten von Iwans Stiefmutter steht. Ohne ein positives äußeres Vorbild des Männlichen und des Weiblichen und unter dem äußerlichen Zwang, sich zwei wie Parodien anmutenden Ersatzlösungen zu unterwerfen, muß Iwan sich völlig auf das verlassen, was C. G. Jung archetypische Figuren nennt: Figuren, die in den Bereich des kollektiven Unbewußten gehören. Dabei spiegelt sich in Iwans Situation der Zustand eines großen Teils der Menschheit am Ende des 20. Jahrhunderts.

Weil man ihm menschliche Vorbilder für das Männliche und das Weibliche in der irdischen Welt vorenthält, muß Iwan dies dadurch kompensieren, daß er sich in eine zeitlose Welt begibt – in die Welt des Märchens. Der Abstieg, zu dem Iwan gezwungen ist, nachdem er die Möglichkeiten seines zeitgebundenen, irdischen Zustands ausgeschöpft hat, führt in das Reich der übernatürlichen Wesen, der realisierten menschlichen Natur, das wir von frühester Kindheit an fortlaufend erforschen müssen. Denn dort stoßen wir auf den »Diamant-Leib«.

In diesem Reich kann die Stiefmutter, wie wir sie besprochen haben, durchaus gewalttätige Ausmaße annehmen – als große Muttergestalt, die das sich zeigende männliche Ego zu verschlingen droht.

Der männliche Kampf wird somit zu einem Ringen mit dem Ziel, sich von der verschlingenden Mutter als einer Macht, welche die Männlichkeit unablässig bedroht, zu befreien. Als Resultat ihrer eigenen kulturellen Prägung sind viele Männer, was das Verhältnis zur weiblichen Seite in ihrem Innern angeht, in derselben Lage wie Iwan, der sich mit seiner trügerischen Stiefmutter auseinandersetzen muß. Und was ist nun schlimmer: eine tote Mutter oder eine hinterlistige Stiefmutter? Irgendwo zwischen den beiden bleiben viele Männer in einer prekären Lage hängen: Ihre weibliche Seite ist entweder tot oder trügerisch. Ihre gefährliche Reise kann nicht mit einer Hochzeit im Innern enden, weil sie das Weibliche in sich als zu arglistig empfinden, um sich mit ihm verbinden zu können.

Die individuelle Beziehung der Männer zum Weiblichen hat sich längst zu einer kollektiven Einstellung dem Planeten Erde gegenüber ausgeweitet. Technokraten haben Mutter Erde vergewaltigt, mit Giften angefüllt und ihre natürlichen Rhythmen gestört – bis zum Gehtnichtmehr. Nun wehrt sie sich mit Vergeltungsaktionen und Ausbrüchen, die ihre blinden Peiniger dazu zwingen, die Augen zu öffnen und zur Kenntnis zu nehmen, was sie ihr, nur um die eigene Gier zu befriedigen, im wilden, hektischen Eifer alles antun. Diese beunruhigende Situation ist zum großen Teil das Ergebnis eines mißverstandenen Sonnenmythos, der dem Männlichen eine heroische Statur verleiht, die uns Menschen nun allesamt mit Vernichtung bedroht.

So düster und beunruhigend dieses Bild der als Vorbild abwesenden Eltern auch ist, das Märchen »Zar-Jungfrau« bietet uns eine kompromißlose, aber hoffnungsvolle Standortbestimmung an. Hier geht es weder um leichte Unterhaltung noch um eine Flucht vor der Wirklichkeit, die so oft in modernen Cartoon-Versionen klassischer Märchenerzählungen vorherrschen. Wenn wir wollen, können wir unseren einzigartigen Platz in der Geschichte akzeptieren. Wir haben inzwischen den Punkt erreicht, an dem Männer und Frauen nicht länger gegeneinander kämpfen wollen. Wenn wir aufwachen und die Dynamik der Geschlechterrollen in unserem Innern zur Kenntnis nehmen, dann können wir unsere Beziehungen ebenso verändern wie unsere Umwelt und die Zukunft unserer Kinder.

Ein verwundbares Triumvirat:
Macht ohne persönliche Gegenwart

Wie Träume vermitteln Märchen ihre Einsichten durch miteinander verbundene Bilder. Deren Zusammenhang mag zwar nicht auf Anhieb erkennbar sein, aber das Muster hat seine eigene kohärente Infrastruktur. So verkörpern zum Beispiel in »Zar-Jungfrau« der Hauslehrer, die Stiefmutter und Iwan drei unterschiedliche Energien, die zueinander in destruktiven Beziehungen stehen. Im Verlauf der Erzählung wird dieses destruktive Beziehungsmuster immer gefährlicher, bis der Hauslehrer getötet wird. Daraufhin verschwindet die Stiefmutter ebenfalls ins Unbewußte. Schritt für Schritt stärken die unterdrückten Energien, als Iwan sie aus diesen beiden Zusammenhängen herauslöst, in neuer Gestalt sein bewußtes Ich. Sich wandelnde Bilder beschreiben lebhaft die inneren Verschiebungen in der Seele. Dabei wird im Reich des kollektiven Unbewußten, zu dem dieses Märchen gehört und ein Teil dessen wir selbst ebenfalls sind, das natürliche Muster von Tod und Erneuerung durchgespielt.

Wie in einem Traum präsentiert uns die Erzählung sofort und ohne Umstände die Charaktere, die den Konflikt austragen werden, der sich aus der Eingangssituation ergibt. Der Konflikt steigert sich bis zu einem Höhepunkt. Eine verblüffende Wende treibt die Handlung weiter voran, bis zu einem neuen Ort der Ganzheit. C. G. Jung glaubte, daß es in der Psyche einen natürlichen Drang zur Ganzheit gibt. Wenn wir dem Traumprozeß folgen und versuchen, die Botschaften aus dem Unbewußten auch auf andere denkbare Weise zu verstehen, werden wir zu Menschen und Situationen geführt, die uns helfen oder uns gar dazu zwingen, uns mit Teilen unserer Persönlichkeit auseinanderzusetzen, die wir im Zeichen der Ganzwerdung integrieren müssen. Wenn wir mit der Schar der Charaktere in unserem Innern Zwiesprache halten, können wir dabei ganze Menschen werden.

Wie in einem Traum ist auch in »Zar-Jungfrau« alles Bestandteil eines Ganzen; jeder Charakter und jedes Ding steht für eine bestimmte Energie in unserem Körper und unserer Psyche, die Teil eines Beziehungsgeflechts anderer körperlicher und psychischer Energien ist. Energien können sich gegenseitig anziehen oder auch abstoßen. Das Unbewußte neigt dazu, Partner zusammenzuführen, die beide unter komplementären seelischen Wunden leiden und sich unter Umständen gegenseitig heilen können. Wir glauben zwar, daß wir bei der Heirat unsere eigene bewußte Wahl treffen, aber unser Ego hat eigentlich kaum eine Wahl, wenn sich die leidenschaftlichen Energien des Unbewußten an unseren wundesten Punkten – dort, wo es am meisten schmerzt und wo das größte Heilungspotential besteht – magnetisch anziehen. Was in Individuen und in der Konstellation zwischen ihnen auf der Ebene des Unbewußten vorgeht, entscheidet über den Ausgang der Beziehung. Heimliches Einverständnis und unbewußtes Zusammenspiel – das ist oft jene Dynamik, die sowohl anzieht als auch abstößt.

In »Zar-Jungfrau« macht Iwan in Abwesenheit seiner positiven, natürlichen Eltern mit den Ersatzeltern unbewußt gemeinsame Sache, indem er auf sie reagiert, als wären sie seine wahren Eltern. Dadurch, daß er handelt, als wäre er ihr Sohn, wird er ihr Opfer. In seiner Psyche wird er zum Waisenknaben in der Gewalt von Ersatzeltern, die ihn nicht lieben, weil sie Liebe niemals selbst erfahren haben. Diese Leere aber ist es, die das Triumvirat verwundbar macht.

Wir müssen hier einen Augenblick innehalten und uns mit dem Begriff des »Unbewußten« beschäftigen, weil viele von uns, oft sogar nach jahrelanger Therapie, den Splitter im eigenen Auge nicht sehen können. Wir verstehen einfach nicht, warum die Menschen, die wir am wenigsten mögen, in unseren Träumen vorkommen, und wir bestreiten, daß sie ein Teil von uns sind. Manche Leute bestreiten sogar die Existenz des Unbewußten und verspotten andere, die einfach wissen, daß es das Unbewußte gibt. Sie halten sich für die Herren des eigenen Schicksals und vertrauen darauf, daß sie mit ihrer Willenskraft alle Schwierigkeiten beseitigen können, wenn sie es nur nachdrücklich genug wollen. Doch je nachdrücklicher sie das Machtprinzip bemühen, um Kontrolle über das Unliebsame zu gewinnen, desto feindlicher verhalten sie sich gegenüber ihrem widerspenstigen Unbewußten. Wer zu diesem Verdrängungsmechanismus Zuflucht nimmt, bestreitet sowohl die Verwundbarkeit des Willens als auch die Stärke des Unbewußten.

Jeder Süchtige weiß, daß der Augenblick, in dem er die »allerletzte Zigarette« ausdrückt, genau jener Moment ist, in dem er mehr Verlangen nach einer Zigarette verspürt als je zuvor. Gegen seine Sucht anzugehen heißt, einer schwarzen Welle mörderischer Energie ausgesetzt zu sein. Die Sucht ist Symptom eines unbewußten Todeswunsches, der unbedingt ins Bewußtsein gehoben werden muß, wenn der oder die Betreffende jemals wieder ein freies Leben führen will. Das Unbewußte ist Teil unserer organischen Ganzheit. Wer es negiert und abtut, obwohl körperliche oder seelische Schäden bestehen, der handelt wie jemand, der eine bösartige Hautkrebsstelle einfach mit einem Pflaster zuklebt. Die Vitalität der Krebszellen, die ihrem eigenen Lebensgesetz gehorchen, wird sich am Ende unmißverständlich bemerkbar machen. Verdrängungsmechanismen verändern die Lage leider überhaupt nicht.

»Unbewußt« heißt ebendas: unbewußt. Wenn wir unbewußt handeln, wissen wir buchstäblich nicht, was wir sagen oder tun. Wenn wir uns zum Beispiel plötzlich dabei ertappen, wie wir unseren Kindern genau jene Weisheiten mit exakt denselben Worten verkünden, die wir bei unseren Eltern immer besonders gehaßt haben, wird uns unser Unbewußtes vielleicht schlagartig bewußt.

Im Zentrum des unbewußten Zusammenspiels im Märchen von der Zar-Jungfrau steht die Stiefmutter. In dieser Geschichte ist sie der gierige, lüsterne, machthungrige Teil unserer Weiblichkeit, den die meisten von uns nicht wahrhaben wollen oder auch nicht erkennen, weil er unbewußt bleibt. Die Stiefmutter hat die innere Verbindung zum eigenen männlichen Partner verloren und diese Energie – eine gefährliche Zeitbombe – auf Iwan gerichtet. Sie glaubt, sie liebe Iwan. Wehe dem jungen Mann, der bei dieser Version von Weiblichkeit ins Ränkespiel der Macht gerät! Wehe aber auch der Seele der Frau, die im Kerker dieser ebenso kaputten wie zerstörerischen Energie, im Kerker dieses Komplexes gefangen ist! Sie ist eine Seele, die vom eigenen Körper abgetrennt ist, und damit auch von ihrer eigenen Leidenschaft, Sinnlichkeit und Lebenskraft. Lust kann eine solche Frau in ihrem Innern vielleicht noch mit Macht in Verbindung bringen, aber Lust und Liebe passen in ihrem Verständnis nicht zusammen.

Die Stiefmutter ist gefährlich, weil sie verwundbar ist, und sie ist verwundbar, weil sie weder in ihrer eigenen Bilderwelt noch in ihrer eigenen Muskulatur verankert ist. Es ist sinnlos, mit ihr über die Seele sprechen zu wollen oder über Träume, Hauchkörper und Vorstellungskraft. Ihre Energie erschöpft sich in dem Versuch, alles und jeden in ihrer Umgebung kontrollieren zu wollen. Sie findet ihre Identität in der Macht (manchmal als Liebe bezeichnet) – in der Macht über ihren Körper, ihre Familie, ihre Freunde, ihren Garten. Ohne diese Kontrolle ist sie ein Nichts. Sie hat vielleicht Alpträume, in denen ihr Lieblingsvogel aus der Kindheit vorkommt, der in einem Schuhkarton auf dem Dachboden beerdigt ist. Wenn sie ihn herausnimmt und auf ihre Handfläche legt, sieht ihr das winzige Skelett in die Augen und wispert: »Ich wollte doch nur mein Liedchen singen.« Vielleicht erwacht sie dann und besinnt sich auf das Lied, das ihre Seele einst gesungen hat. Es kann allerdings auch sein, daß sie Gesangstunden nimmt, obwohl sie bereits für vieles andere schon keine Zeit mehr hat.

Die Stiefmutter-Energie nimmt in unserer Kultur überhand. Nichts gegen unsere Freude an körperlicher Fitneß, aber viele Menschen behandeln ihren Körper nur wie eine Maschine, die sie besonders gut beherrschen. Auf die Weisheit des Körpers zu hören, seine Bilderwelt zu beachten und diese Vorstellungen dann kreativ auszuleben – das gehört nicht zu unserem kulturellen Vokabular. Das Ergebnis ist, daß das Leben zum Sumpf wird, einem zweidimensionalen Sumpf, der von den eigenen Tiefenquellen der Liebe abgeschnitten ist.

Die Schattenseite der Mutter neigt zu der Aussage: »Schäme dich! Schäm dich, daß du das Leben genießt! Schäm dich, daß du den Wunsch hast, etwas Schöpferisches zu tun!« Diese Art zu denken nährt eine unbewußte Eifersucht auf all jene, die eine gesunde Lust haben. Wird diese Eifersucht, gepaart mit unbewußter Lust und unbewußtem Zorn, auf andere projiziert, besonders auf einen jungen Menschen, dann wird dieser gleichsam von einem vergifteten Pfeil durchbohrt. Er oder sie fängt an, wie in Trance zu agieren – unfähig, in irgendeiner Situation wirklich präsent zu sein, unfähig, Entscheidungen zu treffen, unfähig, das Leben in den Griff zu bekommen.

Iwan ist naiv, er hat seine Initiation noch vor sich. In Abwesenheit seines Vaters ist sein männliches Vorbild ein Hauslehrer, der wie eine Marionette von der Stiefmutter dirigiert wird. Sie sieht in ihrem Stiefsohn einen Ersatzliebhaber. In einem Traum könnte sich eine solche Situation zum Beispiel als kompliziertes Durcheinander von Spinnennetzen bildlich niederschlagen, geschaffen von einer verrückten Spinne.

Und doch ist das in vielen Häusern heutzutage durchaus keine ungewöhnliche Situation. Der Vater hat seine männliche Stärke verloren und ist in seine Schattenseite versunken. Seine väterliche Verantwortung hat er seiner Frau überlassen, die sich von ihrem Mann nicht länger geliebt fühlt und daraufhin die zerbrechliche Hülle des weiblichen Eros verläßt, um patriarchalische Macht zu übernehmen; die diese Macht dadurch aufrechterhält, daß sie die impotente Männlichkeit im eigenen Innern mit Alkohol betäubt – oder auch mit einem anderen Beruhigungsmittel, das dieser geheimen Übereinkunft zuträglich erscheint; die alle Hoffnungen ihrer Phantasie auf ihre eigene junge Männlichkeit setzt, ihren Sohn, auf den sie dadurch unbewußt einen vergifteten Liebespfeil projiziert und dem sie danach eine Nadel in den Kragen steckt – mit Hilfe ihrer impotenten Marionette, des Hauslehrers, der alles tut, was sie sagt, weil er infolge seiner eigenen unbewußten Wut ebenfalls betrunken ist.

Der letzte Satz ist übrigens absichtlich so lang und kompliziert. Ich möchte, daß er ein Abbild dieses sinnlosen Durcheinanders von Spinnweben ist, die sich auf hinterhältige Weise ineinander verdrehen.

Irgendwo in diesem komplizierten Gewebe haust eine psychotische Spinne, die es nicht wagen wird, auch nur in die Nähe des dissoziierten wunden Punktes zu kommen. Und das ist weiß Gott nicht jene Art von funktionaler Familie oder Kultur, in der wir freiwillig gerne leben würden! Die meisten von uns müssen gar nicht sehr weit suchen, wenn sie irgendeine Form dieser dysfunktionalen Spinne entdecken wollen: Es genügt ein kritischer Blick auf unsere Träume, auf die Verhältnisse am Arbeitsplatz oder zu Hause.

Es soll indes nochmals betont werden, daß es bei meiner Analyse keinesfalls um Schuldzuweisungen oder Verurteilungen geht. Wir können nicht hinter unseren geschichtlichen Ort zurück. Zwei Weltkriege, die den Idealen von mindestens vier Generationen die Kraft geraubt haben, die Atomkernspaltung, beispiellose Fortschritte der Wissenschaft, technologische Riesensprünge, elektronische Wunderwerke – all dies hat uns spirituell auf verbrannter Erde zurückgelassen. Die meisten von uns spiegeln als Mikrokosmen wider, was unsere Kultur als Makrokosmos bietet. Doch während wir uns durch die Dunkelheit dieses Übergangs ins nächste Jahrtausend bewegen, müssen wir unsere Ohren weit aufsperren.

Ein Kurzwellenradio kann nicht die gesamte Bandbreite der Frequenzen empfangen. Unsere Erfahrungen begrenzen unsere Wahrnehmung. Während ein Artikel über irgendeinen Einzelaspekt unserer dysfunktionalen Kultur leicht zu verstehen ist, wird ein Beitrag über die Abwesenheit der positiven Mutter in unserer Kultur – einer Kultur, die sich selbst zerstört, weil sie die Stimme der Großen Mutter nicht hören kann – wahrscheinlich als »Psychogeschwätz« abgetan werden, weil unsere Antennen auf eine andere Wellenlänge eingestellt sind.

Ganz tief im Innern kann eine solche Bewußtwerdung indes beträchtliche Ängste auslösen, die als Wut an die Oberfläche kommen: Wer mit der Abwesenheit der positiven Mutter im eigenen Leben konfrontiert wird – einer Abwesenheit, die zu schmerzlich ist, als daß man sie bewußt absorbieren und verarbeiten könnte –, der kann in eine totale Bewußtseinstrübung verfallen, sich mit einer Aufwallung negativer Energie identifizieren und zur Verteidigung seiner persönlichen Mutter (in Wirklichkeit nur einer Märchenstiefmutter, die nicht als solche erkannt wurde) in Zorn ausbrechen oder gar gewalttätig werden. Wenn wir von der Abwesenheit der positiven Mutter sprechen, schaffen wir damit nicht nur Raum für die negative Mutter, sondern wir beschwören sie geradezu herauf. Noch bei der Niederschrift dieser Worte kann ich das Zucken in meinem Bauch spüren, das in meiner Praxis heftig zum Ausbruch kommt, wenn die negative Mutter heraufbeschworen wird. Der Bauch versteht, was dem Kopf entgeht.

Teilnehmer an einem Intensivworkshop, bei dem die Seele die Möglichkeit erhält, völlig frei zum Ausdruck zu kommen, während der Körper wie in einer positiven Mutter-Kind-Beziehung liebkost wird, erleben oft, daß sie auf einmal hemmungslos weinen müssen, weil ihre Seele in der ihr eigenen Schönheit so anerkannt wird wie nie zuvor in ihrem Leben. Manchmal blockieren Teilnehmer allerdings auch und weisen »diese ganze Streichel- und Gefühlsscheiße« zurück. Sie fliehen, weil sie niemanden an sich heranlassen wollen. Den Panzer der Stiefmutter, der sie vor ihren eigenen Sehnsüchten schützt, soll niemand durchbrechen. Oft müssen wir uns die Frage stellen, warum wir uns so auf unseren Partner konzentrieren, der sich dermaßen vor Intimität fürchtet. Besteht hier ein untergründiges Zusammenspiel? Ist es möglich, daß wir da unsere eigene Angst projizieren?

Wir alle haben unsere eigenen Gründe für solche Blockaden. Es ergibt jedoch keinen Sinn, wenn wir tiefer in die Geschichte von Iwan und der Zar-Jungfrau eindringen, solange der Schlußstein fehlt. Und genau darum geht es in unserem Märchen: um das Leben mit der Stiefmutter, weil die natürliche Mutter fehlt. Man stecke die Nadel in den Kragen, trenne so das Gefühl vom Denken ab, nehme genug Schlafmittel oder Drogen, um einzuschlafen, damit man sich mit der Leere im Zentrum nicht auseinandersetzen muß – und auch nicht mit dem unbewußten Antrieb, sich das Leben zu nehmen, der im Zentrum der Sucht liegt, die uns langsam, aber sicher zerstört. Solange wir die tiefe Verbindung zu unserer eigenen Lebenskraft – zur Mutter Natur, zu unserer positiven Mutter – zurückweisen, wie können wir da unsere wahre Identität kennen? Und wie können wir wissen, daß wir sie verloren haben?

Die positive, natürliche Mutter ist kein Begriff, den man mit dem Kopf, intellektuell verstehen kann; es ist vielmehr eine Erfahrung, die mit jeder Körperzelle erlebt, erfühlt wird. Kinder, die neun Monate lang im Mutterleib gehegt wurden, haben ein Zellgedächtnis, das dem Leben vertraut. Wenn unsere Umgebung nach unserer Geburt ohne jede Be- oder Verurteilung widerspiegelt, wer wir sind, entwickeln wir keine tief eingeprägte Überzeugung, wir müßten unsere Existenz rechtfertigen. Auch rechnen wir dann nicht damit, jedesmal kritisch beurteilt zu werden, wenn wir versuchen, etwas zu tun.

Viele von uns projizieren unbewußt ständig unser eigenes kritisches Urteil auf alle anderen: auf jeden Lehrer oder jede Lehrerin, die unsere Klassenarbeiten korrigieren, auf die Eltern, auf jedes Publikum, vor dem wir sprechen, und auf jeden Partner, mit dem wir ein Zusammenleben versuchen. Unbewußt leben wir dann mit einer Nadel in unserem Kragen. Unsere eigene Stimme ist stranguliert. In der Bildersprache der Träume steckt unser Mund dann in einem metallenen Maulkorb, schwebt unser Kopf einige Zentimeter über dem Hals, ist unser Mund mit einem Schlangenkopf gefüllt oder unsere Zunge herausgeschnitten. Schlimmer noch, unser Körper ist abgestumpft, schon seit der Kindheit, und deshalb wissen wir nicht, was wir als Erwachsene sagen wollen.

Wenn wir, aus welchen Gründen auch immer, im Mutterleib unerwünscht waren, wenn wir das falsche Geschlecht hatten oder einen erfolglosen Abtreibungsversuch überlebten, dann tragen wir dieses Wissen in unseren Zellen. Wir wissen, daß unsere Mutter die Macht hatte, über unser Leben oder unseren Tod zu entscheiden. Wir wissen, daß unsere Zellen von dieser Mutter keine Resonanz verspürten. Und wenn wir dann erwachsen sind, verursacht dieses Zellgedächtnis eine körperlich-seelische Abstumpfung. Die Seele des Körpers versteinert geradezu, wenn sie plötzlich merkt, daß sie niemandem mehr gefällt, somit auch nicht länger liebenswert ist. Da droht vermeintlich sogar die Gefahr der Vernichtung.

Angst vor Vernichtung aber läßt Erwachsene Zuflucht zu kindischem Verhalten nehmen – sie tun dann wirklich alles, um anderen zu gefallen, indem sie niemals widersprechen, um den anderen ja nicht zu verärgern. Für sie ist Verärgerung gleichbedeutend mit Zurückweisung, und da schweigen oder lügen sie lieber, um bloß nicht zurückgewiesen zu werden. Wie auch immer, sie klammern sich an den Pulsschlag im eigenen Körper, indem sie dessen Gleichklang mit dem Pulsschlag der geliebten oder gehaßten Menschen herbeizuführen versuchen, so schwach die Resonanz auch sein mag.

Auf diese Weise schafft ein Mangel an positiver Resonanz mit dem Körper der Mutter eine chronische Angst, die in die Zellen des Kindes eingeprägt ist. Das ist die *körperliche* Angst, von der ich gesprochen habe – körperliche Angst, wie sie auch Menschen empfinden, die ein schlimmes Erdbeben mit all seinen Folgen und Nachbeben erlebt haben. Ein Körper, der nicht im Vertrauen auf die Große Mutter solide gegründet ist, lebt in ständiger Furcht vor weiteren »Nachbeben«, die zur Auslöschung wer weiß aus welchen Gründen führen könnten. Diese Angst auf der Zellebene hat destruktive Auswirkungen auf die Psyche. Wenn das körperliche oder seelische Gefäß vom Zerplatzen bedroht ist, verkrüppelt die Fähigkeit zu spielen. Der Überschwang der schöpferischen Phantasie, die sich an ihrer eigenen Extravaganz berauscht, wird undenkbar. Letztlich sind körperliche und seelische Angst eins.

Das Ergebnis dieser kombinierten Demontage von Körper und Seele ist, daß die positive Mutter – die in Abwesenheit dem Körper nicht jene Sicherheit geben kann, die sie sonst vermitteln würde – sich flugs in die innere Stiefmutter verwandelt. Diese aber sagt: »Das Leben ist nicht spielerisch. Das Leben ist nicht zum Vergnügen da. Es ist eine todernste Angelegenheit.« – »Todernste Angelegenheit« aber bedeutet: Wir müssen Geld haben, damit wir Steuern zahlen können; wir müssen mit den Nachbarn mithalten können; und wir verschwenden unser Geld nicht für unnütze Dinge wie Oper, Tanz, Musik und Theater – es sei denn, auch die Nachbarn, mit denen wir mithalten wollen, gehen in die Oper oder ins Theater. Wir bleiben immer schön in der Tretmühle. Und wenn wir uns schon mal eine kleine Auszeit genehmigen, dann doch bitte nicht mit so windigem, abgehobenem Zeug wie Seele oder Phantasie. Die innere Stiefmutter verabscheut jede Veränderung. Sie verwandelt alles zu Stein. Und das Kind/der Erwachsene, der in seinem Körper nicht zu Hause ist und darum auch keinen Mumm hat, wagt nicht, ihr zu widersprechen – ganz gleich, ob der Körper, aus dem diese Stiefmutter spricht, männlich oder weiblich ist. Ohne *mater* steigert sich chronische Angst zur Angst vor der Vernichtung. Schon eine winzige Kleinigkeit kann einen Panikanfall hervorrufen, der die Handlungsfähigkeit lähmt. Eine Schlagzeile über irgendein Ereignis in Rußland kann blinde Angst vor einem möglichen dritten Weltkrieg auslösen. Diese Schlagzeile ist dann die Nadel, die das Bewußtsein schachmatt setzt und bodenlose Verwundbarkeit hinterläßt.

Iwan wird durch die Nadel der Stiefmutter vorübergehend außer Gefecht gesetzt. Die Nadel steht für die Abtötung der Seele. Iwan wird durch die Gier der Stiefmutter, durch ihre selbstsüchtige Inbesitznahme erstochen. Beim Versuch, die Stiefmutter in sich aufzunehmen, begräbt er seine Seele in undurchsichtiger Materie. Die Angst vor Vernichtung, in den Zellen des verlassenen Kindes auch vielen von uns eingeprägt, führt dazu, daß wir uns an materielle Güter klammern, als wären diese die *mater*, die wir verloren oder niemals gehabt haben. Hier liegen die Wurzeln der Sucht. Die Objekte, auf die sich unsere Sucht richtet, scheinen uns den Komfort und die Sicherheit der positiven Mutter zu bieten, während uns in Wirklichkeit die Gier, die der Sucht zugrunde liegt, diesen Komfort und diese Sicherheit nimmt.

Außerdem steht die Nadel in Iwans Kragen auch für die Angst der Stiefmutter vor dem Mangel und vor dem Leben. Indem sie Iwan von der Fülle seiner eigenen Seele abschneidet, lagert sie diese Seele buchstäblich zum eigenen knausrigen Gebrauch ein. Daraus resultiert Armut inmitten des Überflusses. Die brutale Reduktion der Fülle der Seele auf armselige Vordergründigkeit kommt bei Männern wie bei Frauen einer grausamen Vergewaltigung und einer Beraubung gleich. Die Große Mutter als materiellen Reichtum zu veräußerlichen, heißt, sie zu erschlagen. Auf ähnliche Weise veräußerlicht die Stiefmutter ihre Sehnsucht nach Iwans Körper als sexuelle Gier, und damit sie ihre Lust befriedigen kann, muß sie Iwans Seele mit Hilfe der Nadel im Kragen in einen Schlaf versetzen. Ihr seelisches Verlangen nach Vereinigung kann sie nur als fleischliche Lust wahrnehmen, und sie strebt nun danach, diese Lust vordergründig zu befriedigen.

Wer die überreiche Energie, die ein ständig expandierendes Universum stützt und zusammenhält, auf die vordergründige Ebene materiellen Wohlstands reduzieren will, der reduziert die Natur, die Große Mutter, auf ihren materiellen Körper. Er macht aus *mater* Materie und nimmt diese Materie anschließend in Besitz. Der wild gewordene Materialismus ist in Freuds Ödipuskomplex wunderbar personifiziert: Der Körper der Mutter wird zum Sexualobjekt des Sohnes.

In unserer Geschichte verwandelt die Erscheinung der Zar-Jungfrau die vom Materialismus hervorgerufene abgrundtiefe Verzweiflung allmählich in lebenserneuernde Energie. Iwans wahrer Reichtum liegt nicht in der Lüsternheit der Stiefmutter, sondern eher in den schöpferischen Verwandlungen weiblicher Energien, die ihren Ursprung in der Großen Mutter haben. Die äußere Form dieser schöpferischen Verwandlungen ist die endlose Transformation der Materie in der leibseelischen Einheit des »Hauchkörpers«.

In den Träumen heutiger Männer und Frauen erscheint mit zunehmender Häufigkeit das Bild einer sinnlichen, sexuell attraktiven, erdhaften Schwarzen Madonna. Hier handelt es sich nicht um eine idealisierte, keusche, entrückte Madonna auf einem Denkmalssockel. Nein, dies ist eine Madonna, die ihren eigenen Körper, ihre eigenen Flirts und ihre eigene mitfühlende Gegenwart unter den Menschen liebt. Sie ist ein Aspekt des Weiblichen, den Iwan bisher noch nicht kennt und der vielleicht sogar der Zar-Jungfrau unbekannt ist. Daß sie jetzt häufiger in Träumen an die Oberfläche kommt, ist ein Zeichen dafür, daß wir als menschliche Rasse endlich angefangen haben, eine Vision des Weiblichen in uns wiederzuentdecken, die im Unbewußten allzulange verborgen war.

Die Fahrt zum Fischen: Das geheime Einverständnis in den Tiefen des Meeres

Ich behaupte nicht, daß unser kleines Märchen die Antwort auf alle Fragen bereithält. Dagegen kann es uns meiner Meinung nach mit seiner universalen Weisheit viel über unsere menschlichen Defizite und unser Potential zur Veränderung unseres Denkens und Handelns erzählen. Solange wir nur darauf warten, daß die abwesenden Väter in der Regierung etwas tun, wird sich nichts ändern. Auch deren Väter waren nicht präsent, und die meisten von ihnen haben ohnehin keine Ahnung, was zu tun ist oder woher die Vision kommen soll, die sie bei ihrem Tun leiten könnte. Von den Stiefmüttern ist ebenfalls nichts zu erhoffen, weil auch deren Mütter und Großmütter eigentlich nur Stiefmütter waren, die irgendwann und irgendwo den Kontakt zu ihren wahren Wünschen verloren hatten. Ohne eine grundlegende Liebe zum Leben, die im Mittelpunkt aller Dinge steht, lernen Kinder von früher Kindheit an vor allem, daß sie beurteilt oder verurteilt werden. Und diese Haltung hemmt jede Lust, jeden Gedanken, jede Tat. Je weniger bewußt diese Verurteilung ist, desto stärker ist der Anteil der Projektionen, desto stärker lebt das Kind unbewußt nach diesem strengen Maßstab und desto erschrockener sind die Eltern über das, was sie mit dem Kind erleben müssen: seinen Reaktionen oder auch seinem Mangel an Reaktionen. Solange der Schatten auf beiden Seiten nicht erkannt wird, ist eine versöhnliche Haltung unmöglich. Ohne Vergebung bricht das Herz nicht, aber es fließt auch keine Liebe.

Die intelligente Art, sich mit einer Projektion auseinanderzusetzen, besteht darin, aus der Flugbahn des vergifteten Pfeils zu treten. Nehmen wir an, Sie haben Ihr Leben in einem höflichen Haushalt verbracht. Ihre Mutter hat niemals zu Ihrem Vater gesagt: »Du bist doch ein verantwortungsloser Kindskopf«, während sie ihre Märtyrerschultern hochzog, dann den Mülleimer in die Hand nahm und etwas von Unzuverlässigkeit murmelte. Dann sollten Sie einmal nach anderen Gründen suchen, warum sogar die Möbel mit Wutgefühlen getränkt waren und warum Ihre eigenen Zellen es immer noch sind. Vielleicht hat Ihre Mutter Sie mit als Sonnenstrahlen getarnten Pfeilen überschüttet, um ihre enttäuschten Hoffnungen zu retten. Möglicherweise waren diese Pfeile so strahlend hell von Schmeichelei oder gar Verführung, daß Sie Rauschgift genommen oder zur Schnapsflasche gegriffen haben, um die ätzende Kluft zwischen der eigenen Realität und den Hoffnungen der Mutter auszufüllen. Vielleicht tun Sie es immer noch. Dann handeln Sie im geheimen Einverständnis mit ihr.

Wenn Sie in der Lage sind zu erwachen, dann können Sie auch aus der Bahn des vergifteten Pfeils treten. Wenn Sie die Kraft haben, das zu tun, wird Ihrer lebenden Stiefmutter oder der ins Innere projizierten toten Stiefmutter die Macht genommen; ihr Pfeil trifft nicht mehr ins Schwarze. Und sofort wird eine neue Dynamik in Gang gesetzt. Wenn Sie sich der Stiefmutter körperlich und/oder seelisch entziehen, sind Sie nicht länger Empfänger einer Energie, die Ihnen gar nicht gehört. Dann befinden Sie sich an einem völlig neuen Ort in Ihrem Leben, einem heiklen Ort. Die projizierte Energie, der Sie ausgesetzt waren, hat Sie nämlich nicht nur geschwächt, sondern Ihnen auch Halt gegeben. Jetzt ist Ihre dunkle Krükke fort, und Sie sind bereit, die eigene innere Stärke zu entdecken.

Iwan ist auf dem Weg in diese Position: Er weicht den Pfeilen seiner Stiefmutter aus, aber seinem Hauslehrer vertraut er blind. Gemeinsam fahren sie zum Fischen aufs Meer. Allgemein steht das Meer für das riesige unbekannte Terrain des Unbewußten, dessen Inhalte gefangen und an Land gebracht werden können. Diese Fische, Haie und Wale sind die Brükken zwischen dem Unbewußten und dem Bewußtsein. Sie sind die Träume, die wir manchmal glücklicherweise auf unser Floß an der Oberfläche des Meeres ziehen können. Wenn wir den Mut haben, diese Fische in uns aufzunehmen – also zunächst hineinzubeißen, sie dann zu zerkauen, hinunterzuschlucken und zu verdauen –, wird ihre Energie unser bewußtes Leben stärken. Allmählich nehmen wir dann Kontakt mit unserer eigenen Kreativität auf und erkennen, wie sehr wir von unbewußtem Material eingekerkert waren: solchem, das zu uns gehörte, und solchem, das nicht zu uns gehörte. Die Teufel und die Engel hausen in unseren Tiefen.

Auf dem Floß nimmt das geheime Zusammenspiel von Teufeln und Engeln Gestalt an. Die Nadel, die die Stiefmutter dem

Hauslehrer übergab, als sie ihm noch mehr Alkohol einflößte – Alkohol, den er nicht ablehnen kann, weil sein Unbewußtes ihn zwingt, Mutter gefallen zu wollen, auch wenn er Mutter eigentlich haßt –, ist die Nadel, für die er selbst keine Verantwortung übernimmt, die Nadel, mit der er nur tut, was man ihm aufgetragen hat. Er steckt sie Iwan genau in dem Augenblick in den Kragen, als dieser seinen Engel und sein eigenes Reifepotential erblickt. Auf Höhe des Halses sticht die Nadel zu und unterbricht die Verbindung zwischen Kopf und Herz, Denken und Fühlen. Sie trennt die Kehle von der Lebensenergie im Körper ab. Die Kehle aber ist das Chakra des kreativen Ausdrucks. Wie Dornröschen wird Iwan von einer »Waffe« zum Schweigen gebracht, die so winzig ist, daß man sie kaum sehen kann.

Stellen wir uns doch Iwan einmal als das sich entwickelnde männliche Ego in der Psyche vor. Dann wird er von zwei immensen negativen Energien gefährdet, die gemeinsame Sache machen, um ihn zu zerstören. Zum besseren Verständnis dieser Vorgänge, die in uns ablaufen, müssen wir hier zwei Begriffe aus der Psychologie C. G. Jungs einführen: Komplex und Archetyp. Wenn wir uns diese Begriffe bildlich vorstellen, ist der Jargon überhaupt nicht schwer zu verstehen.

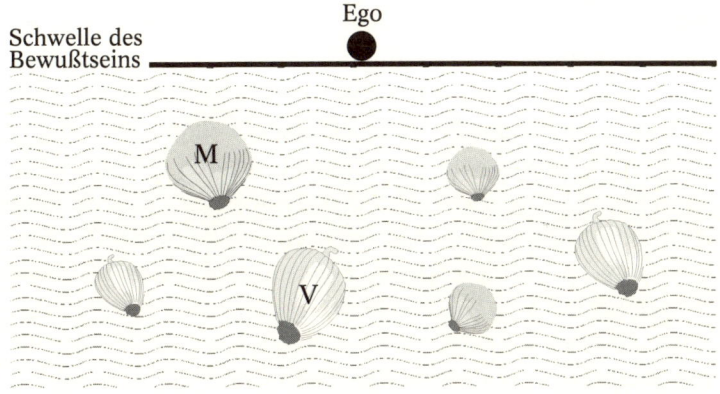

Schwelle des Bewußtseins

Ego

M

V

203

In dieser Grafik steht die gerade, horizontal verlaufende Linie für die Schwelle des Bewußtseins (die Oberfläche des Meeres). Das Ego, der Filter, durch den alles ins Bewußtsein gelangt, schwimmt auf dieser Oberfläche und muß sich mühsam im Gleichgewicht halten. Im Meer des Unbewußten treiben Energiefelder, die wie Zwiebeln aussehen – Zwiebeln, weil sie aus vielen Lagen von Assoziationen bestehen, die sich im bewußten Leben gebildet und um einen Kern herum abgelagert haben. Diese »Zwiebeln« nennt Jung »Komplexe«. Zwei der größten und wichtigsten sind der Vater- und der Mutterkomplex (V und M). Wenn irgend etwas im Alltag geschieht, das einen Komplex aktiviert (wenn jemand Sie zum Beispiel anschreit, wie es früher ihr Vater getan hat), dann treibt dieser Komplex – bildlich gesprochen – an die Oberfläche und beunruhigt das Ego. Dann sind Freudsche Versprecher, körperliche Reaktionen wie Blähungen, Erröten, Durchfall oder andere irrationale Aktionen die Folge. Das Ego heißt in unserer Geschichte Iwan und steht für das kleine Licht des Bewußtseins, das versucht, sich an der Oberfläche zu behaupten. Doch wenn er es mit einer solchen Stiefmutter und einem solchen Hauslehrer zu tun hat, ist Iwans Aufgabe schon fast entmutigend – entmutigend, weil sich im Kern eines Komplexes ein Archetyp befindet. Es handelt sich um eine Art unsichtbares Energiefeld (etwa so wie das eines Magneten), auf das wir Bilder projizieren. Wenn, bildlich gesprochen, ein Komplex mit 1000 Volt geladen ist, dann herrscht in seinem archetypischen Kern eine Spannung von 100 000 Volt. Ein Archetyp ist weit mehr als alltägliche menschliche Energie. Diese Energie durchfährt uns von irgendeinem heiligen Ort aus – dämonisch, engelhaft. Der Archetyp ist wie die göttliche Jungfrau, die den einsamen Iwan plötzlich entflammen läßt. Diese Energie gerät von irgendwoher in unserem Innern in Flammen, einem Ort, an dem Bilder Gestalt gewinnen, die Menschen aus vielen Kulturen und Zeiten gemein haben. Die Bilder verändern sich allerdings, weil sich beim Wandel der

Kulturen auch die Energien verschieben. Das hat automatisch einen Wandel der Bilderwelt zur Folge – es sei denn, die betreffenden Menschen wären festgefahren. Denn ein archetypisches Bild, das sich nicht ändert, wird zum Stereotyp – toter Energie.

In England hat zum Beispiel gerade jetzt die Königin (ein archetypisches Bild) gemerkt, daß das alte Bild der Monarchie – abgehoben und perfekt in königlicher Isolation – die Herzen der Untertanen nicht länger bewegt und eint. Es ist zum Stereotyp verkommen. Sie und ihre Familie bemühen sich jetzt darum, eine warmherzige, echte Verbindung zu den Menschen aufzubauen, damit diese als Krone fungieren kann, die ein Land zusammenhält. Ohne ein archetypisches Bild, das die Energien des Magnetfeldes zum Ausdruck bringt, ist die Monarchie nichts – nein, schlimmer als nichts, weil dann nämlich in der Psyche ein Gegenpol entsteht: Aus der Königin als der Großen Mutter, die dich liebt, wird die Stiefmutter (die negative Schattenseite des archetypischen Bildes). Ein solches Umschlagen ins Gegenbild findet sich in der Geschichte ebenso häufig wie in persönlichen Beziehungen. Man denke nur an König Ludwig XVI. und Königin Marie-Antoinette im Frankreich der Revolution, an das Zarenpaar Nikolaus und Alexandra im Rußland der Revolution, an Heinrich VIII. und Anne Boleyn oder an die zahllosen Ehen, die heute mit Scheidung enden.

Iwan ist ebenfalls von einem solchen Umschlag betroffen, denn aus seiner archetypischen Mutter ist die stereotype Stiefmutter geworden. Überdies ist er ein junger Mann in der Obhut von Ersatzeltern: einer Frau, die, statt dem Leben zu dienen, lieber ihre eigenen selbstsüchtigen Ziele verfolgt, und einem Hauslehrer, dessen Energie nicht die eigene ist – kein Feuer, keine Kreativität, kein Gefühl, dem man vertrauen könnte, weil sein Körper vom Alkohol abgestumpft ist, abgekoppelt von den eigenen Resonanzen. Der Hauslehrer hat keine Möglichkeit, abzuwägen und zu bewerten, wofür er denn nun eigentlich steht. Statt dessen macht er mit der Stiefmutter gemeinsame Sache und gehorcht Befehlen, ohne die Verantwortung für seine Handlungen zu übernehmen. Darin gleicht er den Nazi-Größen, die in den Nürnberger Prozessen zur Rechenschaft gezogen wurden. Er ist nur eine Marionette der Matriarchin.

Der Hauslehrer ist eine jämmerliche Gestalt. Wie bei Lady Macbeth sind die »Augen offen ..., aber ihre Sinne geschlossen«. Seine Unbewußtheit ist so groß, daß er das Verbrechen nicht sehen kann, das er mit dem Abtöten der eigenen Seele und der ihm anvertrauten Seele des jungen Männlichen begeht. Psychologisch sind Macbeth und der Hauslehrer vergleichbar, weil beide einer sehr starken Frau hörig sind. Doch anders als Macbeth ist der Hauslehrer keine tragische Figur. Macbeth ist sich von Anfang an seines Potentials bewußt; er sieht in sich einen Krieger im Dienste seines wahren Königs. Er versucht mehrfach, seine eigene Stimme zu nutzen, um sich gegen Lady Macbeths aufstachelnde Verhöhnungen zu schützen. Er ist sich ihres Verrats wohl bewußt. Überdies sieht er die Macht seiner eigenen Vorstellungskraft, ihn zu zerstören. Als er jedoch das untergründige Zusammenspiel mit seiner Frau akzeptiert hat, trifft er *bewußt* die Entscheidung, den König zu töten. Schritt für Schritt gerät er seinem eigenen barbarischen Schatten in die Fänge und zerstört sich mit wilder Energie selbst. Das Geflecht von Macbeths Beziehungen zu der Frau, die einst seine »teuerste Geliebte« war, aber unbedingt Königin werden wollte, und zu den drei Hexen, den »geheimen, schwarzen Nachtunholden«, bildet einen interessanten Kontrast zu Iwans Beziehungen zur Zar-Jungfrau und den drei Baba-Jagas.

Eine schwache männliche Figur im Banne einer mächtigen Frau, einer Alma mater, der Mutter Kirche, eines mächtigen Konzerns oder einer mächtigen Institution ist in unserer Kultur durchaus nichts Ungewöhnliches. Während ich dies schreibe, beteiligen sich 126 000 meiner ehemaligen Lehrer-

kollegen als »ungehorsame Rebellen« an einem »illegalen«
Streik, der alle Schulen in der kanadischen Provinz Ontario
fast zwei Wochen lang außer Gefecht gesetzt hat. Und warum? Weil die »Hauslehrer« in unserer Provinzregierung eine
»Revolution des gesunden Menschenverstandes« inszenieren, durch die mehr als eine Milliarde Dollar im Schul- und
Bildungsetat eingespart und das System effizienter gemacht
werden soll. Zu den weiteren »vernünftigen« Ideen dieser
Regierung gehören die weitgehende Kürzung (und letztlich
vielleicht sogar Streichung) des Kunst- und Musikunterrichts
– »unnötiger Luxus« – aus dem Lehrplan. Die Lehrer kämpfen in der Tat um ihr Recht, als Lehrer Kinder so zu unterrichten und ihnen das beizubringen, was sie und wie sie es
für richtig halten, weil es im Sinne der Kinder ist. Kürzlich
verkündeten offizielle Regierungsstellen, man benötige mehr
Geld, um »militärische Erziehungslager« für junge Delinquenten zu bauen. Im Fernsehen waren Bilder zu sehen, wie Halbwüchsige aus Autos mit Fußtritten in ein solches Camp befördert wurden. Ja, liebe Politiker, macht nur so weiter! Unterbrecht ihre Phantasie mit Nadeln, stellt sie ruhig, versetzt sie
in einen Schlaf! Haltet die Hochspannung unter der Meeresoberfläche! Wir müssen diesen Kerlen doch Disziplin beibringen! Aber: Wie man uns behandelt, so werden auch wir andere traktieren. Und dieses Spiel heißt Macht.
In vielen Universitäten gilt darüber hinaus Shakespeare nicht
mehr als Grundausrüstung für das Leben, nicht einmal mehr
für fortgeschrittene Englischstudenten. John Miltons Epen
kann man nicht mehr lesen, weil seine Sätze nicht am Versende aufhören. Was können die »Stammesältesten« der jüngeren Generation denn in den Initiationsritualen noch beibringen, wenn man alle großen Geschichten aufgibt? Da baut sich
unter der Oberfläche eine gewaltige Spannung auf.
Ontario ist nicht der einzige Ort, wo Kunst und Literatur in
den Augen nicht nur der Regierung, sondern auch vieler Bürger ein alter Zopf sind. Wenn Haushalte ausgeglichen werden

müssen, dann leiden Kunst und Kultur besonders, weil so viele »Hauslehrer« sich so weit von der Seele entfernt haben, daß die Seele ihnen gleichgültig geworden ist. Die Nadel, die in Iwans Kragen steckt, ziert auch ihren Kragen. Ihr Kopf hat keine Verbindung mehr zu ihrem Herzen. Und was die jämmerlichen »Hauslehrer«, die solche Gesetze verabschieden, gar nicht merken, ist, daß junge Menschen am Anfang wirklich viel Phantasie und Enthusiasmus haben. Man nehme ihnen ihre disziplinierten Ausdrucksmöglichkeiten, und sie sind wie Vögel ohne Flügel. Überdies führen ihre Frustrationen darüber, daß ihnen Höhenflüge verwehrt bleiben, zu Wutausbrüchen. Und sie wissen dann überhaupt nicht, wie sie diese Wut in Grenzen halten und produktiv kanalisieren sollen. Jede Kunst hingegen stellt ihnen Formen und Behältnisse bereit, die stark genug sind, natürliche Frustrationen zu binden und zu kanalisieren, bis sie sich in Farbe, Tanz oder Gesang Ausdruck verschafft haben. Jeder Lehrer weiß, wie viel Energie benötigt wird, um einem Schüler beizubringen, wie man den »Gefühlsbehälter« stabil hält, bis die Gefühle Zeit genug gehabt haben, in einer Kunstform Gestalt zu gewinnen. Das ist es, was eine Kultur leistet, die diesen Namen verdient.

Doch unsere »Hauslehrer« verabschieden Gesetze, die alles zerstören werden, was in Jahrhunderten aufgebaut wurde – eine Zivilisation, die ihre eigene Vision enthalten und gestalten kann. Ohne die Kulturleistung der Künste wird der Schuldirektor in seinem Büro erschossen, nicht Julius Cäsar im Literaturunterricht totdiskutiert. Rohe Instinkte werden zügellos die Straße beherrschen, Phantasien in primitives Verhalten umschlagen, geistige und moralische Werte aufhören zu existieren. Und die gesparten Millionen werden dann für militärische Erziehungslager ausgegeben, für den Versuch, die Kriminalität in Grenzen zu halten.

Hauslehrer und Stiefmütter gehören zusammen, weil sie in der Psyche eine unheilige Allianz eingehen. Als Schattenseiten des wahren Vaters und der wahren Mutter sind sie mit ihrem geheimen Komplott in Täuschung gefangen. Ihre Phantasie ist durch Nadeln unterbunden. Sie denken nur noch vordergründig und faktenorientiert. Menschen, die in dieser Fiktion des rein Faktischen leben, spüren nur Leere und nehmen an, diese Leere könne allein mit Buchstabengläubigkeit ausgefüllt werden. Sie verspüren Wut, und Wut muß unter Kontrolle gehalten werden: Also baut ein Gefängnis! Der Geist muß in die Höhe fliegen: Also sperrt ihn in die Flasche ein! Ohne eine Anerkennung der Seele, die ständig mit Metaphern spielt, ist eine Heilung von Suchtverhalten so gut wie unmöglich, weil nämlich die Bedeutung der unseligen Metapher im Zentrum des konkreten Denkens sonst gar nicht angesprochen werden kann.

Ein Bild – nehmen wir zum Beispiel eine weiße Rose mit einem dornigen Stamm – spricht unsere Gefühle ebenso an wie unseren Verstand und unsere Phantasie. Wenn uns das Bild wahr erscheint, dann schwingt unser Sein im Einklang mit – manchmal mit der heilsamen Wirkung eines Dankgebets, manchmal mit der Heilung einer angsterfüllten Wahrheit. Kontakt zur eigenen Bilderwelt zu haben, heißt, mit ganzem Körper und ganzer Seele zu spielen, zu tanzen, zu kämpfen, zu singen, zu lieben, zu leben und zu sterben.

Der Hauslehrer und die Stiefmutter glauben an die Perfektion – ihre Perfektion – und an die Macht. Eine Macht, die so perfekt sein wird, daß sie sich nie mehr ändert. Sie schaffen Gesetze und Institutionen, die das sicherstellen sollen. Doch dieses Konzept ist für das Leben ein Fluch. Das Leben ist im ständigen Wandel begriffen, in jeder einzelnen Zelle. Die Bilder sind immer am Tanzen, mit der reinen Freude einer spielerischen Phantasie – Bilder, die wir uns zu eigen machen können wie Kinder. Die Bilderwelt hat ihren Ursprung in den Instinkten, deshalb belebt sie Körper, Verstand und Geist.

Ich kann gar nicht oft und nachdrücklich genug betonen, wie schädlich es ist, sich im Zeichen des Hauslehrers und der Stiefmutter schlafen zu legen, die auf unserem neuen Jahrtausendfloß das Kommando führen. Indem wir ihnen, die sich an ihrer eigenen Macht berauschen, unser Verantwortungsgefühl übertragen, verlieren wir unsere psychische Stärke. Dann können wir die großen Augenblicke, die uns große Chancen eröffnen, nicht mehr sehen, und wachsen nicht mehr zu unserer wahren Statur heran. Je mehr wir innerlich wie äußerlich auf diese beiden Verräter projizieren, desto mächtiger werden sie und desto stärker werden wir auf die Opferrolle reduziert.

Die Nadel

Denn es ist wichtig, daß wache Menschen wachen,
Oder eine Bruchlinie sie hindert, wieder einzuschlafen.
Die Signale, die wir geben – ja oder nein,
*   oder vielleicht –,*
Sollten klar sein: Die Dunkelheit um uns ist tief.

William Stafford

Ohne seine Verwurzelung in der Lebensenergie, die ihn offen macht für seine elementaren Sehnsüchte, schläft Iwan, ohne es zu wissen. Er ist nicht empfänglich für die eigene, individuelle Lebenslust. Sein Vater hat ihn kollektiven Werten überantwortet. Im übertragenen Sinne verfällt er in schläfrige Abhängigkeit von Firmen und Verbänden (Stiefmutter), die den Status quo kontrollieren (Hauslehrer) und die allesamt keine innere Verbindung zu ihrer natürlichen Lebensenergie haben. Sie streiten sich ums Geld, um Besitz und Kontrolle der Wasserwege, die sie dann verschmutzen, um Wälder, die sie dann in Reih und Glied bringen oder roden, und um Lachsschwärme, die sie töten. Während diese Instanzen um den Cyberspace oder um Ideale wetteifern, die allesamt doch nur Habgier bemänteln, verfällt Iwan in Trance.
Und wenn er noch tiefer in Trance versinkt, wird Iwan einfach

nicht mehr in der Lage sein zu denken. Seine Einstellung, seine Körperhaltung, seine Stimme – sie werden nur noch signalisieren, daß er sich als Opfer fühlt. »Ich kann an alldem doch ohnehin nichts ändern – an der Gewalt auf der Straße, am Mißbrauch von Frauen und Kindern, an der Arbeitslosigkeit der Väter. Überhaupt nichts.«

Die Tiefe dieser Schlafwandelei können wir allerdings nur verstehen, wenn wir uns das untergründige Zusammenwirken von Hauslehrer und Stiefmutter genauer ansehen. In unserem Märchen gibt es keinen König und keine Königin. Wir haben es nur mit den Schattenseiten von Vater und Mutter zu tun. Es fehlen die positiven Elternfiguren. In der Psyche ist der König ein Archetyp, der das herrschende Kollektivprinzip der Ordnung, Autorität und Zivilisation verkörpert. Die Königin verkörpert die Gefühlswerte, die dem König Leben verleihen.

In der Gralslegende ist ein starker, viriler König für die Fruchtbarkeit seiner Ländereien, Tiere und Untertanen von entscheidender Bedeutung. Auch beim Kegeln steht der König im Mittelpunkt, alles dreht sich um dieses Zentrum. Wenn es keinen König gibt, nicht einmal einen verwundeten König, dann ist das solare Ordnungsprinzip, das im ganzen Land erstrahlt, abwesend – wie auch der Geist, der Wind, das *pneuma* (wie die Griechen den Heiligen Geist nannten), das die Inspiration beflügelt. Ohne eine Königin fehlt auch die Liebe zum König, die dem einzelnen ein Ziel gibt und Segen bringt. Psychologisch gesprochen kann jemand zum Beispiel ein strammer Katholik sein, an die ordnende Hierarchie der Kirche glauben, zur Kommunionsbank gehen und eine gute Kollekte geben; aber wenn es eine Hingabe ohne Liebe ist, gilt für diesen Menschen das Verdikt des 1. Korintherbriefes: Er ist nur »ein tönendes Erz und eine klingende Schelle«. Dieser Christ hat einen König, aber keine Königin. Und Iwan? Er hat, wie viele heutige Menschen auch, weder König noch Königin in seiner Seele.

Eine andere Möglichkeit, diese Dynamik zu erkennen, bietet Shakespeares *Othello*. Othello hat in seinem Innern einen starken »König«, aber keine »Königin«. Er sieht nicht, daß sein »König«, wenn er seine Seele (seine »Königin«) tötet, zum bombastischen Lügner oder zum widerwärtigen Sentimentalisten wird. Als Othello das Schlafgemach betritt, um die schlafende Desdemona wegen ihres vermeintlichen Ehebruchs zu töten, bringt er den Konflikt in einer Selbstdramatisierung zum Ausdruck: »Die Sache will's, die Sache will's, mein Herz!« Von Desdemonas Schönheit überwältigt, liegt er mit sich selbst im Widerstreit:

Doch nicht ihr Blut vergieß ich;
Noch ritz' ich diese Haut, weißer als Schnee,
Und sanft, wie eines Denkmals Alabaster.
Doch sterben muß sie, sonst betrügt sie andre.
Tu aus das Licht, und dann – tu aus dies Licht.

Er pustet die Kerze aus, und dann legt er die Hände auf Desdemonas Kehle, um auch ihr Licht auszulöschen. Er weiß, daß er das Licht seiner Seele zugunsten einer »Sache«, des patriarchalischen Vorrechts, auslöscht. Wie Macbeth wird er, wenn er seine weibliche, gefühlvolle Seite wegwirft, zum wütenden Tyrannen.

Es besteht die Gefahr, daß das Vakuum, verursacht durch das Fehlen der archetypischen wie der persönlichen Familie, durch ein unpersönliches Kollektiv ausgefüllt wird – durch Bürokratien, in denen niemand die letzte Verantwortung übernimmt. Ohne den Geist des Vaters und die Erdhaftung der Mutter als Grundlage besteht für die Bürger die Gefahr, von »Hauslehrern« übernommen zu werden, die mit Hilfe von Nadeln herrschen – die Kopf und Herz voneinander trennen und Menschen hervorbringen, die nicht mehr nach ihren eigenen Werten und Emotionen handeln. Die Bürokratie selbst schläft ein; sie gibt sich als tugendhaft aus und verschleiert, daß sie genau jene Werte schützt, die sie verachtet. Das hysterische Schluchzen des Präsidenten eines der größten japanischen Konzerne bei der Verkündung des Zusammenbruchs seiner Firma, vor dem Hintergrund der völlig verblüfften Gesichter der Angestellten, die von der moralischen Integrität dieser Bürokratie abhängig waren, ist ein Bild aus jüngerer Zeit, das anzeigt, wohin sich unsere Welt zunehmend bewegt.

Manche Bürokraten sind Marionetten der Milliardäre, die im Namen schnellen Wirtschaftswachstums in Thailand Sklavenarbeitsplätze schaffen, um Schuhe für westliche Füße herzustellen – und diese Schuhe werden in Asien produziert, weil hohe Löhne in Amerika zur Schließung der dortigen Fabriken geführt haben. Wie lange wollen wir uns unter dem Eindruck der Nadel im Kragen noch die Illusion leisten, eine solche Verlagerung von Macht und Arbeitsplätzen werde eine boomende Wirtschaft schaffen? Diese Lüge beflügelt die Wahlergebnisse der real existierenden Marionetten der Milliardäre, die sich hinter den Portalen der Macht als Tyrannen aufspielen. Dies ist eine Gesellschaft, die auf Lügen gegründet ist, mit Bürgern, die die Nadel im Kragen tragen und es kaum ertragen können, die Wahrheit zu hören. Und haben sie die Wahrheit dann gehört, so raffen sie sich nur selten dazu auf, dem Hauslehrer den Kopf abzuschlagen. Unsere Hauslehrer halten ihre Schüler dadurch ruhig, daß sie ihnen Lügen erzählen, daß sie ihnen versichern, wie wichtig ihnen Traditionen seien. Und diese Lüge vertieft noch die Trancezustände, weil nur noch wenige Bürger an diese Traditionen glauben und sie in Ehren halten.

In Träumen werden Traditionen oft durch die Geburt eines göttlichen Kindes aufgebrochen. Unabhängig von den religiösen Überzeugungen des Träumenden strahlt dieses Kind Licht, Einsicht und Liebe aus. Der Träumende ist erstaunt über die Schönheit des Kindes und dessen Fähigkeit, mit der Weisheit älterer Menschen zu sprechen. Wird dieses Kind aufgepäppelt, geliebt und ins bewußte Leben übertragen, wird das ganze Leben umgekrempelt. Ehen gehen in die Brüche oder wandeln sich, Arbeitsplätze verschwinden und werden neu geschaffen, das Warten auf einen Neubeginn greift um sich. Das alte Leben geht zugrunde, ein neues wird geboren. Die Seele findet eine neue Welt. In seinem Gedicht »Journey of the Magi« (»Die Reise der Heiligen Drei Könige«) beschreibt T. S. Eliot die Qual der drei Weisen, als ihnen der Abgrund bewußt wird, der sich zwischen ihnen und der trostlosen Öde um sie herum aufgetan hat, nachdem sie die Geburt des göttlichen Kindes erlebt haben. Diese Geburt bedeutet für sie »harte, bittere Agonie«. Durch dieses Ereignis sind sie für immer von ihren Freunden getrennt: Aus Freunden sind Fremde geworden, die sich an ihre toten Götzen klammern.

Die Nadel macht Iwan blind. Er kann das Normale nicht sehen, und darum auch nicht das Außerordentliche, als es direkt vor seinen Augen erscheint. Er ist von seiner eigenen Basis abgeschnitten und in Trance gefangen. Erst als er den Brief von seiner Seelenfreundin gelesen hat, ist er frei zu handeln. Als das Außerordentliche schließlich in sein menschliches Bewußtsein vordringt, weicht die Trance, und Iwan schlägt dem Hauslehrer den Kopf ab.

Der Säbel

Jede Dunkelheit, in die wir geraten, kann aber auch eine Einweihung genannt werden. Initiation heißt »in etwas hineingehen«. Der erste Schritt führt meist in etwas Dunkles. Die Schamanen sagen, daß die Erziehung zum Medizinmann damit beginnt, daß man den Dämonen in die Hände fällt; wer sich aber dann aus der Dunkelheit herausarbeitet, wird Medizinmann; und wer in ihr stekkenbleibt, ist krank. Man kann in gewissem Sinn jede seelische Krankheit als Initiation ansehen. Auch das

Schlimmste, in das man hineinfällt, kann ein Versuch zur Initiation sein; man gerät in etwas, das einem zugehört, und nun muß man herausfinden, was es ist.

Soweit Marie-Louise von Franz. Als Iwan erkennt, daß er verraten worden ist, handelt er sofort. Eine solche spontane Handlung ist gefährlich, weil sie aus Wut geschieht. Er schlägt dem Hauslehrer den Kopf ab. Auch das ist gefährlich. Wenn wir abschneiden, was bisher unsere einzige Quelle der Sicherheit war, landen wir in der Vorhölle. Doch wenn die Trance tief genug reicht, ist manchmal der umgehende Gebrauch des Säbels der einzige Ausweg.

»Dem Hauslehrer den Kopf abschlagen« – das sind nur fünf Wörter. Was mag mit dem Kopf noch verlorengehen? Abermals trennt ein Bild Kopf und Herz: Der Gefühlswert wird vom intellektuellen Verständnis abgetrennt. Ein solcher Schnitt könnte in einer Beziehung sehr grausam sein. Eine Frau ist zum Beispiel auf ihren Partner wütend. Sie explodiert. Plötzlich ist ihrer Wut jahrhundertelanger Ärger beigemischt. Sie ist nicht länger präsent, sie kann ihren Säbel einfach nicht länger unter Kontrolle halten. Der Schnitt kann die ganze Beziehung zerstören.

Oder zum Verlust des Arbeitsplatzes führen. Viele Männer aus Spitzenpositionen im Management, die sich einen Verlust ihres Jobs einfach nicht vorstellen konnten, finden sich heutzutage plötzlich auf der Straße wieder. Sie sind so demoralisiert, daß sie nicht einmal weinen können. Sie haben ihren »Hauslehrer« verloren. Ihr ganzes so gut durchorganisiertes Leben hat seine Struktur verloren.

Wer den Säbel umsichtig und weise gebrauchen will, muß unter Umständen ein Leben lang mit feinem Gespür das Sehen und Unterscheiden gelernt haben. Wenn die patriarchalischen Rahmenbedingungen zusammenbrechen, finden sich Männer und Frauen in vielen verschiedenen Rollen wieder. Ohne fein abgestimmte Entscheidungen und einen scharfen Säbel beginnen sie zu erkennen, daß ihre Seelen den Druck nicht aushalten können und ihre Körper zusammenbrechen, oft mit Autoimmunkrankheiten. Hier wird sich der Körper selbst zum Feind!

Nachdem Hauslehrer und Stiefmutter beseitigt und die alten Rahmenbedingungen zusammengebrochen sind, sind in persönlichen Beziehungen schmerzhafte Entscheidungen fällig. Die verrotteten Grundlagen der Seele werden offengelegt. Der psychische Inzest im Kern der Ehe wird enthüllt: Die Verbindung von Mutter-Tochter und Vater-Sohn ist für den Körper nicht länger akzeptabel. Ein weitgehendes Opfer muß gebracht werden, wenn beide Partner die Chance erhalten sollen, in einer reifen Partnerschaft erwachsen zu werden. Neue Grenzen müssen etabliert werden. Psychologisch gesprochen, muß die Mutter den Sohn aufgeben, der Vater die Tochter, ganz gleich, welche Dynamik in den speziellen Beziehungen herrschte. Dies wird nicht ohne Rückwirkungen auf die Dynamik zwischen den tatsächlichen Eltern und ihren Kindern bleiben. Was heißt es, den Sohn aufzugeben und loszulassen? Und was heißt es, die Mutter aufzugeben? Ja, der Säbel kann durchaus ein heiliges Werkzeug sein.

Indem es Iwan den Säbel mit solcher Geschwindigkeit benutzen läßt, führt sein Unbewußtes ihn durch ein profanes Ritual. Er weiß nicht, was er tut. Er hat keinen heiligen Raum geschaffen. Sein Werkzeug ist ebenfalls nicht geheiligt. Und doch schreit die Jungfrauenseele in ihm laut nach Vereinigung. Sie ist es, die von den Intrigen der Stiefmutter und vom Verrat des Hauslehrers erfahren hat. Sie ist es, die Iwan den Brief schrieb und ihm auftrug, den Hauslehrer zu köpfen. *Wenn er seine Braut wirklich liebte*, schrieb sie, *dann würde er sie hinter den dreimal neun Ländern suchen, im dreimal zehnten Reich.*

Iwans Männlichkeit wird aktiv, um das neue Leben zu verteidigen, das ihm seine weibliche Seite anbietet. Plötzlich hat er Kontakt zu seiner eigenen Lebenskraft gefunden, und jetzt handelt er aus eigenem Verlangen. Erst war er verloren, nun ist er gefunden.

Der Säbel muß respektiert, vielleicht sogar liebevoll behandelt und jeden Tag poliert werden. Ich stelle ihn mir gerne mit goldener Klinge und silbernem Griff vor; auf diese Weise stehen die Edelmetalle des Männlichen und Weiblichen im Gleichgewicht. Männer und Frauen brauchen ihre Konzentration, um zu erkennen, zu unterscheiden und zu schneiden. Und alles muß mit Liebe getan werden. Letztlich hoffen wir, daß die Rose, die unsere Seele ist, in voller Blüte stehen wird. Wenn wir überhastet zuschlagen, fügt der Säbel unserer Rose mit Sicherheit ebenfalls Wunden zu, nicht nur der Rose des anderen. Letztlich sind Wunde und Säbel nämlich eins.

Wird in einem Märchen jemandem der Kopf abgeschlagen, so wird dadurch meistens ein lebendig begrabenes Kind befreit. Das gilt auch für Iwan. Und es kann ebenfalls für den Leser oder die Leserin gelten. Das Weibliche, das allzuoft in männlicher Kopflastigkeit gefangen ist, kann befreit werden. Eine »Enthauptung« befreit die Phantasie, die hinter Vordergründigkeit und Buchstabengenauigkeit verborgen ist.

An diesem Punkt unseres Geschichtenerzählens werden unsere Zuhörer normalerweise angespannt. Welche mächtigen Häupter würden sie denn gerne köpfen wollen? Wir brauchen frische Energie und frische Luft. Plötzlich nimmt Robert Bly seine Bouzouki auf und sagt: »Wir sollten uns mal wieder etwas von Jiménez zu Gemüte führen.«

Ich habe das Gefühl, daß mein Boot
Dort in der Tiefe gegen etwas Großes
Gestoßen ist.
Und nichts
Geschieht! Nichts ... Stille ... Wellen ...

Und nichts geschieht? Oder ist alles geschehen,
Und wir stehen jetzt nur ruhig im neuen Leben?

217

Die bewußte Jungfrau

Bisher hat uns unsere Reise in die Tiefen der Seele geführt. Mit Geduld und Ausdauer haben wir uns in Spiralwindungen nach unten gearbeitet, uns wie in einem Traum bewegt. Dabei wurde in dieser relativ einfachen Geschichte unser persönliches wie kulturelles Fundament durchbrochen, und wir sind bis zu unseren Ursprüngen vorgedrungen: der Vitalkraft, die uns in unserem Leben fehlte.

Jetzt geht unsere Reise mit anderer Perspektive weiter: Wir bewegen uns von nun an durch die Spiralwindungen der Heilung. »Gott sei Dank«, werden Sie sagen – wie ich auch, und wie bestimmt auch Robert Bly. Denn bei unseren gemeinsamen Auftritten wird er nicht müde, den Zuhörern zu versichern, ein jedes Mal, wenn er zu einem Höhenflug ansetze und gerade so richtig schön am Fliegen sei, müsse er, wenn er sich umsehe, feststellen, daß ich noch dastünde und weiter in der Erde bohren wolle. Dann lacht das Publikum wissend. Manchmal aber bin ich es, die wie eine Lerche aufsteigt, direkt in den Himmel. Und wenn ich dann hinabsehe, ist es Robert, der gerade am Boden nistet. Man sieht, die männlichen und weiblichen Energien befinden sich in einem steten Wechselspiel.

Iwan findet seine Männlichkeit nicht durch heroische Abenteuer, unterwegs und unter Männern, sondern durch das Weibliche. Viele heutige Männer und Frauen sehen den Weg des drachentötenden Helden zunehmend als archaisch und veraltet an. Für Iwan bietet sich auf dem Weg von der Stiefmutter zur geliebten Jungfrau plötzlich eine Wendung an: »*Sie [die Zar-Jungfrau] erzählte Iwan dem Kaufmannssohn, daß sie sich unendlich in ihn verliebt habe und gekommen sei, um ihn zu treffen. Daraufhin verlobten sie sich.*«

Wie viele von uns sind schon so glücklich gewesen! In jenen verwirrenden Tagen der späten Adoleszenz, wenn wir ganz im Reich der Möglichkeiten leben, uns von den Eltern verabschieden und uns auf eigene Füße stellen, läuft uns plötzlich eine strahlende Schönheit über den Weg. Ganz gleich, ob sie nur als Vision erscheint oder in Fleisch und Blut vor uns steht – einen Augenblick lang fühlen wir uns dann so sehr als ein Ganzes wie nie zuvor. Wir lieben. Und wir haben die Möglichkeit, geliebt zu werden. Dann sind wir auf einmal alles: alle Tulpen im Park, das Rosa der Pfingstrosen, das Gold der aufgehenden Sonne. Wir laufen nackt in unseren Jeans herum und überschütten alle mit Komplimenten, die es wagen, uns zu erblicken.

Auch Iwan kommt in den Genuß dieses Augenblicks, aber er ist von seiner Stiefmutter und dem Hauslehrer mit Hilfe der Nadel so gebannt, daß er sich kaum dazu ermuntern kann, ihn wahrzunehmen. Psychologisch gesprochen bricht sich die heranreifende Energie Bahn und versucht, das Gefängnis der Komplexe hinter sich zu lassen. Dann sinkt sie aber doch zurück ins Unbewußte, als gerade die Möglichkeit zur Realisierung besteht. Dreimal sieht Iwan die Zar-Jungfrau mit ihren dreißig Nennschwestern auf ihren dreißig Schiffen heransegeln. Er erkennt seine Seele. Und obgleich er sie in diesem Augenblick verliert, entfacht sie in ihm doch die Energie des Kriegers: für das zu kämpfen, was ihm lieb und teuer ist. Solche »Augenblicke der Herrschaft/Wie sie der Seele geschehen« (Emily Dickinson), verändern das Leben. Blitzartig verbindet sich all das Beste in uns, durchfährt uns und wird, besonders wenn wir jung sind, nach außen auf die *Eine* projiziert, der unsere Seele gehört. Alles, was wir in unserem Innern niemals vermutet hätten, wird geboren. Die archetypische Hochspannung, aufs höchste aufgedreht, zieht durch uns hindurch, so daß das ganz normale Leben plötzlich an Schönheit und Bedeutung gewinnt.

Wir sind lebendig. Viele von uns können sich an einen solchen Augenblick erinnern – einen Augenblick, der aufleuchtete und später verlorenging, aber niemals ganz. Vielleicht konnten wir erst allmählich den Schatz erkennen, den wir da aus uns selbst hinausprojiziert hatten, um ihn dann Schritt für Schritt als unser Eigentum zurückzugewinnen.

Prinzessin Diana trug für Millionen auf der ganzen Welt die auf sie projizierten Züge einer strahlenden Zar-Jungfrau. Viele, die sie »vor ihrem Tod gar nicht so sehr gemocht« hatten, fühlten plötzlich ein Schluchzen in sich aufsteigen, als sie die Nachricht vom tödlichen Zusammenstoß am dreizehnten Pfeiler im Pariser Tunnel am Place de l'Alma erfuhren. Sie konnten nicht verstehen, was da in und mit ihnen geschah. Das Göttliche schien in seiner weiblichen Gestalt den Weg der Menschen zu kreuzen.

Heute, lange nach Dianas Beerdigung, sind viele Menschen immer noch verwirrt durch die tiefe Wirkung dessen, was da in ihnen vorging. »Ich möchte verstehen, worum es da ging. Ich möchte nicht, daß ein solches Erlebnis einfach vorbeigeht und das Leben im alten Trott weitergeht. Ich kann einfach nicht glauben, daß sie tot ist.« Wenn wir verhindern wollen, daß ein solches Erlebnis folgenlos vergeht, dann müssen wir die Nadel aus unserem Kragen ziehen und uns bewußtmachen, was wir auf Diana projiziert haben. Wir müssen uns diese Projektionen sehr genau ansehen und dafür sorgen, daß wir das, was sie für uns trug, in uns zurückprojizieren.

Ich werde Dianas Geschichte hier detailliert untersuchen, weil sie so vieles von dem enthält, was wir in unserer Kultur zu sehen bekommen. Märchen haben durchaus etwas mit dem Leben zu tun. Sie schildern die mythische Dimension historischer Begebenheiten: deren Bedeutung. Was wir bei Diana am Bildschirm erlebten, war die mythische Reaktion der Welt auf das historische Ereignis. Diese innerste Dimension ist immer lebendig und aktivierbar – im normalen Leben genauso wie bei außerordentlichen Ereignissen. Auf diese Weise ist das Universale, Allgemeingültige als Bedeutung stets im einzelnen gegenwärtig.

In unserem Märchen ist der Held männlich, in der historischen Episode weiblich. Doch das Unbewußte schert sich nicht um das biologische Geschlecht: Männlichkeit und Weiblichkeit sind nicht dasselbe wie Mann und Frau. Allerdings gibt es zwischen Diana und der Zar-Jungfrau einen fundamentalen Unterschied: Diana war menschlich, die Zar-Jungfrau ist göttlich. Gleichwohl wurde für einen Zeitraum von einigen Stunden Diana, das Menschenwesen, zum archetypischen Inbegriff von Weiblichkeit erhoben. Wohlgemerkt, nicht zur archetypischen Frau. Dieser Aspekt ist wichtig, weil Dianas Geschichte mit der Iwans verflochten ist. Iwan ist in unserem Märchen ein Symbol der von sechs weiblichen Figuren initiierten Männlichkeit. Diana ist ein Symbol der Weiblichkeit, initiiert durch die patriarchalischen Strukturen, in die sie hineingeboren wurde. Gemeinsam können Iwan und Diana für das Heranreifen des Männlichen und Weiblichen in vielen von uns stehen.

Wenn Sie diese Geschichte lesen, lassen Sie ruhig Bilder aus Ihren eigenen Träumen vorüberziehen. Es sind Bilder unbewußter Inhalte, die mittels einer Projektion übertragen werden können. Stellen Sie sich das Bild eines verlassenen kleinen Mädchens vor, oder das einer Heranwachsenden, die sich kleiner und dümmer macht, als sie ist, oder das einer verführerischen Schönheit, einer betrogenen Ehefrau, einer liebevollen Mutter, einer zögerlichen Rebellin, einer sprachlosen Schönheit, einer Selbstvertrauen ausstrahlenden Wohltäterin. Stellen Sie sich dann vor, daß alle diese Bilder in einer einzigen Person zum Leben erweckt sind – und schon haben Sie eine Idee, wie das neue archetypische Bild des Weiblichen aussieht, wenn es spontan aus dem kollektiven Unbewußten von Millionen Menschen aufsteigt.

Die Menschen in Nordamerika erlebten das historische Ereignis von Dianas Tod auf ganz andere Weise als die allermeisten Engländer. Die Briten wachten an einem ruhigen Sonntagvormittag auf und hörten, daß ihre Prinzessin tot war. In Amerika wurden die Samstagabendprogramme mit der Nachricht unterbrochen, Dodi und Di hätten in einem Pariser Tunnel einen schweren Autounfall erlitten. Zehn Minuten später wurde gemeldet, daß die Polizei nun an Ort und Stelle sei. Weitere fünfzehn Minuten später war Diana schwerverletzt ins Krankenhaus gebracht worden. Dann wurden die regulären Programme abgebrochen. Man konnte erste Bilder des völlig zerstörten Autos im Tunnel sehen und es hieß, Dodi sei tot, der Fahrer sei tot, der Leibwächter im Krankenhaus, Diana in Lebensgefahr. Der Archetyp des Todes ergriff von uns Besitz. Wie konnte nur irgend jemand lebendig aus diesem Autowrack herauskommen? Aber sie wird schon durchkommen. Und dann das Kommuniqué: Diana, Princess of Wales, ist tot. Die niederschmetternden Minuten, die folgten, dann die schlaflose Nacht und am Sonntagmorgen die Erkenntnis, daß eine Ära zu Ende gegangen war.

Bei einer derartig schnellen, radikalen Wende neigt die Gesamtbevölkerung dazu, in der Welt des »Es war einmal« und des »Weißt du noch, damals ...« Zuflucht zu suchen. Die meisten von uns werden sich zeitlebens ganz genau daran erinnern können, wo sie gerade waren, als sie die Nachricht von der Ermordung John F. Kennedys hörten. Vor ihrem Tod war Diana ein unvollkommenes menschliches Wesen, gewiß; wenn man sie vordergründig betrachtete, gab es manches an ihr auszusetzen. Aber mit ihrem Tod und dem Sternregen von Bildern und Musik in den Medien haben wir sie aus dem Reich der vordergründigen Realität in das Reich des Leibseelischen in unserem Innern emporgehoben. Jetzt konnten wir sie nur noch auf dieser mythischen Ebene wahrnehmen.

Diana, die Jägerin und die Gejagte, starb auf eine Art und Weise, die fast den Gedanken an eine rituelle Tötung nahelegte – ein Opfer für die Menschen, ein Tod, der neues weibliches Leben möglich machen sollte. Das Leben, das wir nur unvollkommen lesen und verstehen konnten, wurde zum offenen Buch. Die unvollkommene, menschliche Diana wurde zur Ikone. Selbst die Prosaischen, die nur an das Vordergründige glauben können, waren nicht in der Lage, diese Transformation aufzuhalten, als die einstmals verstreuten Seiten von Dianas Leben sich spontan zu einer Gesamtbedeutung zusammenfügten, die niemand vermutet hätte. Die Extravaganz ihrer Kleider erhielt, wie ihr ganzes öffentlich zur Schau gestelltes Verhalten, plötzlich eine ganz andere Bedeutung. Es war, als hätte sie sich uns mit einem Ziel dargeboten, das selbst ihr verborgen geblieben war. Wie eine Märchenprinzessin nahm dieser unvollkommene Mensch Züge des Göttlichen an. Alles, was nun schnell auf sie projiziert wurde, rief auf der ganzen Welt Aufwallungen von Kummer und Ehrfurcht sowie das Gefühl eines religiösen Mysteriums hervor, gesättigt mit archetypischen Bildern.

Im Hyde Park wurden riesige Fernsehleinwände aufgestellt, um die Trauerfeier für Tausende zu übertragen. In Kensington Gardens war jeder Baum von brennenden Kerzen umgeben; und von den Zweigen hingen Chrysanthemen und Gänseblümchen in Kaskaden herab. Vor den Toren des Palastes, in dem Diana gelebt hatte, waren Lilien und Rosen wie riesige Fächer ausgebreitet. Liebesgedichte für die geliebte Prinzessin wünschten ihr für den Flug ins Paradies den himmlischen Segen. Handgemalte Bilder, Teddybären und hemmungslose Ausbrüche von Liebe und Schmerz – in einem Ausmaß, wie man sie auf den Straßen Londons nie zuvor erlebt hatte. Ähnliche, wenn auch nicht ganz so ekstatische Szenen spielten sich überall auf der ganzen Welt ab.

Die Hochspannung der unterdrückten Energie, die schlagartig freigesetzt wurde, kann nur als archetypisch bezeichnet werden. Um ein Bild zu benutzen, das an späterer Stelle in unserem Märchen vorkommt: Die Nadel wurde durch Dianas Tod hinausgeschleudert. Die Plötzlichkeit dieses Todes war real, sie war erschreckend. Die Realität dieses Todes wurde im Nu zur spirituellen Realität, die auf der ganzen Welt zu einem Schub neuer Lebensenergie führte. Menschen, die zuvor nicht hatten begreifen können, daß Rituale oder Prozessionen als

Transformatoren dienen, um Energie aus einer Dimension in eine andere zu übertragen, beispielsweise vom körperlichen in den leibseelischen Bereich, erlebten genau dies auf einmal selbst, als während der Woche nach Dianas Tod die Massen trauerten und die Märchenprinzessin schließlich zu Grabe getragen wurde.

Selbst während der Fernsehübertragung konnten die meisten von uns spüren, wie sie ins Grenzenlose emporgetragen wurden – nicht nur durch die Fakten, die wir da erlebten, sondern durch die Bilder und die Stille, die eine übertragene Bedeutung erhielten. Was wir mit unseren physischen Augen sahen, war das, was sich auf der realen Ebene abspielte. Doch dieses reale Geschehen hatte eine umfassendere psychologische Bedeutung – für einige auch eine spirituelle Bedeutung. Natürlich verharrte fast niemand auf der rein faktischen Ebene: der plötzlichen Auslöschung eines Lebens und der Beerdigung eines Leichnams. Der archetypische Ausbruch spontaner Energie kam aus einem mysteriösen Zentrum, das die Menschen auf diesem Planeten als Ganzheit vereinigte.

Wenn wir die Intensität dieser Reaktionen verstehen wollen, müssen wir zuerst eingestehen, daß es sich hier um eine archetypische Energie handelt, die weit über unsere persönlichen Kapazitäten hinausgeht. Wir sind nur die Instrumente, durch die diese Energie hindurchströmt. Wenn wir jedoch die Nadel aus unserem Kragen heraushalten wollen, müssen wir uns die Bilder, soweit wir das können, bewußtmachen. Nur so kann die neue Energie weiter durch uns hindurchströmen. Was projizieren wir auf Diana? Wenn wir uns das Gesamtbild ihres Lebens und Sterbens (soweit wir es kennen) so ansehen, als handle es sich um einen Traum oder ein Märchen, dann können wir auch erkennen, was wir auf die Prinzessin projizieren. Und daraus ergibt sich dann, was wir in unser eigenes Leben integrieren müssen.

Weil der Begriff »Projektion« in diesem Zusammenhang eine Schlüsselrolle spielt, müssen wir uns kurz vergewissern, daß wir ihn auch richtig verstehen. Eine Projektion ist wie ein Pfeil: Ein unbewußter Inhalt in uns sieht jemanden oder etwas in der Außenwelt, der oder das ihn anzieht oder abstößt, und der Pfeil fliegt in sein Ziel. Dadurch wird ein Teil von uns mit dieser Person oder Sache verhakt. (Das Phänomen ist übrigens auch unter anderen Namen bekannt, etwa »sich verlieben«, »seinen Guru anbeten« oder »ganz verrückt nach einer bestimmten Rockband sein«.) Im Normalfall hat das Ego (außer wenn es von außerordentlicher Bewußtheit geprägt ist) keine Kontrolle über den projizierten Inhalt oder die Flugrichtung des Pfeils. Steht der Pfeil aber unter Hochspannung (archetypische Projektion), dann kann die Dynamik zwischen Pfeil und Ziel auch geradezu elektrisierend sein. Wie im folgenden Gedicht von Emily Dickinson:

Er hat mich berührt, ich leb und weiß:
An solchem Tag war mir's erlaubt,
Auf seiner Brust mich vorzutasten –
Ein grenzenloser Ort für mich –
Verstummt, wie das erhab'ne Meer
Kleinere Flüsse zur Ruhe bringt.

Jetzt bin ich anders als zuvor,
Als atmet' höhere Luft ich ein –
Hätt' königlich Gewand berührt –
Auch meine Füße, vom Wandern müd' –
Mein Zigeunergesicht – verklärt ist's nun –
Zu zarterem, schönerem Ruhm –

Wurde der Pfeil vom Ziel zurückgewiesen, dann hat eine solche Zurückweisung schon zur Entstehung einiger der schönsten Liebesgedichte, Musikstücke, Kunstwerke, Dramen und Ballette der Welt geführt.
Individuen, die versuchen, sich selbst zu finden, indem sie eine Projektion zurücknehmen und in sich selbst kreativ nach

den Ursachen forschen, schreiben Tagebuch, malen, tanzen oder komponieren so lange, bis sie sich die eigenen Eigenschaften bewußtgemacht haben, die sie zuvor wie einen Pfeil an jemand anders ausgesandt hatten.

Die Rückübertragung von Projektionen erfordert, daß man sich auch mit Engeln und Dämonen auseinandersetzt und seinen Frieden mit ihnen schließt. In den frühen achtziger Jahren, als Ronald Reagan noch amerikanischer Präsident war, soll Michail Gorbatschow zu ihm gesagt haben: »Ich werde Ihnen etwas Schreckliches antun; ich werde Ihnen Ihren Feind nehmen.« Und genau das tat er. Ohne die Möglichkeit, die eigenen Aggressionen und Ausreden weiterhin auf Rußland zu projizieren, sind die Vereinigten Staaten jetzt gezwungen, sich dem eigenen schmutzigen Hinterhof zu widmen. Unsere Projektionen zu analysieren, ist der beste Weg, uns selbst mit all unseren Licht- und Schattenseiten kennenzulernen, zumal wir dabei in unserer Psyche Neuland betreten. Wenn unsere Träume uns in stockdunkle Szenerien führen, wissen wir, daß wir uns im Reich des Unbewußten bewegen, wo weder wir noch unsere Vorfahren je zuvor waren. Es gibt keine Landkarte der Seele. Den größten Zugewinn an Weisheit verspricht es, wenn wir unsere Projektionen untersuchen. Wer sie in der Außenwelt erkennen kann, kann sie auch im Innern transformieren.

Was also war es, das wir auf Diana projiziert haben? Als sie Prinz Charles 1981 in einer märchenhaften Zeremonie heiratete, hegte das schüchterne neunzehnjährige Aschenputtel, das seinen Prinzen gefunden hatte, die Hoffnungen, den Glauben und die Liebe, die sich die meisten Bräute sehnlichst wünschen. Ihr Prinz sollte eines Tages König sein, und sie die Mutter von Königen. Also lasteten auf ihr die Träume einer ganzen Nation. Pomp und Prachtumzüge in London brachten die Hoffnung vom Anbruch eines neuen Zeitalters im gebeutelten England glänzend zum Ausdruck.

Das Märchen ging weiter, und Diana wurde eine ideale liebevolle Mutter, die lieber gemeinsam mit ihrem kleinen Sohn reiste, als ihn im Palast in der Obhut von Fremden zurückzulassen. Hier trafen wir also auf echt weibliche Gefühle, die geeignet erschienen, die herrschaftliche Kühle und Unnahbarkeit der Königin und ihres strengen Prinzen aufzubrechen. Als die Zeit voranschritt, boten uns die Medien wunderschöne Bilder der lachenden Mutter mit ihrem kleinen Prinzen in der Achterbahn, der, wie sie hoffte, einmal so werden sollte wie sie selbst – der »ihr Lied singen« sollte. Ihr sturer Gatte glänzte durch Abwesenheit. Er zog es vor, allein in seinem Garten zu arbeiten – vielleicht weil er bei seiner königlichen Erziehung eine Nadel in den Kragen bekommen hatte: Keine Einblicke in die Privatsphäre, keine Gefühle zeigen!

Zunehmend verbreiteten sich Gerüchte von der einsamen Kindheit der Prinzessin im Landsitz der Familie Spencer in Althrop. Auch sie stammte ja aus altem Hochadel. Ihre Familie war in England sogar als Familie der großen Königsmacher bekannt. Die Spencers schufen und zerbrachen Dynastien, so wie auch jetzt eine Dynastie bedroht war. Diese Prinzessin war nicht mit Eltern gesegnet, die einander liebten. Als Kinder wurden sie und ihr kleiner Bruder wiederholt zwischen Stiefmutter und Hauslehrer hin und her gereicht. Erst viel später sollten ihre Untertanen, die sie liebten, in Dianas Augen sehen und dort das verlassene Kind im eigenen Innern entdecken, ja sogar das eigene Göttliche Kind, wie es sich in diesen funkelnden, verwundbaren Tiefen spiegelte.

Der Inhalt der getuschelten Gerüchte über die schöne Prinzessin war nicht immer freundlich. Oft wurde suggeriert, diese zerbrechliche Frau wisse sehr wohl, wie man die Stufen der Macht in einer patriarchalischen Gesellschaft erklimme. Sie wisse sehr genau, wie man die Palasthierarchie manipuliere, um den eigenen Willen durchzusetzen. Jedenfalls war ihr Weg nicht der ihres Prinzen, und es war traurig, mit anzusehen, wie die beiden getrennte Wege gingen – Diana in die Arme von James Hewitt, einem Pferdetrainer, der sich als nicht vertrauenswürdig erwies, und später von James Gilbey, der ihr den äußerst geschmackvollen Spitznamen »Squidgy« (»Matschi«) gab.

Ja, auch Schatten sind natürlich, und viele von Dianas Untertanen hatten Ehemänner, in deren Leben es ebenfalls eine »Squidgy« gab – oder Ehefrauen, die einen James hatten. Das Wissen, daß ihre Prinzessin eine ebenso unglückliche Ehe führte wie sie selbst, vereinigte die Leidgeprüften wie mit einem Band aus Samt. Ihr Leid wurde nicht länger unter den Teppich gekehrt, denn was sie erduldeten, erlitt ja auch ihre königliche Prinzessin.

Noch bei der Niederschrift dieser Worte spüre ich, wie mich die Märchensprache in ihren Bann schlägt und wie ich immer weiter in die Märchenwelt hineingezogen werde. Wie viele andere auch hatte ich zum Zeitpunkt ihres Todes bereits begonnen, meine Projektionen auf Diana zu erkennen, sowie die unwirkliche Qualität der Welt, in der sie sich wiederfand. Ihre gesamte Kindheit hatte Diana für ein Leben in der Isolation vorbereitet, und die Chancen standen gut, daß sie diesem Leben im Alleinsein zum Opfer fallen würde. Es bestand aber auch die Möglichkeit der Läuterung, so daß in ihrem Alleinsein das leuchtende Wesen zum Vorschein kommen konnte, das sie in Wirklichkeit war. Nachdem sie zwei Prinzen als Thronfolger geboren hatte, wurde sie als Mutterleib der Monarchie nicht mehr gebraucht. Ihr Ehemann, Prinz Charles, fast dreizehn Jahre älter als sie, liebte eine andere Frau, Camilla, die sogar an dem Tag zugegen gewesen war, als er Diana zum Traualtar geführt hatte. Wenn man Gerüchten glauben darf, dann hatte er vom Palast seiner Großmutter aus eine private Telefonverbindung zu Camilla. Dabei war es doch gerade diese Großmutter – in Verbindung mit ihrer Hofdame, Dianas Großmutter – gewesen, die diese Ehe überhaupt zustande gebracht hatte. Hier konspirierten also, fast wie im Märchen, gleich zwei Großmütter als böse Feen mit Nadeln in der Tasche.

Psychologisch gesehen war Diana allein und auf sich gestellt. Ihre Königliche Hoheit war sie nur, weil sie den Thronerben geheiratet hatte, nicht weil sie wirklich von königlichem Geblüt war. In den Augen vieler war sie vielmehr ein einfaches, süßes Mädchen – so einfach, daß man alles auf sie projizieren konnte. Wie die Zar-Jungfrau erstrahlte sie inmitten ihrer dreißig Nennschwestern.

Doch Diana war kein einfacher Mensch, und sie war auch keine Zar-Jungfrau. Sie hätte stillschweigen können, ihre eigenen Schuld- und Schamgefühle und ihre Desillusionierung schweigend ertragen können, so wie es Frauen seit Jahrhunderten getan haben. Dann wäre sie uns weiter als perfekte Prinzessin, Mutter und Wohltäterin erschienen.

Der zweite Teil unseres Märchens von der Zar-Jungfrau enthüllt das wahre Wesen der Jungfrau. Kurz vor dem Wiedersehen mit Iwan »*flog plötzlich die Zar-Jungfrau mit den dreißig anderen Jungfrauen, ihren Nennschwestern, herbei*«. In anderen russischen Erzählungen sind diese Figur und ihr Gefolge in der Tat Schwäne. Dazu heißt es bei Marie-Louise von Franz:

Das Handwörterbuch des deutschen Aberglaubens sagt aus, daß das Wort Schwan die gleiche Wurzel wie das lateinische Wort sonare *besitzt; sie bedeutet Tönen, Ton und hängt mit dem Gesang des Schwans zusammen. ... Man glaubte früher, daß dieser Vogel vor seinem Tod sehr wohlklingend singe. ... Alternde Schwäne [bleiben oft] im Eis stecken. Sie scheinen dann bis zu allerletzt bitterlich in einem hohen Schrei zu klagen. Vielleicht hat dies zur Bildung der Legende vom Schwanengesang geführt. Die Schönheit des Schwans mit seinem faszinierenden Gefieder hat auch die Vorstellung hervorgerufen, daß er ein übernatürliches Wesen sei. ... Weil er die Zukunft kennt, ist der Schwan in der griechischen Mythologie dem Apoll und bei den Germanen der Njördr heilig.*

Er spielt eine große Rolle in dem berühmten Motiv der Schwanenjungfrauen. ... Der Schwan stellt ... einen Aspekt der noch unbewußten Psyche dar. Wie alle Vögel hat er mit dem Geist des Unbewußten zu tun; mit Intuitionen und Ahnungen, plötzlichen Eingebungen und Erkenntnissen, die von nirgendwo kommen und wieder verschwinden.

Die eigene Seele oder den eigenen inneren Geist aus der Schwanengestalt zu erlösen würde darum bedeuten, daß man sich solche Ahnungen bewußtzumachen versucht. Dadurch kann man deren menschlichen Kern erfassen. ... Beharrliche bewußte Mühe ist nötig, um diese inneren Wesenheiten in ihrer menschengemäßen Verbundenheit mit dem Bewußtsein festzuhalten, weil es ihre natürliche Neigung ist, immer wieder zu entschlüpfen.

Diana hätte ein Schwan werden können. Wie in dem russischen Ballett »Schwanensee« hätte sich Odile von Odette abspalten können, und eine begriffsstutzige Welt hätte weiterhin so tun können, als sei diese wunderschöne Frau keine Ehebrecherin, als wisse sie nichts vom Glanz der Sexualität und als mache ihr die eheliche Untreue ihres Gatten kaum etwas oder überhaupt nichts aus. Doch Diana wehrte sich gegen diese Spaltung. Sie schlug dem Hauslehrer den Kopf ab. Sie fand ihre eigene Sprache, brachte ihre eigenen weiblichen Werte vom weiblichen Herzen her zum Ausdruck, ließ das Schwanenstadium hinter sich und wurde zur selbstermächtigten Frau. Sie sprach für die Frauen dieses Jahrhunderts und für das Weibliche im Manne. Sie machte die angsterfüllte, von der Persönlichkeit abgespaltene Hure ebenso zum Thema wie die gleichermaßen angsterfüllte Perfektionistin – die sich doch beide nur nach einem erfüllten Leben im menschlichen Körper sehnen.

Diana wies die Projektion der Vollkommenheit zurück und wurde dabei von den Medien unterstützt. Hunderte von Fotos hielten uns über beide Seiten ihres Wesens auf dem laufenden. In dem Maße, wie sich Individuen mit einer archetypischen Projektion identifizieren, erleben sie sich selbst als tot. Als menschliche Wesen könnten sie dann genausogut aufhören zu existieren. In unserer Geschichte verbirgt die Zar-Jungfrau ihre Liebe später in einer Truhe.

Indem sie sich im November 1995 für ihr BBC-Interview nach der Scheidung wie eine Witwe herrichtete und einen extra schwarzen Lidstrich anbrachte, und indem ihre Kopfhaltung zwischen schüchterner Schräghaltung und trotziger Pose schwankte, brachte sie ihre eigene Wahrheit zum Ausdruck. Ihre Zuhörer, die die Nadel im Kragen trugen, waren alle so schockiert, daß sie kaum darüber sprachen. Aber sie hatten gehört, ihr Unbewußtes hatte gehört, und die Seelenqual, die sich bei Dianas Tod Ausdruck verschaffte, war die unterdrückte Seelenqual von Jahrhunderten, die an jenem Abend mit Urgewalt hervorbrach. Viele der bei den Trauerfeierlichkeiten interviewten Frauen hatten ihre kleinen Töchter mitgebracht, damit diese sich später einmal daran erinnern sollten, sie seien dabeigewesen – bei der Beerdigung der Prinzessin, die ihnen eine Sprache verliehen hatte. »Vielleicht werde ich selbst die Freiheit niemals kennenlernen«, sagten sie, »aber ich hoffe, daß es meiner Tochter gelingt.«

Diana nahm es allein mit der ganzen Windsor-Dynastie auf. Sie heiratete in eine Familie ohne wahren König ein; das schöpferische Männliche, voll von der Energie der Sonnenwelt, fehlte. Die liebevolle Seite der Königin war durch ihren Respekt vor dem patriarchalischen Recht und dem Protokoll gelähmt. Der strahlende Charme, der sie einst mit ihrem Volk verbunden hatte, kam nur noch selten zum Ausdruck. Die uralten Roben der Pflicht, die sie traditionsgemäß alljährlich bei der Parlamentseröffnung zu tragen hatte, wurden für ihre alternden Schultern immer mehr zur Last. Der letzte Schlag für das Haus Windsor in jenem »Schreckensjahr« war der Brand auf Schloß Windsor gewesen. Irgend etwas mußte sich ändern. Und genau in diesem Augenblick erschien die befreite Diana auf der Bildfläche.

Ich muß hier vielleicht sagen, daß ich nicht zu jenen gehörte, die Diana besonders gern mochten. Ich mißtraute ihrem verführerischen Umgang mit den Medien, besonders ihrem Flirt mit der Kamera. Ihre Seelenlage hatte mich allerdings schon immer interessiert: Eine Zeitlang litt sie unter Bulimie (Eßsucht), und sie unternahm mehrere Selbstmordversuche. Jede(r) Süchtige, der oder die solchen Mut und so viel Energie besitzt, daß er oder sie sich mit Gegensätzen und Widersprüchen so offensiv auseinandersetzt, interessiert mich. Hier war also eine Prinzessin, die verzweifelt genug war, um sich den etablierten kollektiven Werten im Palast zu widersetzen; deren Körper sich weigerte, zu verdauen, was Gift für sie war; deren Psyche willens war, bis zum Äußersten zu gehen, um den Versuch zu wagen, sich selbst zu verwirklichen. Sie ließ sich nicht ruhigstellen. Sie weigerte sich, die Gefangene von Wales zu sein. Sie benutzte den Säbel, zunächst auf neurotische Weise, allmählich aber ganz bewußt und entschieden, denn nur mit solcher Entschiedenheit kann der Bewußtwerdungsprozeß vorankommen.

Als Vatertochter tendierte sie wahrscheinlich zu einem Schicksal, das sie vom pulsierenden Leben absondern würde. Ich konnte sie aber dabei beobachten, wie sie tapfer versuchte, aus dem Schwan, der sie dem Leben entrücken sollte, einen Menschen zu machen. Ich sah, wie sie sich in ihrem eigenen Körper und in den Werten, die ihr wirklich etwas bedeuteten, immer mehr zu Hause fühlte. Ich hörte, wie ihre Stimme ruhig verkündete, daß sie ihrem Herzen eher folgen würde als dem patriarchalischen Arrangement. Eine andere Frau hat es treffend gesagt: »Hat es je zuvor eine Frau in der Geschichte gegeben, die ihre Rolle als Königin aufgegeben hat, nur weil sie eine betrügerische Beziehung einfach nicht hinnehmen wollte?«

Diana unternahm eine Gratwanderung zwischen Leben und

Tod. Und sie starb auf diesem Grat. Sie spielte mit hohem Einsatz um das ganze Leben: um Schönheit, Reichtum, Ruhm und Glück. Im krönenden Augenblick ihres Spiels vertraute sie allerdings blind und fragte nicht: »Wer soll denn das Auto fahren?« So starb sie in einem Pariser Tunnel, möglicherweise in der glücklichsten Nacht ihres Lebens. Persönlich und kulturell hatte sie ihren Gipfel erreicht. Irgend etwas in ihrem Schatten muß geschrien haben: »Was für eine Art, die Bühne des Lebens zu verlassen!«

Und wie hätte ein weiteres Märchen ausgehen können, wenn man das »unglücksel'ge Liebespaar« Dodi und Diana wie Romeo und Julia aus den verfeindeten Familien Montague und Capulet gemeinsam beerdigt hätte? Wenn auch hier ihr »grauser Tod ... der Eltern Friedensschluß aus sich geboren« hätte, gar die Versöhnung zwischen christlicher und muslimischer Welt? Dafür war die Zeit wohl noch nicht reif, obwohl viele Briefe am Zaun des Palastes und zwei große Porträtbilder des Paares im Schaufenster des Kaufhauses Harrod's sie gemeinsam im Paradies besangen.

Das Unbewußte will heraus; alles, was für die Freisetzung erforderlich ist, ist eine Krise. Und welches war die Krise, die zahllose Träume bezüglich Diana hervorbrechen ließ? Was lag im Unbewußten von Millionen Menschen bereit, die gar nicht wußten, daß ihnen Diana etwas bedeutete? Was fehlt am Beginn ihrer Story, das den Schlüssel zur Bedeutung dieser Geschichte enthalten könnte?

Wie der Hauslehrer und die Stiefmutter ist das Haus Windsor, ja ist ganz England am Anfang von Dianas Geschichte durch die Nadel gelähmt. Neues Blut, neue Spontaneität, eine neue Stimme und neue weibliche Werte sind nötig, um neues Leben hereinzubringen. Eine neunzehnjährige *unbewußte* Jungfrau wird geholt, um die Lücke zu füllen. Sie bringt zwei Söhne zur Welt. Anfangs fügt sie sich dem patriarchalischen Protokoll. Doch als sie ihre eigenen Gefühlswerte einbringt, beginnen die Palastmauern zu wanken. Und als sie immer mehr Kräfte

sammelt, als *bewußte* Jungfrau immer stärker wird und anfängt, ihre differenzierte Weiblichkeit und ihre differenzierte
Männlichkeit auszuleben, beginnt London Bridge einzustür-
zen. Die androgyne Diana ist exquisit weiblich, aber auch mutig und kühn. Und dann schlägt die Krise zu: Diana kommt ge-
waltsam zu Tode. Dadurch ist die Nadel nun fort. Und das
kulturelle Unbewußte hält in dieser Situation nicht nur die
Antwort bereit, was im Hause Windsor, sondern was der ganzen Welt fehlt.

Als Dianas Bruder in seiner Totenrede (mit einem versteck-
ten Tadel für die Königin) sagte, Diana sei ein »Mensch von
natürlichem Adel« gewesen, »klassenlos«, und sie habe »in
ihrem letzten Lebensjahr bewiesen, daß sie keinen königlichen Titel benötigte«, da begann der Beifall – Zustimmung
und Rebellion zugleich – vor den großen Fernsehleinwänden
im Hyde Park, pflanzte sich über den Green Park bis nach
Westminster fort, bis in die Abtei hinein, wo das Haus Windsor inmitten einer Revolution saß, die sich direkt vor ihren
Augen abspielte. Eine Dynastie ohne pulsierendes weibliches
Leben wurde demontiert. In diesem Augenblick brach sich die
Sehnsucht nach dem Weiblichen aus dem Unbewußten der
trauernden Nation Bahn. Das Bewußtsein der Welt verschob
sich. Ob die Nadel nun draußen bleibt oder ob wir wieder einschlafen, hängt ganz davon ab, was wir mit dem neuen Bild
der Weiblichkeit anfangen, das sich aus dem Unbewußten befreit hat. Was fehlte, lag nun im Mittelpunkt im Sarg. Was
jedoch nicht fehlte, war das lebendige Bild einer neuen Weiblichkeit – einer Mutter, Liebhaberin, Verführerin, Menschen-
freundin und Wohltäterin mit der Stärke, ihre eigenen Werte
zum Ausdruck zu bringen, und dem Mut, sie zu verteidigen.
Diana war niemals lebendiger als gerade jetzt. Der Tod erlö-
ste sie in die Fülle des Lebens und führte dazu, daß sich wie
ein Glorienschein Millionen archetypischer Projektionen auf
sie richteten, Projektionen, die sich nach einer Verkörperung
sehnten.

Beim erneuten Lesen meiner Darstellung von Dianas Leben bin ich mir im klaren darüber, daß viele Leser sagen werden: »Aber Diana war doch ein Mensch mit vielen Fehlern. Die Zar-Jungfrau hingegen ist ein göttliches Wesen.« Bei meinen Bemühungen, ein neues Gleichgewicht zwischen menschlichen und göttlichen Aspekten im Weiblichen zu finden, habe ich die beiden Seiten vielleicht nicht klar genug herausgearbeitet. Vielleicht haben Sie aber auch nicht mit beiden Ohren zugehört. Darum lassen Sie uns bitte den Versuch unternehmen, das patriarchalische Entweder-Oder zu meiden und das weibliche Sowohl-Als-auch an seine Stelle treten zu lassen. Denn in diesem Paradox liegt das Mysterium des Menschseins. Wir sind sowohl animalisch als auch göttlich. In unserem Wesen bilden Gegenpole keine sich ausschließenden Gegensätze. In einem elektromagnetischen Feld stoßen sich gleichgerichtete Pole ab, während sich entgegengesetzte anziehen, wobei eine Spannung entsteht mit dem Ziel, diese Pole zusammenzuführen.

Für mich ist genau das der Ort der Zar-Jungfrau in unserer Erzählung. Sicher, sie ist schön. Und sie ist göttlich. Aber sie trägt auch beide Seiten der archetypischen Energie, wie wir schon bald bei der Baba-Jaga sehen werden. Auch das ist ein Paradox, das zu unserem inneren Wachstum beiträgt. Lassen wir aber eine Seite dieses Paradoxes fallen, dann verhärtet sie sich zu Eis. Können wir uns indes in der Mitte aller Spannungen halten, dann öffnen sich unsere Herzen. Sie werden von einer Liebe geöffnet, die größer ist als alles, was wir je erlebt haben. In meinem Verständnis geht es auf dieser Lebensreise allein darum: stark genug zu sein, die Spannungen auszuhalten, bis die Liebe zum Durchbruch kommt, die das Paradox in sich aufnehmen und aufheben kann. Natürlich schließt das auch Leid ein, aber es fühlt sich nicht wie Leid an, wenn die Liebe einerseits göttlich, andererseits menschlich und im liebenden Herzen eins ist.

»Was deutete dein Lied voraus?« wendet sich die sterbende

Emilie in *Othello* an die tote Desdemona. Dianas Lied bringt einer schlafenden Welt in diesem geschichtlichen Augenblick die Befreiung einer Weiblichkeit, die niemals richtig in unsere Kultur integriert war.

Ob Diana diese Weiblichkeit nun verkörpert hat oder nicht, ist gar nicht so wichtig. Viel wichtiger ist, daß wir in ihrem tragisch kurzen Leben das nicht realisierte Weiblichkeitspotential erkennen, das durch ihren Tod ins kulturelle Bewußtsein gelangte. Wenn wir uns umsehen und den Aufruhr in den Beziehungen von Mann und Frau betrachten, dann kann es überhaupt keinen Zweifel geben, daß sich aus dem Unbewußten eine Gezeitenwelle gelöst hat, die die archaischen Beziehungsmuster überrollen wird, nach denen man sein Leben nicht länger gestalten kann. Das Weibliche hat sich vom alten Paradigma der Beziehungen zwischen Mann und Frau gelöst, aber auch vom inneren Verhältnis zwischen Männlichkeit und Weiblichkeit bei beiden Geschlechtern. Die alte psychische Ordnung hat sich inzwischen überlebt; sie ist nicht länger nützlich und kann nur noch auf selbstzerstörerische Weise weiter funktionieren. Wir befinden uns in einem neuen Stadium der Bewußtseinsevolution und sind aufgerufen, unsere individuelle und kulturelle Reife zu erreichen.

In einer Konfrontation nach der anderen befreien sich Männer und Frauen von toten Stereotypen, ob ihnen das paßt oder nicht. Das Weibliche durchläuft in beiden Geschlechtern schmerzliche Initiationsphasen, um zu erreichen, was ihm kulturell so lange verwehrt war. Frauen finden ihre Identität als Frauen, und Männer erkennen, daß ihre männliche Identität sich nicht länger auf einem falschen Bild des Weiblichen gründen kann. Das patriarchalische System florierte auf der Grundlage einer verkrüppelten Männlichkeit, die ihre Wurzeln in einer gespaltenen Weiblichkeit hatte. Im gegenwärtigen Beziehungschaos befreien sich Männlichkeit und Weiblichkeit selbst aus diesem Paradigma, das beiden Geschlechtern gleichermaßen geschadet hat. Und diese Initiation vollzieht sich nicht durch Materie oder Geist, sondern durch beides.

In unserer gegenwärtigen Situation hat das Schicksal die Ereignisse so arrangiert, daß Diana der Funke war, der die schwelenden Feuer des kollektiven Unbewußten auflodern ließ. In unserem Märchen ist die Zar-Jungfrau der Funke, der das Unbewußte in Iwan entzündet. Was sich heute im Unbewußten von Millionen Menschen zusammenbraut, ist dasselbe, was auch in Iwans Unbewußtem auf den Ausbruch wartete. Wie die Zar-Jungfrau deutet auch Diana auf das Kommen der bewußten Jungfrau voraus, die in sich ruht und eins mit sich ist.

Diese Jungfrau befand sich zwar bei Diana noch immer im Geburtsstadium, und auch in unserer Erzählung gilt das für Iwan und die Zar-Jungfrau, aber wir müssen sie jetzt als intuitive Möglichkeit im Rest unserer Geschichte festhalten. Womit wir uns hier befassen und was wir hier sehen, ist das aus dem kollektiven Unbewußten von Millionen projizierte Bild, das sich auf den Tod einer erschöpften psychischen Ordnung und die Geburt einer neuen richtet – nicht nur im September 1997, nach Dianas Tod, sondern auch heute, als befreite Energie im Bewußtsein. Der in unserer zwanghaften Gesellschaft immer noch verborgene Antrieb könnte Erleichterung und Freiheit bringen – Befreiung von einer hemmenden Verschmelzung mit anderen Leuten und Dingen. Wir sind aufgerufen, unsere eigene Identität auszuleben.

Die weibliche Seite dieser Identität ist das, was ich als »bewußte Jungfrau« bezeichne. Wie in der Phrase »jungfräuliche Natur« oder »jungfräulicher Wald« hat die ursprüngliche Bedeutung des Wortes mit dem natürlichen Zustand einer organischen Lebensform zu tun – einem Zustand, der sich ständig, und zwar ohne menschliche Eingriffe, mit seinen eigenen Ressourcen im Einklang befindet. Psychologisch denke ich, wenn ich an bewußte Jungfräulichkeit denke, an den natürlichen Zustand einer organischen Seele, die ein Bewußtsein ihrer selbst erreicht hat, ohne daß dieses Bewußtsein mit seiner natürlichen Entwicklung in Konflikt käme. Unser menschlicher Zustand unterscheidet sich von anderen Formen des Lebens durch das Bewußtsein, das diesen Zustand erleuchtet und menschliches Leben erst zu dem macht, was es ist. Diese Erleuchtung gehört grundlegend zur Seele selbst und ist ihr nicht aufgepfropft. Die bewußte Jungfrau ist deshalb der bewußte Naturzustand des menschlichen Seins.

In diesem Zustand ist die Seele keine Gefangene, die nur darauf wartet, aus einem Körper befreit zu werden, in dem sie eine Fremde oder ein Opfer ist. Vielmehr sind Körper und Seele Freunde, die gemeinsam heranreifen und laufend Botschaften austauschen. Das Bewußtsein bildet sich auf natürlichem Wege durch die fünf Sinne heraus, in Bildern, die als kreative Verbindung zur Seele fungieren. So wird der Körper zum Instrument des Bewußtseins der Seele. Seele und Körper geben sich gegenseitig Resonanz, so daß sich das Göttliche und das Menschliche fortlaufend wechselseitig durchdringen. Die Seele steht im Einklang mit dem Körper, der sich nun seiner selbst bewußt ist.

Bewußte Jungfräulichkeit heißt: Sein, und die Worte »Ich bin« reflektieren das ewige »Ich bin, der ich bin« des Gottesnamens im Alten Testament. Wie die Lilie auf dem Felde steht die bewußte Jungfrau nicht unter dem Zwang, ihre Existenz zu rechtfertigen; auch muß sie sich nicht vor dem Alleinsein fürchten. Ihr Sein lebt in der Gegenwart.

Daß ihre Ganzheit sich laufend weiterentwickelt, bestätigt ihre Gegenwart durch eine sich ständig weiterentwickelnde Kreativität, nicht nur durch die Verbundenheit mit sich selbst, sondern mit dem ganzen natürlichen Universum. Sie weiß um die Heiligkeit der Materie. Dieses einzigartig menschliche Bewußtsein von der Totalität aller Dinge ist das Mysterium, das uns mit dem göttlichen Körper jener Liebe verbindet, die die Schöpfung zusammenhält. Ganz gleich, ob wir männlich oder weiblich sind – ein Augenblick des Seins in

diesem Mysterium ist die Geburt in den Zustand der bewußten Jungfräulichkeit.

Iwan muß seine eigenen Tiefen erfahren und erkunden, ehe er
sich diese Form der Weiblichkeit auch nur vorstellen kann.
Und wir müssen ihn auf seiner Reise begleiten und noch mehr
von seinen Erfahrungen in uns aufnehmen, um körperlich zu
erfahren, was bewußte Jungfräulichkeit sein könnte – anstatt
es uns nur im Kopf vorzustellen. Um dieses archetypische Bild
des Weiblichen zu verkörpern, muß Iwan erst noch die idealisierte Schwanenjungfrau mit der lüsternen Baba-Jaga integrieren.

Teil II

Der Abstieg:
Die Reise ins Unbewußte

Ich stelle Blüten neu ins Glas –
Und werf' die alten – fort –
Ein Blütenblatt wisch' ich vom Kleid
Das dort sich hielt – bedenk'
Die Zeit bis sechs Uhr abends nun –
Ich hab so viel zu tun –
Und doch – erlosch – vor einiger Zeit –
Die Existenz – durchtrennte – meine Uhr –

Emily Dickinson

Abstieg« ist ein mythologischer Begriff. Er bezeichnet den Zeitraum während und nach einem mächtigen Erlebnis, bei dem das Ego durch eine Welle aus dem Unbewußten überwältigt wird. Energie, die normalerweise dem Bewußtsein zur Verfügung steht, fällt ins Unbewußte – mit der Folge, daß der oder die Betroffene oft desorientiert und erschöpft ist, sich vielleicht sogar in einem Trancezustand befindet. Dann spricht man von einer Reise in die Unterwelt – einem Zustand, bei dem kreative Energien einen Wandlungsprozeß durchlaufen, von dem das Ego nichts weiß und vielleicht erst etwas merkt, wenn sich in der Außenwelt große Veränderungen vollziehen: wenn im Atelier plötzlich völlig

241

neue Bilder und Skulpturen entstehen, wenn eine völlig neue Musik erklingt. Die neuen Bilder entstehen in der Dunkelheit der schöpferischen Mutter. Ziel des Abstiegs ist eine neue Verbindung zwischen Erde und Geist. Menschen geraten oft in dieses Reich, wenn der Übergang in eine neue Lebensphase bevorsteht, wenn das Alte in ihnen absterben muß, damit sie im Zeichen des Neuen wiedergeboren werden können. Dies geschieht oft in der Trauerphase, nachdem wir einen geliebten Menschen durch Tod oder Trennung verloren haben.

Wenn Sie den oben zitierten Teil eines Gedichtes von Emily Dickinson, das während einer ihrer »Abstiegsphasen« entstand, laut lesen und dabei an den Gedankenstrichen jeweils eine Pause machen, und wenn sie überdies die vielen einsilbigen Wörter beim Lesen ein wenig überbetonen, dann verspüren Sie so etwas wie die mechanische, einschläfernde Weise des Todes-im-Leben in der Unterwelt.

Wenn Iwan seinem Hauslehrer den Kopf abschlägt, so zeigt sich darin sein Einsatz für das eigene Leben. Ja, er möchte wissen, wer er ist. Er will die geliebte Frau finden. Er möchte in seinem Leben ein Ziel finden. In dem Augenblick, in dem er eine Verbindung zum Weiblichen in seiner Seele herstellt, hat er etwas, für das zu leben sich lohnt, und er handelt dementsprechend.

Zunächst erstrahlt Iwan im Überschwang der Freiheit. Er kann ja auch den unterdrückten Widerstand, den er gleichfalls aktiviert hat, noch nicht kennen. Sobald sich diese neue Energie jedoch zusammenbraut, bauen sich im Bereich seiner inneren Stiefmutter neue Spannungen auf – zumal er nicht nach Hause geht, um sich von ihr zu verabschieden. Es ist, als knurre ihre Stimme nun in seinem Innern: »Und du glaubst, daß du frei sein kannst? Du gehörst mir und wirst immer mir gehören. Da kannst du reisen, ›wohin [d]ein Auge blickt, sei es lang, sei es kurz; das Märchen ist schnell erzählt, aber die Tat nicht schnell vollbracht.‹ Ich werde stets bei dir sein.«

Hier haben wir es mit dem Naturgesetz von Aktion und Reaktion in der Psyche zu tun. Stellen Sie sich einfach ein Energiependel vor, das vor und zurück schwingt. Wir können spüren, wie es weiter in Richtung Vertrauen, Hoffnung und Glauben ausschwingt, doch wenn der Pendelausschlag auf der einen Seite größer wird, dringt es zum Ausgleich auch auf der anderen Seite weiter vor: in den Bereich von Angst und Verwundbarkeit. Eine Psyche, die sich ihr ganzes Leben lang vor der Vernichtung geschützt hat, wird sich bei diesem neuen Akt des frei schwingenden Vertrauens vollkommen ungeschützt fühlen. Träume werden dann oft zu Alpträumen, besonders in einer Situation wie der Iwans, in der sein Glaube grenzenlos und seine Geliebte so stark idealisiert ist. Die Tiefe der Leere verhält sich proportional zur Tiefe der Liebe, obwohl letztere eine reine Projektion ist.

Im realen Leben trauert jemand in einer solchen Situation außerordentlich stark dem nicht gelebten Leben nach; und er leidet unter einer ebenso starken Wut auf Hauslehrer und Stiefmütter, die jetzt als Verräter empfunden werden. Hinzu kommen Verwirrung, Einsamkeit und Schuldgefühle, weil man zugelassen hat, daß der gerade erst gefundene Schatz wieder verlorenging. Anflüge von schwachem Selbstvertrauen sind oft mit Suchtverhalten verbunden, mit der Unfähigkeit, zu den neuen Werten zu stehen. All diese Probleme sind potentielle Situationen für den weiteren Einsatz von Nadeln im Kragen. Und jeder von uns hat seine eigenen individuellen Schwachpunkte, die er sich bewußtmachen muß.

In der Phase des Abstiegs – sie kann ein, drei oder sieben Jahre dauern, weniger oder mehr Zeit in Anspruch nehmen – benötigen wir echten Mut und wahre Stärke. Je mehr sich das Ego bemüht, die Dinge bewußtzumachen, desto mehr reißen uns die Widerstände auf der anderen Seite des Pendelausschlags in das schwarze Loch der Lähmung hinab, besonders wenn auch noch eine Sucht im Spiel ist. Es gilt: die Intensität der Idealisierung wird auf unheimliche Weise durch die Tiefe des schwarzen Loches ausgeglichen, das in Träumen immer wiederkehren wird, bis wir uns die Bedeutung der Träume bewußtgemacht haben. Der Gegenstand, auf den sich die Sucht richtet, entfaltet eine magnetische Kraft, weil er für das Leben selbst steht. Denn was ist schon eine Party ohne Alkohol, eine Silvesterfeier ohne Kokain, oder die abendliche Lektüre ohne die krebsfördernde Zigarette?

Jeder, der sich dem Zwölf-Schritte-Programm der Anonymen Alkoholiker oder verwandter Organisationen angeschlossen hat, kennt die für die Abstiegsphase typischen Krisen. Man sehnt sich geradezu nach dem, was ich »Schweinebewußtsein« nenne: Man möchte sich im Schlamm suhlen und das schön finden. Schlamm, Schlamm, herrlicher Schlamm – völlig unbewußte Dinge, bei denen keinerlei Disziplin gefordert ist. Und gleichzeitig verspürt man auf der anderen Seite den Drang zu unmöglicher Perfektion. Allmählich steigen unterdrückte Energien aus dem heruntergekommenen Körper an die Oberfläche. Diese müssen freigesetzt werden, damit sich neue Energien aus dem unteren Beckenbereich heraus reich und frei entfalten können.

Auch hier müssen psychische Gesetze anerkannt werden: Normalerweise bewegt sich die Psyche in eigenen Zeiträumen, um sich zu schützen. Sie bringt beispielsweise kein schweres Trauma an die Oberfläche, solange die Bewußtseinsform, die dieses schmerzende Material aufnehmen muß, nicht stark und flexibel genug ist, um die Aufgabe zu bewältigen. Solange niemand eingreift und versucht, diese psychischen Prozesse zu steuern, wird es in der Psyche ein Auf und Ab geben, bis Ego und Körper stark genug sind, um sich mit den früheren Verletzungen auseinanderzusetzen.

Die Probleme, die in solchen Phasen hochkommen, sind so zahlreich, wie es unterschiedliche Individuen gibt. Nun ist das Ende der Lebensroutine unter Partnern gekommen, man steht am Anfang erschreckender Risiken. Die meisten Menschen haben sich, schon seit sie kleine Kinder waren, vor allem darum bemüht, im Alltag zu funktionieren. Sie wissen gar nicht, daß es noch einen anderen Weg zu leben gibt. Allerdings ist da jene innere Stimme, die sagt: »Wenn das alles ist, dann ist das Leben nicht lebenswert.« Einer der traurigsten Hilferufe, den ich je gehört habe, kam von einer Frau, die ich bei einem Workshop traf. Sie sprang plötzlich auf und schrie: »Mein Mann, mit dem ich fünfundzwanzig Jahre verheiratet war, hat mich verlassen. Als er zur Tür hinausging, wurde mir klar, daß er mich nie gekannt hat.«

Die Werte, nach denen man sein bisheriges Leben eingerichtet hat, werden einem genommen. Und die neuen Fragen kennt man noch nicht, erst recht nicht die Antworten. Partner haben das Gefühl, sich überhaupt nicht zu kennen; sie mögen sich vielleicht nicht mehr, können sich jedenfalls nicht mehr körperlich lieben. Die Sexualität ist völlig entstellt.

Wenn die Projektionen fort sind, stellen sich atemberaubende Verlustgefühle ein. Ein Mann, der seine Seele auf eine geliebte Frau projiziert – und damit verschenkt – hat, findet sich allein und verlassen vor. Er hat eine symbiotische Beziehung zu ihr geschaffen, und wenn sie ihn jetzt verläßt, empfindet er einen seelischen Verlust. Er wird sich selbst als seelenloses Wesen erleben, wenn er seine Projektionen nicht zurücknimmt und erkennt, daß sie vielmehr die Geliebte im eigenen Innern zum Gegenstand hatten.

Dies ist eine Zeit der harten, langsamen Arbeit, eine Zeit des Alleinseins. Die Rücknahme der Projektionen zwingt uns, uns dem eigenen verlassenen Schatten zu stellen. Wir fragen uns, ob wir nicht total verrückt waren, als wir so viel aufgaben. Manchmal geben wir uns an solchen Tagen aber auch unserer Phantasie hin, lassen sie leben, lassen sie spielen. Wir malen, halten Zwiesprache mit unserem Tagebuch, tanzen, musizieren – alles, was die Seele gern hat. Neues wird uns geschenkt. Und wir machen weiter. Wir machen Fortschritte.

In der Phase des Abstiegs interagieren die beiden Welten des Bewußten und Unbewußten nicht frei – es sei denn, man widmet dieser Interaktion besondere Aufmerksamkeit. Manche Menschen neigen in dieser Phase dazu, die Welt ihres Unbewußten zu fürchten und zurückzuweisen. Gerade darum fallen sie aber mitten hinein in diese Welt. Andere arbeiten sehr hart daran, ihre Träume festzuhalten. Denn diese sind eine Quelle des Lichts in der Dunkelheit. Traumbilder führen das Fest herbei, dessen die Seele so dringend bedarf. Ein Thema, das großen Trost mit sich bringt, wird in vielen verschiedenen Bildern durchgespielt. Der Trost ergibt sich aus der Botschaft an den Träumenden: »Du bist nicht allein. Ich arbeite genauso treu und zuverlässig wie du selbst.«

In Träumen vom Abstieg in die Unterwelt kann die Szenerie zum Beispiel ein Urwald sein, durch den sich der Träumende einen Weg bahnen muß; viele riesige Blätter muß er beiseite schieben, ohne zu wissen, wohin der Weg führt. Ein schwarzes Loch folgt auf das andere. Schließlich, als seine Kleider zerrissen sind und sein erschöpfter Körper blutet, kommt er an einem Flußufer an. Groß ist die Freude, doch dann sieht er auf der anderen Seite des Flusses einen weiteren Dschungel. Er weiß, daß er nicht mehr weitergehen kann. Doch dann bemerkt er einen Pfad wie jenen, den er sich gerade gebahnt hat, der durch den Wald auf der anderen Seite führt. Jemand, der viel mehr weiß als er selbst, jemand, der ihn sehr lieb hat, arbeitet sehr hart auf der anderen Seite. Alles, was ihm selbst noch zu tun bleibt, ist, die verbindende Brücke zu bauen.

Die meisten von uns erleben einen solchen »Abstieg« mehr als einmal im Leben. In unterschiedlichen Altersstufen werden dabei diverse Positionen vermeintlicher Stärke mit ganz unterschiedlichen Ergebnissen zerstört. Weil dies der erste Abstieg unseres Helden ist, wollen wir uns seine jugendliche Initiation etwas genauer anschauen. Iwan hat – wie die meisten jungen Männer in unserer Kultur – kein spirituelles Erbe, mit dem ihn seine »Dorfältesten« vertraut machen könnten. Ganz auf sich gestellt, darf er lediglich dreimal einen kurzen Blick auf seinen Schatz werfen.

Die Zar-Jungfrau ist das goldene Mädchen, das Iwans Initiationsreise in Gang setzt. In diesem Stadium projiziert er natürlich göttliche Eigenschaften auf sie, eine plutoniumgeladene Energie aus Sexualität und Spiritualität. Man verpaßt ihm jedoch eine Nadel, sein Körper wird betäubt, und er hat weder Unterstützung noch eine eigene starke Form für seine Gefühle. Die Zar-Jungfrau ist für ihn einfach zu strahlend hell. Seine unterdrückte Energie wird so schnell freigesetzt, daß er sie nicht in die eigene Psyche integrieren kann. Die einzigen Empfindungen, zu denen er fähig ist, sind ein Gefühl verratener Liebe und die damit einhergehende Scham. Die Energie fällt in sein Unbewußtes zurück. Auf ganz ähnliche Weise vermögen viele heutige Jugendliche, nachdem sie einen Blick auf die Möglichkeiten der Liebe oder auch der Freiheit von rigiden Normen werfen konnten, den Verlust dieser Möglichkeiten nicht zu verkraften. Einen Augenblick lang ist ihre Energie aufgewallt, aber sie sind diesem Augenblick nicht gerecht geworden. Und nun sind sie mit einem überwältigenden Konflikt allein gelassen. Chaos und Kreativität befinden sich nicht im Gleichgewicht. In ihre Verzweiflung mischt sich ein ernsthafter Todeswunsch. Ihre strahlende Seele ist in einer Wüste verlorengegangen.

Bei meinem Umgang mit Jugendlichen als Lehrerin und Magersucht-Therapeutin habe ich diese jugendliche Verzweiflung selbst oft gespürt. Ohne Kenntnis und Verständnis von Ritualen fehlt den Jugendlichen die Möglichkeit, sich einen geheiligten, geschützten Raum zu schaffen. Sie sind in einer vordergründigen Weltsicht gefangen und können darum auch den Unterschied zwischen einem echten und einem rituellen Tod nicht erkennen. Sie wollen nur, daß die Dinge so, wie sie sind, aufhören. Aus irgendwelchen primitiven Tiefen verstehen sie, daß eine Transformation ein Opfer erfordert. Und es ist gar nicht so einfach, Magersüchtige davon zu überzeugen, daß nicht das eigene Leben jenes Opfer sein sollte, das nötig ist, um aus der Stagnation zu neuem Leben zu gelangen. Ohne Verbindung zur eigenen Seele finden sich Jugendliche in ihren

Träumen in Konzentrationslagern wieder. Solange sie die Verbindung zwischen ihrem Bewußtsein und dem Unbewußten nicht gefunden haben, haben ihre Wächter und Hauslehrer sie fest im Griff.

Ich habe ähnliche Träume auch im Zusammenhang mit der Initiation erlebt, die sich um die Lebensmitte herum vollzieht: Ein Mann träumt von einer gemeinsamen Autofahrt mit seinem Sohn, bei der dieser ihm erzählt, er sei mit sechzehn Jahren ins Gefängnis geworfen worden. Davon weiß der Vater überhaupt nichts. Und so muß er nun mit sechzig Jahren versuchen herauszufinden, welcher Teil seiner selbst mit sechzehn ins Gefängnis gesperrt wurde. Er muß sich dazu bringen, mit diesem Teil seiner selbst Zwiesprache zu halten und ihn in seine Männlichkeit zu integrieren. Trauer um das eigene verlorene Leben wird dabei freigesetzt und in eine Form gebracht, die stark genug ist, den abgewiesenen rebellischen Persönlichkeitsaspekt zu erkennen und aufzunehmen. Nun ist der Träumende in der Lage, Verantwortung für das Herausziehen der Nadel zu übernehmen, damit die gefangenen Energien des Sechzehnjährigen in seinem Innern frei werden können.

Der ins Gefängnis verbannte Rebell erscheint auch in Träumen von Frauen. So arrogant er auch sein mag, bleibt er doch Träger ursprünglicher Energien, weil er schon in sehr jungem Alter ins Gefängnis kam – fest entschlossen, sich niemals einer patriarchalischen Struktur zu beugen, die er nicht respektierte. Kann dieser Teil der Persönlichkeit durch Liebe in die Zivilisation eingeführt werden, dann kann er zur kreativsten Energie in der Psyche einer Frau werden. Sogar zum Christus in ihrem Innern.

Die dunkle Nacht der Seele kann in jedem Lebensalter über einen kommen und Energien aus sehr jungen Jahren befreien. Das hängt ganz davon ab, wann Stiefmutter und Hauslehrer diese Energien durch die Nadel unterbunden haben. Eine Frau merkte im Alter von über fünfzig Jahren, daß sie sich völlig inkompetent fühlte. Zugleich wußte sie aus ihren Träumen, daß sie darin eine Verbindung zur eigenen Vitalität herstellen konnte. Neuerdings erschien nun in ihren Träumen ein dreijähriges Mädchen, das entschlossen war, in ihrer Psyche die Herrschaft zu übernehmen. Die Frau war außer sich vor Wut, in ihren Zellen voller Gift. Ihr primitiver Schatten war ein wildes Tier. »Ich habe mich mit drei Jahren selbst vernichtet«, sagte sie. »Ich habe versucht, allen anderen zu gefallen. Mein Leben hängt immer noch davon ab, daß die anderen Leute mich mögen. Wenn sie nicht annehmen, was ich anzubieten habe, dann existiere ich einfach nicht mehr. Ich vernichte mich selbst. Ich gebe mir ja so viel Mühe, das richtige Geschenk zu machen. Selbst mein Hund kennt seine eigenen Wünsche. Ich nicht. Als ich klein war, fehlte mir jede Bezugsperson. Obwohl ich die ganze Zeit bei ihnen war und ihre teuren Geschenke annahm, haben sie mich überhaupt nicht wahrgenommen. Jetzt habe ich das Gefühl, unter einer exquisiten Folter zu leiden. Ich fasele dummes Zeug und schleime mich ein. Ich bin nichts und ich bin alles. Ich bin die Konzentration. Ich bin die Wut. Ich bin eine sexuell aktive Frau.« Das Kind in ihrem Innern, das sie im Alter von drei Jahren vernichtet hatte, tauchte in ihren Träumen an einem Weihnachtstag wieder auf. Und dieses Kind war durchaus keine Barbie-Puppe.

Iwans Abstieg ist in unserem Märchen in weniger als einem Satz beendet, aber er hat viel erreicht, indem er sich einen starken inneren Behälter für seine verdrängten Gefühle geschaffen hat. Als er den Tiefpunkt seines Abstiegs erreicht hat – die kleine Hütte der Baba-Jaga –, hat er gelernt, wie er sich verhalten muß, um zu überleben. Und er hat keine Angst.

Die Baba-Jaga

Wenn es doch nur so einfach wäre! Wenn es doch irgendwo richtig böse Menschen gäbe, die heimtückisch Böses tun, und man nichts anderes zu tun hätte, als sie

von uns anderen zu trennen und zu vernichten! Aber die
Trennungslinie zwischen Gut und Böse verläuft mitten
durch das Herz eines jeden Menschen. Und wer will
schon ein Stück seines eigenen Herzens zerstören?

Alexander Solschenizyn

Iwans zehn, zwanzig, vielleicht auch dreißig Jahre andauernde Wanderung führt ihn zu den Hütten von drei Baba-Jagas. Diese drei verkörpern die dreieinige Dunkle Mutter, die Schattenseite der Guten Mutter. Unsere Kultur geht dem, was diese drei Babas verkörpern, soweit wie möglich aus dem Wege, doch in Osteuropa und im Fernen Osten ist »Baba« eine Ehrenbezeichnung, die so etwas bedeutet wie »Verehrungswürdige«, »Großmutter« oder »Heilige Lehrerin«. Iwan trifft diese drei, nachdem er die eigene Isolation durchlebt und lange genug gesucht hat, um zu erleben, was man »Midlife Initiation« nennen könnte. Natürlich bewegt sich jeder von uns im eigenen Rhythmus auf eigener Bahn, wobei, wie Shakespeare im *Hamlet* sagt, »eine Gottheit unsre Zwecke formt, / Wie wir sie auch entwerfen«. Doch früher oder später treffen wir alle auf die Baba-Jaga, und wie wir uns mit ihr auseinandersetzen, entscheidet darüber, ob wir verängstigte Kinder bleiben oder zu Erwachsenen heranreifen. Vielleicht sogar über Leben und Tod.

Nach der Überlieferung fressen eine Baba oder die drei Baba-Schwestern naive Menschen auf – Menschen, die glauben, das Leben sollte ihnen ausschließlich Glück bringen. Die nicht Initiierten tun sich schwer damit, Leid zu akzeptieren. Sie denken dualistisch: schwarz oder weiß, gut oder böse, Wissenschaft oder Religion. Sie können in Gegensätzen keine komplementären Energien entdecken. Ihre Männlichkeit und Weiblichkeit sind von einer Hochzeit im Innern meilenweit entfernt.

Das Zusammentreffen mit der Baba-Jaga ist der Test, bei dem alles, was wir bisher als gegeben ansahen, einer Prüfung unter-

250

zogen wird. Bei ihr gelten bestimmte Verhaltensregeln: Sie will respektiert und in Ehren gehalten werden; was sie serviert, muß gegessen werden. Wir werden plötzlich aus unserem eigenen Milieu herausgerissen und in die dunkelste Ecke des Waldes transportiert, damit wir erkennen, wer sie ist – und wer wir ihr gegenüber sind. Die Auseinandersetzung mit ihr erfordert, daß wir mit unserer eigenen Lebenskraft Kontakt halten oder diesen Kontakt schnellstens herstellen. Die Wildheit der Baba-Jaga duldet kein Wischiwaschi-Verhalten.

Jeder, der einmal in ihrer kleinen Hütte, die sich auf einem Hühnerbein dreht, gelandet ist und dabei wach bleiben konnte, weiß, daß dieses Zusammentreffen einen Wendepunkt im Leben markiert. Hier gibt es nichts zu vertuschen und zu verstellen. Entweder sehen wir ihr offen in die Augen oder wir schlafen ein, bis wir ihre häßlichere Schwester treffen. Sind wir aber in der Lage, wach zu bleiben, ihr in die Augen zu sehen und ihre Fragen zu beantworten, ohne verschlungen zu werden, dann dürfen wir unsere Reise fortsetzen, bis wir bei der häßlichsten der drei Schwestern direkt mit der Entscheidung über Leben und Tod konfrontiert sind. Entweder bleiben wir wach und stellen uns unserer eigenen Wahrheit, indem wir akzeptieren, was die Baba uns auftischt – indem wir hineinbeißen, es zerkauen, herunterschlucken und das Ganze zu einem Teil unserer selbst machen, dabei in unseren Knochen die Bedeutung ihrer Fragen erkennend – oder aber sie frißt uns auf. Und wie sieht das konkret aus? Sie macht uns süchtig, und wir essen, trinken, rauchen oder fahren uns zu Tode.

Warum muß sie ihrem Gast etwas zu essen anbieten, und warum ißt er, was sie ihm anbietet? Nun, es gibt bestimmte Regeln der Höflichkeit im Umgang mit diesen geheiligten Energien. Man erwartet Gemeinschaft (die Gemeinschaft des Brotes), und wer an einem solchen Ritual teilnimmt, hat für alle Zeit teil an der gemeinsam aufgenommenen Energie. Persephone etwa, die Gemahlin des Gottes der Unterwelt, kann, nachdem sie im Hades Granatapfelsamen gegessen hat, nie wieder auf Dauer zu ihrer Mutter auf die Erde zurückkehren. Solche Energien indes, zur archetypischen Welt gehörig, bestärken die Welt der Menschen.

Die Baba hat es auf Knochen und Blut abgesehen, Schlüsselsymbole für die Lebenskraft. In der schamanischen Tradition fastet der oder die zu Initiierende, bis er oder sie beinahe ein Gerippe ist. Es handelt sich dabei um einen Versuch, zur ursprünglichen Reinheit zurückzukehren. Diese Symbolik ist auch in Fällen von Magersucht (Anorexia nervosa) von großer Bedeutung, wenn der Patient (meistens ist es ja eine Patientin) blind versucht, das eigene Ich zu finden und sich von der übermächtigen, allzu konkret-materiellen Mutter zu befreien. Die Blutkörperchen entstehen im Knochenmark, so daß die Lebensenergie, die authentische Eigenständigkeit, das Niveau der Seele in den Knochen angesiedelt sind. Der Gedanke, den Gott oder die Göttin dadurch zum Teil seiner selbst zu machen, daß man eine symbolische Mahlzeit einnimmt, ist eines der heiligsten Rituale in den meisten Religionen. Dem zwanghaften Eßtrieb des Süchtigen, seinen pervertierten Essensritualen, liegt er gleichfalls zugrunde.

Warum ist es gerade heute für unsere Kultur so wichtig, diese dunkle Göttin der Schöpfung zu kennen und zu verstehen? Im wesentlichen wollen wir mit der dunklen Seite des Weiblichen nichts zu tun haben – niemand, weder Männer noch Frauen. Wir wollen uns das Gefühl ersparen, in diesen alles verschlingenden Rachen hineingezogen zu werden, wirbelnd immer tiefer und fester in ihren Strudel hineinzutaumeln, ohne eine Möglichkeit, dieses Chaos zu kontrollieren. Und doch haben wird es an der Jahrtausendwende in allen Dimensionen unseres Lebens mit ihren Aktivitäten zu tun. Im individuellen Bereich sind unsere Beziehungen zum anderen Geschlecht massiv gestört, und vielleicht ist auch unsere Gesundheit angegriffen. Im kulturellen Bereich sind unsere moralischen und ethischen Bezugssysteme dem Zusammenbruch nahe, was uns gehörigen Streß bereitet. Und im Umweltbereich sind wir dem Zorn der Großen Mutter ausgeliefert – bei Erdbeben, Überschwemmungen, Hurrikanen. Auch die globale Erwärmung, das Ozonloch und vieles andere deuten auf ihren Zorn über unsere Verfehlungen hin. Solange wir uns selbst die Nadel im Kragen verpassen, wird das Chaos entweder nicht wahrgenommen oder noch schwerer erträglich, weil es so überaus sinnlos ist. Wenn wir in unserer arroganten Naivität überhaupt in der Lage sind, von älteren Kulturen, welche die Baba-Jaga respektieren, etwas zu lernen, können wir auch dem Chaos im Zentrum unserer eigenen Existenz Bedeutung abgewinnen.

Unsere Bereitschaft, uns der Baba-Jaga zu stellen, ist überdies unsere Chance, erwachsen zu werden. Erst wenn wir uns bewußt mit ihr auseinandersetzen, lassen sich die Werte, für die sie steht und die sie lehrt, erlernen. Unbewußt haben wir es mit ihr beispielsweise bei Suchterkrankungen zu tun, doch weil es uns an einem kulturellen Mythos fehlt, der uns verstehen ließe, was da abläuft, werden die meisten von uns durch solche Zwänge nicht aufmerksam. Wir verstellen uns den Weg der Erkenntnis selbst und gehen aus solchen Erfahrungen nur wütend oder mit der Frage hervor: »Warum denn ausgerechnet ich?« Wir versuchen zu glauben, daß es diese dunkle Göttin nicht gebe, daß wir Wunderkinder seien, dazu geboren, nur glücklich zu sein und niemals zu sterben; Wohlstand sei unser Geburtsrecht. Häßliches, Destruktives, Todbringendes gibt es einfach nicht – und wenn wir ihm doch nicht entweichen können, dann machen wir es so zurecht, daß es lebendig aussieht.

Doch die Todesgöttin existiert. Wir begegnen ihr täglich in jenen Teilen von uns, die absterben müssen, damit neues Leben entstehen kann. Wir begegnen ihr, wenn wir unsere Arbeit verloren haben, wenn unsere Ehe zerbrochen ist, wenn wir einen geliebten Menschen oder auch nur unsere Jugend verloren haben. Solange wir uns ihr gegenüber feindlich verhalten, ist auch sie uns feindlich gesinnt. Unser Schwarzweißdenken verschärft unsere Agonie nur noch mehr, weil wir dann ohne eine dritte Möglichkeit gefangen sind – es sei denn, wir sind in der Lage, die Spannungen der Gegensätze so lange auszuhalten, bis sie sich verwandeln. Eine solche dritte Möglichkeit wäre es beispielsweise, die Gastfreundschaft der Baba-Jaga höflich anzunehmen und zu essen, was sie uns anbietet.

Die Perfektion polarisiert die Welt und macht es uns unmöglich, einfach nur zu leben. Unsere Ideale, auch das der schwanengleichen Schönheit, lassen uns unablässig nur Ärger auf unseren unvollkommenen Körper projizieren – und das ist das Reich der Baba. Männer und Frauen konzentrieren sich zunehmend auf den Körper als ihren Feind. Diese Einstellung aber zieht die Energien der Dunklen Mutter an; sie schlägt zurück, mit Symptomen, die uns zum Dialog mit ihr zwingen können. Ein solcher Dialog könnte sie hinreichend in unser Bewußtsein bringen, damit wir nicht aus Angst vor dem Tod geradezu ausgelöscht werden.

In einer Beziehung kann durchaus alles gutgehen, bis die Urgewalt des Verlangens im Zeichen der Großen Mutter hervorbricht und die Partner durch die aufwallende Energie frischer Sexualität entzückt werden. Doch wenn diese Urenergie sie in ihren Strudel zu reißen beginnt, kommt es vielleicht zur Panik. Die Partner projizieren auf den jeweils anderen einen weit aufgesperrten Rachen, der sie mit Haut und Haaren verschlingen will. Menschen mit einem Stiefmutter- und/oder Vaterloskomplex müssen an diesem Punkt besonders vorsichtig sein. Denn ihre persönliche Erfahrung, für sich selbst und das eigene Leben kämpfen zu müssen, wird sich auch hier schnell einstellen. Sie fürchten dann, bei lebendigem Leibe in diesen Strudel gerissen zu werden. Die Todesmutter ist dazu durchaus in der Lage, wenn das Bewußtsein ausgeschaltet ist. Solange aber ein solches Angstpotential im Zentrum einer Beziehung vorhanden ist, kann es keine solide Basis geben. Je stärker die Intimität, je tiefer das Verlangen, desto mehr wetzt die Baba-Jaga ihre Zähne. Bewußte Willensanstrengungen und eine Eheberatung können diesen unbewußten Ängsten kein Ende setzen. Solange die Partner nicht sehen können, was sie wechselseitig auf den anderen projizieren, und solange sie keinen Dialog mit ihrer eigenen inneren Baba beginnen – solange sie sie nicht malen, tänzerisch darstellen und gar mit ihr kämpfen –, kann die Beziehung nicht an Tiefe gewinnen. Indem wir zulassen, daß die Bilderwelt des Unbewußten durch uns hindurch an die Oberfläche dringt, lassen wir uns von der neuen Energie in gebändigter Form durchdringen. Und wenn unsere eigene Ichstärke nicht ausreicht, diese Energien im Zaum zu halten, dann müssen wir uns jemanden suchen, der uns vorübergehend unterstützt. Wenn es uns jedoch gelingt, eine innere Verbindung zu diesen Energien zu schaffen, dann werden sich alle Instinkte öffnen. C. G. Jung nannte als Hauptinstinkte Kreativität, Religion, Aggression, Sexualität und Hunger (im Englischen durch die Eselsbrücke der Anfangsbuchstaben, CRASH, leicht zu merken). Und jeder, der sich mit diesen Energien auseinandersetzt, versteht, warum die Baba als »Verehrungswürdige« bezeichnet wird. Beim Malen etwa beginnt ihre Energie unseren Körper und die Farbe zu durchdringen; schließlich ist jener Strudel da, vor dem wir so viel Angst hatten, er könne uns verschlingen. Aber es ist der Wirbel, der unseren Arm kreisen läßt, der die Farbwahl steuert und schöpferisch ebendas entstehen läßt, wovor wir so viel Angst hatten. Je stärker unser Körper und unsere Psyche werden, desto eher können wir es wagen, uns immer mehr dem kreativen Chaos hinzugeben. Dort finden wir ungezählte Möglichkeiten keimhaft angelegt. Die Energie beginnt, sich vom Unbewußten in unsere bewußte Ganzheit zu bewegen. Dann haben wir es auch nicht länger nötig, unsere Ängste und Vorwürfe auf den Partner zu projizieren. Denn wir konzentrieren uns nun ganz darauf, die in uns liegenden Ängste und Vorwürfe zu transformieren.

Das heißt natürlich nicht, daß es keine Scharmützel mehr geben wird. Wenn zwei Menschen gemeinsam ihre Illusionen und Alltagsroutinen über Bord werfen, stehen beiden große Überraschungen bevor. Wenn etwas aufzugeben ist, werden Tränen fließen: für das ungelebte Leben, den Partner, den Hauslehrer, die Stiefmutter. Doch aus Wut, Trauer und Angst entwickeln sich Vergebungsbereitschaft und Liebe.

Und wie sieht das konkret im Leben aus? Hier muß ich die Theorie beiseite lassen und aus meiner eigenen Erfahrung sprechen. Ich kenne die Babas inzwischen gut genug, um zu wissen, wann ihre 100 000 Volt in meinem Körper rumoren und Beachtung fordern. »*Wolltest oder mußtest du kommen?*« lautet ihre Frage an Iwan. Und wie ist es bei mir? Habe ich mich der Baba freiwillig oder gezwungenermaßen gestellt? Im Jahre 1968 kam ich zu dem Schluß, daß ich aus der warmen Gemütlichkeit der verschlafenen kanadischen Stadt, in der ich lebte, ausbrechen müsse, um herauszufinden, ob bei mir unter all dieser Gemütlichkeit auch noch echtes Leben verborgen sei. In meiner effizienten Routine als Lehrerin und in meiner Kreativität im Theaterspielen war ich sicher, und ebenso abgesichert war ich als Ehefrau eines Professors. Ein Teil von mir klammerte sich an die mir so vertraute Heimeligkeit des in Thornton Wilders »Unsere kleine Stadt« verewigten Kleinstadtlebens: »Wird Charlie zur Hochzeit eingeladen? Wird June kommen, wenn er eingeladen wird? Wird Mrs. Davies beim Empfang des Pfarrers den Teeausschank übernehmen? George kommt mit seinem Alkoholproblem überhaupt nicht gut zurecht.« Nein, von diesem so menschlichen Leben wollte ich nichts preisgeben. Gleichwohl konnte ich nicht mehr frei atmen. Ich sprach nicht mehr mit meiner eigenen Stimme. Alles in mir wollte leben, ehe es zu spät war und der Tod kam, was immer das hieß. Wollte oder mußte ich fort?

Und bin ich überhaupt an meinem Ziel angekommen, dem Ashram in Pondicherry, wo ich gehofft hatte von geistigen Lehrern umgeben zu sein, die mir den Weg zum wahren Leben wiesen? Nein. Statt dessen brach ich mit einer fürchterlichen

Durchfallerkrankung zusammen und mußte im Hotel bleiben, den Blick allein auf meine eigenen Exkremente gerichtet und auf Dutzende monsungetränkter schwarzer Krähen auf dem Balkon vor meinem Zimmer. In der Stille meines Zimmers lag ich tagelang auf einem Feldbett und las mir laut meinen Paß vor, ständig meinen Namen und mein Geburtsdatum in diese Welt hinein wiederholend, um sicher zu sein, daß ich noch nicht in der anderen angekommen war. Und als die Todesboten vom Balkon in mein Zimmer zu kommen schienen, rezitierte ich Shakespeare-Sonette und las den riesigen Schaben das Neue Testament vor. Ich mußte in meiner geliebten Dichtung leben, um etwas Bedeutung in dieses Chaos zu bringen, oder ich wäre vollkommen verrückt geworden. Shakespeares »*Ist Tod erst tot, kein Sterben gibt es mehr*« wechselte sich kontrapunktisch mit einem Vers aus dem Johannes-Evangelium ab: »*Den Frieden lasse ich euch, meinen Frieden gebe ich euch. Nicht gebe ich euch, wie die Welt gibt.*«
Und als die unmittelbare Wahrheit dieser exquisiten Verse über meinen Körper kam, spürte ich, wie sich eine neue Ordnung etablierte. Sogar in den makabren Krähen konnte ich nun neue Hoffnung erkennen. Ich verspürte Frieden – den »*Frieden, der höher ist als alle Vernunft*«, wie es im Philipperbrief heißt – und ich konnte darauf vertrauen, daß die Liebe Gottes mich entweder leben oder sterben lassen würde. Als ich meine Angst, vernichtet zu werden, aufgeben konnte, begann ich ein neues, eigenes Leben.
Und als ich mich dann von meinem Feldbett erhob und in die Straßen Kalkuttas wagte, hatte die Schönheit eine neue Bedeutung erhalten. Schönheit war jetzt die nackte Realität – die Schönheit kleiner Kinderfinger, die sich an meinen Rock klammerten, die Schönheit der Bussarde, die bei Sonnenuntergang in den schwarzen Bäumen darauf warteten, sich auf eine sterbende Kuh zu stürzen, die Schönheit des pulsierenden Lebens, das in alle Richtungen wimmelte. Barbiere rasierten Genitalien, Alte starben auf dem zwei Meter breiten Teil-

stück des Gehsteigs, das ihre Familie sich als Lebensraum erobert hatte, Achtjährige trugen tote Babys im Arm – und all dies inmitten von abgemagerten Kühen, Straßenkötern und diebischen Affen. Da fiel mir die Frage ein, die T. S. Eliot in seinem Gedicht »Journey of the Magi« den Weisen aus dem Morgenland in den Mund legt: Hatte man mich »*diesen weiten Weg geführt, nur um / Mit Geburt oder Tod konfrontiert zu werden?*« Das Leben, das ich hier erlebte, hatte mit Blut und Knochen zu tun – und mit dem Tod im Leben.

Im reichen Kanada habe ich nie wieder etwas Derartiges gesehen. Doch meine Sicht der Dinge hatte sich geändert. Hier war das Leben unter zuviel Make-up begraben, zu vielen Kinkerlitzchen, zuviel oberflächlicher Freundlichkeit, zuviel Bürokratie, zuviel Zuviel, als daß man sich noch um alles hätte kümmern können. Und das Leben selbst verging mit kleinen Streitereien und langwierigen Ablenkungen – im Licht der Ewigkeit alles nutzloser Plunder. Bin ich nun aus eigenem Entschluß oder gezwungenermaßen dorthin zurückgekehrt?

Die Reise zu meiner zweiten Baba-Jaga trat ich an, als ich eine liebe Freundin ins jenseitige Leben geleitete. Nachdem wir Jahre, Monate und Wochen lang hatten zusehen müssen, wie der Krebs sich immer aggressiver ausbreitete, war nun das Endstadium gekommen. Wir hatten ein sehr schönes Zimmer im Krankenhaus – mit allen Annehmlichkeiten, sauberen warmen Decken, verschiedenen medizinischen Geräten. Wir waren an einem Ort angekommen, wo es ein Sakrileg gewesen wäre, uns noch etwas vorzumachen. Die Liebe pulsierte in der Stille, als ausgetrocknete Lippen mit einem Wattebausch zu säubern und am zum Skelett abgemagerten Körper ganz sanft die weichen Windeln zu wechseln waren. Liebe pulsierte auch im stillen Gebet, das wir gemeinsam sprachen, als wir beobachteten, wie der schreckliche, häßliche Tumor am geliebten Hals stündlich größer wurde. »*In Tiefen, welche Tränen nicht betaun*« (Wordsworth) beteten wir um ein gnädiges Schicksal: Mochte ihr der Erstickungstod doch erspart bleiben. Dies ist das häßliche Antlitz der Baba-Jaga. Aber auch das im positiven Sinne Besondere. Nie zuvor hatte ich eine Liebe empfunden, die so schimmerte, nie eine derart reine Energie. Nie war mir das Leben derart kostbar erschienen. Hier, mitten im Zentrum des Besten, was die medizinische Wissenschaft zu bieten hatte, und des Besten, was menschliches Mitgefühl leisten konnte, wütete ein mörderischer Tumor, und niemand konnte ihm Einhalt gebieten. Hier war das Mysterium, das wir uns beide zumuteten, als William Blakes »*Tiger, hell entfacht / in den Waldungen der Nacht*« uns die Frage nahelegte: »*Welches Gottes Aug und Hand / Mut für dein furchtbar Gleichmaß fand?*«

Standen wir hier vor einer Geburt oder einem Tod? Waren wir den ganzen Weg freiwillig gegangen, oder hatte man uns dazu gezwungen?

Meiner dritten Baba-Jaga begegnete ich dann, als ich selbst mit dem Tod-im-Leben konfrontiert war: bei meiner eigenen Krebserkrankung. Der Todesgöttin ins Auge blickend, die kalte Angst vor der Vernichtung im selben Atemzug erlebend wie die überirdische Freude über die Befreiung vom Kampf des menschlichen Lebens, stand ich in der Dunkelheit der Nacht am Fenster und atmete die Düfte ein, die aus unserem Garten heraufzogen. Ich war mir bewußt, daß der Tod auch bedeutete, daß ich nie wieder den Duft der Rosen würde riechen können, nie wieder die weißen Lilien im Mondlicht sehen oder die sanften Liebesrufe der Tauben würde hören können. Der Tod würde mir ein Ende setzen. Oder würde er mich in irgendein Mysterium erlösen? Und ich wußte – ja, wirklich, ich wußte –, daß ich diesen ganzen Weg freiwillig gegangen war. Ich war genau dort, wo ich sein wollte, wo ich genau in diesem Augenblick *sein* mußte. Ja, und trotzdem war ich auch gezwungen, hier zu sein. Die Alternativen von Leben oder Tod, Gott oder Nichts, Glaube oder Zweifel hatten mich völlig auf das Wesentliche reduziert. Ja, sie hatten mir die Freiheit der Altersweisheit beschert.

Wenn uns die Baba-Jaga aller Äußerlichkeiten entkleidet, befreit sie unseren Wesenskern. Unser Wesen ist unser Sein, unser »Ich bin«, unsere Seele. Früher oder später begegnen wir alle der Dunklen Mutter, und sie wringt aus uns unser Wesen heraus. Wir fragen uns, wir fragen uns wirklich: »Gibt es einen Gott? Gibt es einen liebenden Gott? Gibt es einen allmächtigen Gott, dem die Liebe über alles geht? Und wenn es ihn gibt, wie kann er dann so etwas zulassen?« Und dennoch, hier im Herzen der Dinge existiert sie, die Göttin. Sie *ist*. Eine Begegnung mit ihr kommt einer Initiation in die Ganzheit gleich, in eine Reife, die infantilen Ballast geradezu wegbrennt. In Träumen überschreiten wir dann die Grenze zu einem neuen Land. Unseren Sack und Pack lassen wir hinter uns, das alte Auto unseres Vaters, den Pullover unserer Mutter, die Lakritzbrillen und andere Leckereien aus unserer Kindheit, unsere verstopften, überlaufenden Toiletten. Nach Passieren der Zollkontrolle finden wir uns möglicherweise am Schaltpult eines Atomkraftwerks wieder oder bei der Überwachung eines Lasermessers. Und wenn wir die Grenze nicht überschreiten, haben wir es im Traum plötzlich mit Atombomben zu tun, mit Plutoniumniederschlägen oder lasergesteuerten Raketensprengköpfen. Solche Traumbilder legen den Schluß nahe, daß wir im Bewußtsein nicht in der Lage waren, unsere alten Gewohnheiten und liebgewonnenen Komplexe zu überwinden. Neue Energie ist aus dem Unbewußten eingedrungen, aber blockiert worden. Das führt im Unbewußten zu Ärger, Bitterkeit und Wut. An diesem Punkt kann es bei der Arbeit an unserem Körper zu mächtigen Entlastungen und Ausbrüchen kommen. Dabei ist es jedoch wichtig zu erkennen, ob der Ärger beispielsweise daher rührt, daß Kindheitstraumata endlich verarbeitet werden, oder daher, daß neue Energien blockiert werden. Solange wir uns nicht bewußtmachen können, welche Energien in unseren Schreien oder Träumen zum Ausdruck kommen, wiederholen sich alte Muster und Bilder stets aufs neue.

Wenn wir aber eine Verbindung zu unserer Innenwelt herstellen können, werden wir erwachsen und finden unsere wahren Eltern im großen Mysterium, wobei es keine Rolle spielt, wie wir dieses benennen. Erwachsen zu werden heißt, auch die Dunkelheit in unserem Innern zu akzeptieren, denn sie findet sich in allen Menschen. Solange wir diese unsere Verantwortung nicht akzeptieren können, werden wir weiter dem anderen Geschlecht, unseren Eltern, anderen Ländern oder dem Hund die Schuld an unseren Problemen geben.

In unserer Geschichte wird Iwan auf seiner Suche nach dem idealisierten Weiblichen mit der Realität der Materie konfrontiert. Die Baba-Jaga bedroht ihn in seinem Kopf, seinem Herzen und seinem Körper. An dieser Schwelle im Leben werden Menschen, die nach patriarchalischen Normen groß geworden sind und die infolgedessen intellektuelle Ordnung, Gefühlskontrolle und Körperhygiene idealisieren, in ein furchterregendes Chaos gestürzt. Leute wie Iwan – ganz gleich, ob männlich oder weiblich –, die die weibliche Vollkommenheit idealisieren, sind plötzlich mit deren Gegenteil konfrontiert. Der Archetyp hat zwei Seiten, und wenn wir vor der Seite, die wir nicht zu sehen wünschen, die Augen verschließen, dann erscheint diese paradoxerweise vor uns in um so größerer Scheußlichkeit oder Schönheit.

Iwan beschwört diese Polarisierung herauf. Es muß allerdings auch gesagt werden, daß er während der Abstiegsphase hart an sich gearbeitet hat, sonst wäre er dem Rachen der Baba-Jaga nicht so leicht entkommen. Was mag während dieser fünfzehn oder zwanzig Jahre vor sich gegangen sein, während derer er sich nach seiner Traumfrau, der vollkommenen Zar-Jungfrau sehnte? Wahrscheinlich war er in unmögliche Beziehungen verwickelt, weil er von seinen Partnerinnen zu viel erwartete. Sein Körper war wahrscheinlich abgestumpft, oder aber er spielte den Don Juan, als er versuchte, der negativen Stiefmutter seine eigene Männlichkeit zu entwinden. Weil er sich niemals richtig von ihr verabschiedet hatte, saß sie ihm wahrscheinlich weiterhin wie Blei in allen Zellen. Zweifellos hat er Verlusterfahrungen machen müssen, die tief genug reichten, um ihn aus seinem Schwarzweißdenken zu reißen. Jetzt weiß er es besser, als im Gespräch mit dem Weiblichen im Entweder-Oder zu verharren. Denn das Weibliche hat eine tiefe Abneigung gegen Polaritäten. Das Sowohl-Als-auch ist der weiblichen Vision viel gemäßer. Die Philosophie des Hauslehrers hat er hinter sich gelassen, ehe er in der Hütte der Baba-Jaga ankommt.

Ich hoffe sehr, daß auch mein geliebtes Kanada sich die Nadel des Hauslehrers aus dem Kragen zieht, ehe es endgültig zu spät ist. Wir sind als jenes Land bekannt, in dem es sich am besten auf der ganzen Welt leben läßt, aber wir haben uns in Polaritäten verstrickt. Und wir befinden uns im Tiefschlaf. Beim Quebec-Referendum von 1995 starrten die meisten von uns gebannt auf den Fernsehschirm und wanden sich in Ängsten, als bei der Stimmenauszählung das Pendel stets zwischen *Non* und *Oui* hin und her schwankte, mal knapp über, mal knapp unter 50 Prozent. Schließlich blieb es bei knapp über 50 Prozent stehen – die Abspaltung des französischsprachigen Landesteils war abgewendet. Ein paar Tage lang waren wir alle aufgewacht, aber inzwischen sind wir wieder eingeschlafen. Zwei großartige Kulturen beflügeln sich wechselseitig, sind ohne die andere nicht lebensfähig, ergänzen sich bestens – und doch können ein archaisches Denken und eine bombastische Rhetorik einfach nicht aufhören, auf die vermeintlich unüberwindlichen Gegensätze hinzuweisen. Wenn es die Bürger nicht schaffen, beide Kulturen und Landesteile als komplementäre Einheit zu begreifen, werden wir unser Land verlieren. Ist es denn am Ende dieses Jahrtausends, wo ein globales Bewußtsein sich immer mehr durchsetzt, nicht blinde Dummheit, wenn zwei Kulturen, deren Bürger sich gegenseitig lieben und schätzen, nur deshalb auseinanderbrechen, weil das weibliche Sowohl-Als-auch noch als Zukunftsmusik gilt?

Kanada ringt wie viele andere Länder darum, einen dritten

Weg zu finden, bei dem sich die Polarisierung in eine Offenheit für das andere verwandelt – eine Offenheit, die auf der Einsicht basiert, daß die Anerkennung des Andersseins, auch unseres eigenen Andersseins, die grundlegende Vorbedingung ist für die globale Einheit, von der das Überleben der Menschheit heute abhängt.

Iwans Sowohl-Als-auch hat ihn zur Baba-Jaga geführt und wird auch in seiner Antwort auf ihre Frage deutlich. Diese kreative Matrix enthält die Vielfalt in der Einheit, aus der neues Leben hervorgeht. Wenn die Zeit gekommen ist, wenn wir stark genug sind für diese Begegnung, werden wir alle auf die eine oder andere Weise zur Baba-Jaga geführt. Die Auseinandersetzung mit ihr schenkt uns unser Leben, wenn wir bewußt bleiben. Es nützt überhaupt nichts, wenn wir den Prozeß vorantreiben wollen. Die Seele hat ihre eigene Zeit. Man spricht vom *kairos*, vom rechten Zeitpunkt, wenn göttliche und menschliche Wege an einer Kreuzung zusammentreffen. Jedes vorzeitige Ritual ist reine Theatralik. Unsere Aufgabe besteht darin, die Spannung der Gegensätze auszuhalten, damit die Transformation stattfinden kann. So wie sich der Schmetterling im Kokon ständig weiterentwickelt, werden auch wir an einen Ort neuer Möglichkeiten gelangen. Aus dieser Sicht ist die Zeit, die wir bei der Baba-Jaga verbringen, geradezu ein Gnadengeschenk.

Initiationen erscheinen in Träumen immer als Schwellen. Wenn wir uns von einem Raum in den nächsten bewegen, können wir nicht wissen, was uns auf der anderen Seite erwartet. Schwellen in Krankenhäusern sind furchteinflößend. Aber zu wissen, daß das Leben, wie wir es gelebt haben, vorbei ist und daß etwas Unbekanntes kurz vor der Geburt steht, bezeichnet die Schwelle des Wachstums.

Die Frage der Baba-Jaga lautet: »*Wolltest oder mußtest du kommen, mein guter Junge?*« Trifft diese Frage auf patriarchalisch geschulte Ohren, so wird man darin die alten Dichotomien wieder hören, mit deren Hilfe auch die Existenz der

Baba in der Welt und in der Psyche bestritten wird. Dann wird sie so wütend, daß sie einen verschlingt. Dann will sie unser denkendes Haupt auf einer Stange aufgespießt sehen. Sie will immer mehr, immer mehr, immer mehr, und unbewußt handeln wir dementsprechend. Wenn wir indes reif genug sind, antworten wir ehrlich: »Zum Teil bin ich hier, weil ich mein Leben so gelebt habe, wie ich es leben wollte (und sei es auch zwanghaft), und zum Teil, weil Gott und du mich beim Schlafittchen gepackt und hierher getrieben habt (und sei es sogar aus meinem freien Willen).« Die Baba liebt das Paradoxe. Ihre Lektion lautet, daß man sich dem hingeben muß, was einem allein an lineares Denken gewöhnten Kopf völlig irreal erscheint. Lügen, Selbstmitleid und Unterlassungssünden läßt sie nicht gelten. Unser Ego muß sich bewußt ihrem göttlichen Plan fügen.

Viele heutige Eltern finden sich gemeinsam mit ihren gerade erwachsen gewordenen Kindern auf dem haarscharfen Grat der Wachstumsprobleme wieder. Plötzlich werden sie als Verschlingende ausgemacht und darum der Kommunikation nicht mehr für wert gehalten. Sie wissen, daß sie beim Versuch, mit ihren Kindern zu sprechen, mit Zurückweisung rechnen müssen, und fallen in ein tiefes Loch. Wenn sie nicht sprechen, werden sie von ihrer eigenen Einsamkeit aufgezehrt – und von der ihrer Kinder. Der oder die unbewußt Verschlingende verschlingt die ganze Familie. Herzen gehen dabei drauf, wenn die Blockade stur aufrechterhalten wird.

Der Katalysator für mögliche Transformationen aber ist die Baba-Jaga. Sie verhilft zu der Einsicht, daß, ob es nun logisch sinnvoll erscheint oder nicht, beide Seiten nachgeben und ihre Ego-Positionen räumen, in sich gehen und ihr menschliches Herz wiedererkennen müssen. Sie müssen ihre eigene menschliche Unvollkommenheit akzeptieren und ihren Starrsinn opfern – oder was immer es ist, das sie vom eigenen Blutstrom abschneidet. Dieser Übergang muß aus dem Herzen kommen, oder das Ego wird die Seele nur einmal mehr durchbohren. Große Mengen vom Futter der Baba-Jaga müssen erst zerkaut, heruntergeschluckt und verdaut werden, ehe ein solcher Übergang zustande kommen kann, denn diese Spannungen zu erleben, ist verwirrend und erschreckend. Die Wünsche des Ego und die Willenskraft aufzugeben, fühlt sich so an, als würde man sich für die Machtlosigkeit entscheiden, und die Kapitulation vor der Seele ist ein Sprung ins unbekannte Dunkel. Verrückte Selbstzerstörung! Die negativen Komplexe klammern sich an die Vergangenheit, die neue Energie aber drängt vorwärts. Doch ohne diese Spannung werden die alten Schläuche mit dem neuen Wein niemals platzen.

Die Machtposition des Ego müssen Eltern und Kinder opfern. Die Baba-Jaga fordert die Aufgabe der Willenskraft. Ist das erst einmal anerkannt, dann wird die Baba nicht länger in den Kategorien von Gut und Böse gesehen. Wenn die Wut zum Ausbruch gekommen und die Tränen vergossen sind, können wir vielmehr in der Baba die Lebenskraft sehen, die sich stets erneuert: das Leben, das alles in Bewegung hält. Was sich nicht bewegt, stirbt ab. Der Tod steht im Dienste des Lebens. Das ist die Baba-Jaga. Sie ist das Sein. Sie verbrennt uns mit ihren heißesten Flammen, um uns von allem zu reinigen, das nicht zu unserem Wesen gehört. Sie kann Eltern und Kinder dahin bringen, daß sie sich wieder in die Augen sehen und ihren eigenen Schatten erkennen können, das ungelebte Leben, oft das Beste, was sie in sich tragen.

Dasselbe kann die Baba-Jaga auch in Selbsthilfegruppen von Frauen bewirken, in denen die Energien, die vormals so hilfreich und unterstützend waren, zunehmend feindlich werden – so feindlich, daß die Mitglieder vor jedem Treffen Migräne oder Anfälle von Übelkeit bekommen. Wenn Frauen beginnen, ihre eigene Stärke zu entdecken und sich selbst zu ermächtigen, wird in einigen von ihnen die innere Stiefmutter den Finger erheben und knurren: »Macht. Du versuchst doch nur, die Kontrolle zu übernehmen. Nichts als ein Rückfall ins Patriarchat.« Dann muß sich jedes Gruppenmitglied mit seinen Träumen beschäftigen, um zu überprüfen, ob die neue Energie aus Machtgelüsten oder Selbstermächtigung herrührt, aus freiem Willen oder Zwang. Die Baba-Jaga fordert von jedem absolute Ehrlichkeit. Ohne diese Aufrichtigkeit wird die innere Stiefmutter die aufkeimende neue Weiblichkeit zerstören – gerade in dem Augenblick, da diese ihre eigene großartige Stärke zu entfalten beginnt, als Bewußte Jungfrau, unbefleckt und stark genug, ihre eigene Wahrheit zu leben. Ähnliches kann übrigens auch in gemischten Gruppen passieren oder in Gruppen von Männern, die versuchen, die eigene weibliche Seite zu erfahren, in Balance zu einer gesunden, selbstgewissen Männlichkeit. Es stimmt einen traurig zu sehen, wie sich Männer und Frauen, die sich so sehr bemüht haben, die Energien der Stiefmutter zu transformieren, nun dazu hinreißen lassen, sich gegenseitig zu verraten – ausgerechnet jetzt, da sie ihre eigene Authentizität gewonnen haben. Die Energien der Baba-Jaga würden diese Menschen auf das primitive Niveau der Instinkte reduzieren und sie natürlichen Geburtswehen unterwerfen, damit das Kind des neuen (Selbst-)Bewußtseins zur Welt kommen kann.

Die Baba-Jaga nimmt auch König Lear alles, als er auf der Heide umherirrt, nachdem ihn die Reißzähne seiner wölfischen Tochter Goneril und seiner fuchsgleichen Tochter Regan praktisch in Stücke gerissen haben. Als er nun damit ringt, aus seinem Wahnsinn einen letzten Rest Gesundheit herauszudestillieren, schickt ihm die Baba das Kind seiner Seele zurück, das er selbst einst in einem Wutanfall ins Exil getrieben hatte. Er nimmt seine Tochter in die Arme und sagt:

Auf solche Opfer, o Cordelia, streun
Die Götter selbst den Weihrauch.

Und jedes Herz, das je auf dieser Heide gezittert hat, pulsiert nun vor Schmerz und Versöhnlichkeit. Die menschliche Torheit ist vergeben, es fallen Tränen der Liebe.

Die Baba-Jaga ist nicht von gleicher Art wie die Stiefmutter, nur mit unterschiedlicher Stromspannung. Gleichwohl können wir beim Versuch, diese Energien ins Bewußtsein zu heben, durchaus den Eindruck gewinnen, beider Energien seien richtungslos. Schließlich bewegt sich das Haus der Baba ja auch auf einem Hühnerbein im Kreise. Es ist eine erschreckende Zeit, weil genau jene Energie, die wir entwickelt haben, um zu überleben, auch die ist, die wir auf Wunsch der Baba-Jaga jetzt aufgeben sollen. Wir erleben ihre Stimme und die der Stiefmutter als dieselbe Stimme, als eine Stimme, die uns in einen Strudel zu locken versucht: »Du wirst niemals wirklich frei sein. Wie hast du dich denn in diesen Schlamassel hineingeritten? Da gibt es keinen Ausweg. Es sind dein Blut und deine Knochen, nach denen mir der Sinn steht.« Wenn wir jedoch etwas genauer hinhören, gibt es einen feinen, aber entscheidenden Unterschied. Die Stiefmutter dient nicht dem Leben; sie verfolgt selbstsüchtige Ziele, welche die Kreativität blockieren und zur Lähmung führen. Sie ist Leben im Dienste des Todes, während die Baba-Jaga Tod im Dienste des Lebens ist. Der Baba kommt es nicht auf einzelne Personen an; ihr ist es gleich, was lebt und was stirbt. Das Motiv für ihre Entscheidungen ist allein der Dienst am Leben. Die Stiefmutter hingegen ist die pechschwarze Seite der negativen Mutter, die vernichtet. Die Baba-Jaga ist das Licht in der Dunkelheit, die Vitalkraft, die sich ständig wandelt, unablässig weiterentwickelt und die für das neu hervorzubringende Leben das alte opfert.

Wenn wir beginnen, sie in Ehren zu halten, bewegt sich auch die Position unseres Ego allmählich von einer eher subjektiven zu einer objektiveren Weltsicht. Solange wir ausschließlich und völlig im Leben stehen, haben wir das Gefühl, selbst in die Tragödie verwickelt zu sein. Wenn wir jedoch eine objektivere Position einnehmen, von der aus wir sowohl im Leben stehen als auch uns selbst dabei beobachten können, wie wir im Leben stehen, sind wir in der Lage, die Perspektive des

Clowns einzunehmen. Dann können wir uns selbst als Teil der göttlichen Komödie sehen.

Iwan ist teilweise in der Lage, eine objektive Position einzunehmen. Er kann vom Tisch der Baba-Jaga essen, ihre Frage beantworten und sich sogar mit ihr unterhalten. Er kann Ehrfurcht vor ihrem Geheimnis verspüren. Wenn es uns wie Iwan gelingt, bei der Auseinandersetzung mit der Baba die Position der Seele beizubehalten, können wir allmählich auch die Position des Ego loslassen, wann immer wir wollen. Wir können uns dem Paradox der Baba stellen und eine Warteposition einnehmen. Je länger wir leben, desto bereitwilliger akzeptieren wir ihr Mysterium. Oder aber wir werden bitter und weisen das Leben zurück.

Manchmal beschreibe ich bei Workshops gar zu intensiv die Schläge, die uns die Baba versetzen kann. Dann zirpt Robert Bly von hinten: »Das Ganze ist natürlich nicht persönlich gemeint, wie Sie verstehen werden.« Und alle lachen vor Erleichterung, ich auch. Neuerdings merke ich nun, daß ich immer dann, wenn wieder ein furchterregender Schicksalsschlag droht, jenes unschuldige Zirpen höre: »Das Ganze ist natürlich nicht persönlich gemeint.« Dann weiß ich, daß ich nicht zur Bestrafung individuell ausgesondert wurde. Ich bin einfach Teil ihres größeren Plans. Dieses »Nicht persönlich gemeint« versetzt mich aus der Opferrolle der Raupe in die ruhige Gewißheit des Schmetterlings.

Die drei Hörner

Im Zusammenhang mit dem Weiblichen hat die Zahl drei mit Leben, Tod und Wiedergeburt zu tun. Die Göttin selbst erscheint oft als Dreiheit. Man denke nur an die drei Hexen im *Macbeth*, die drei Hörner, die Dreieinigkeit von Mutter, Jungfrau und weiser Alter. In Träumen bedeutet die Zahl drei meistens, daß der Punkt erreicht ist, an dem etwas die Schwelle ins Bewußtsein überschreiten will. Achtung, fertig, los! Irgend etwas wird geschehen.

Vielleicht sind wir bei der ersten Baba noch vor Schreck gelähmt. Bei der zweiten spielen wir möglicherweise ein wenig das Opfer. Doch dann merken wir allmählich, daß wir wirklich die Opferrolle spielen und daß wir, wollen wir da jemals wieder herauskommen, nicht umhin können, Verantwortung für uns selbst zu übernehmen und uns weiterzuentwickeln. Bei der dritten Gelegenheit sind wir bereit, kräftig ins Horn zu stoßen, damit die Nadel aus unserem Kragen fliegt. Und wir sind bereit, mit unserer eigenen Stimme ins Horn zu blasen, wenn der Feuervogel kommen soll. Beim Hineinblasen haben wir allerdings noch keine Ahnung, was kommen könnte. Weil Iwan jedoch bereits zwei Initiationsvorbereitungen durchlaufen hat, besitzt er den Mut und die Stärke, mit allem zurechtzukommen, was auftauchen wird. Wir müssen nämlich immer bedenken, daß das Göttliche nicht unbedingt nur freundlich und hilfreich ist. Es kann auch erschreckend sein.

Nun darf Iwan also in die drei Hörner blasen. Wohlgemerkt, es waren die beiden ersten Baba-Jagas, die ihm die Reise zur dritten ermöglichten. Auch verweigert ihm die dritte ihre Hörner nicht. Iwan tut, was man ihm gesagt hat, und bläst anfangs sanft. Auch für uns ist es, wenn wir unsere eigene Stimme zum ersten Mal finden, durchaus weise, die Kehle sanft zu öffnen und die Energie aus unserem Körper sanft in die Außenwelt entströmen zu lassen. Bedenken Sie, Iwan ist Teil der kreativen Matrix und wird von der Baba-Jaga unterstützt, aber er ist sich seiner Verbindung zur Lebenskraft noch nicht sicher.

Wie Iwan auf einer früheren Stufe haben auch die Menschen, die an einem Workshop zur körperlichen Selbsterfahrung teilnehmen, keine Ahnung, was durch ihren offenen Hals hinausströmen wird, wenn die Nadel im Kragen erst einmal beseitigt ist. Alles, was sie niemals ausgesprochen haben, die schmerzhafte Trauer ihres Körpers, Eifersucht, Wut und Scham, vielleicht auch der Kummer von Generationen und der Kummer des Planeten – all dies kann in ihrem Innern aufgestaut sein. Und all das symbolisiert die Baba-Jaga. Darüber hinaus öffnet sich auch das sexuelle Chakra, wenn das Chakra der Kehle geöffnet ist. Wird jedoch zuviel in zu kurzer Zeit freigesetzt, so ist die Gefahr einer Psychose durchaus gegeben. Wenn der Atem des Lebens in die Tiefen des Körpers dringt, öffnen sich bisher geschlossene Resonanzböden. Die Seele des Körpers meldet sich im Leben zurück. Und die Seele stößt Angstschreie aus. Die weibliche Seite Gottes weint. Am Ende der Sitzung verkörpern dann Malerei, Tanz oder Bildhauerei jenes Bild, das bei der Arbeit an und mit der Stimme vielleicht zum Vorschein gekommen ist. Auf diese Weise werden die Vorgänge, die sich im Körper abgespielt haben, ins Bewußtsein gebracht. Ohne diese abschließende Konzentration würde die Energie ins Unbewußte zurückfallen und wiederholt an die Oberfläche drängen – so lange, bis sie ausreichend in die Persönlichkeit integriert ist. Die Träume nach einem solchen Workshop sind außerordentlich wertvoll, enthüllen sie doch die Verbindung zwischen den Komplexen und dem durch die Nadel blockierten Kopfbereich.

Teil III

Der Feuervogel

In der Begegnung mit der dritten Baba-Jaga öffnet Iwan, als er in die Hörner bläst, endlich sein ganzes Sein dem Atem der Inspiration. Indem er die Verbindung zur kreativen Matrix der Baba wiederherstellt, ist er stark genug, die Nadel aus seinem Kragen endgültig herauszublasen. Er öffnet die Rezeptoren im ganzen Körper. »*Plötzlich flogen von allen Seiten allerlei Vögel herbei; darunter war auch der Feuervogel. ›Setz dich auf mich‹, sagte der Feuervogel, ›und wir werden fliegen, wohin auch immer du willst; sonst wird dich die Baba-Jaga auffressen!‹*« Der Feuervogel wird aus dem Chaos erweckt.

Wir wollen uns diesen großartigen Vogel einmal vorstellen. Auf russischen Bildern ist er rot mit flammender Brust dargestellt. Kleine Flammen züngeln aus Kopf und Schwanz – lebendige Feuerenergie. Wie der Phönix, der sich aus seiner eigenen Asche erhebt, kommt er als Retter des Geistes aus dem alles verschlingenden Rachen der Materie – als unzerstörbare Energie, die das Wesen der Materie ausmacht. Dieses Thema klingt auch in der Geschichte von der Meduse an, der Gorgo, deren Häßlichkeit und deren Locken aus sich ringelnden Schlangen all jene zu Stein erstarren lassen, die ihr ins Antlitz geblickt haben. (Sie ist der pechschwarze Schatten der Baba-Jaga.) Als Perseus ihr mit seinem Schwert den Kopf abschlägt, entspringen ihrem Hals zwei Pferde, die wie Feuervögel davonfliegen: Pegasus, das geflügelte Pferd der Kreativität, und Chrysaor, das Roß mit dem goldenen Schwert. Die Meduse war schwanger gewesen, und ein Teil ihres Zorns entsprang sicher auch ihrer Unfähigkeit, diese beiden Rosse ins Leben zu entlassen. Ihre Gebärunfähigkeit rührte daher, daß sie im Kopf blockiert war und keine Verbindung mehr zu ihrem Körper hatte – so wie auch Iwan im Kopf des Tutors eingeschlossen war, ehe er ihn enthauptete. In beiden Fällen erfolgt die Befreiung als Akt der Enthauptung.

Als gerade erst befreite Form aufgestauter Energie verkörpert der flammende Vogel die Transformation instinktiver Energie in geistige. Die Erscheinung dieses Vogels läßt sich vielleicht mit dem erstmaligen Freisetzen der hochexplosiven Energie vergleichen, die zuvor im Atomkern eingeschlossen war – einem Ereignis, das unser Verständnis der Materie ein für allemal verändert hat, und damit auch unser Verhältnis zum Leben auf diesem Planeten.

Die Verwandlung von instinktiver in geistige Energie bedeutet nicht, daß die Instinkte dabei geopfert würden; im Gegenteil, es handelt sich um eine Verfeinerung der Instinkte. Durch seinen Flug auf dem Feuervogel, der ihn letztlich zur Zar-Jungfrau führt, wird Iwans Instinkt allmählich über das Niveau reinen sexuellen Begehrens hinaus verfeinert. Sexuelle Begierde hätte ihn wohl weiter im Banne der Stiefmutter gehalten.

Wir alle stellen eine Beziehung zu einem Märchen am ehesten aus jenen Regionen in unserem Inneren her, die bei der Lektüre am stärksten berührt werden. Und diese unterschiedlichen Berührungspunkte haben wahrscheinlich mit unserer jeweiligen Lebenssituation zu tun. Es ist wie bei einem Rorschachtest. Bin ich durch die Nadel des Hauslehrers gelähmt? Stehe ich im Banne der Stiefmutter? Befinde ich mich in einer Abstiegsphase? Bin ich in der Hütte der Baba-Jaga? Fliege ich auf dem Feuervogel?

Wenn Sie selbst gerade auf dem Feuervogel sitzen, haben Sie

vielleicht schon etwas von seiner Schattenseite entdeckt. Erinnern Sie sich an das Bild vom beiderseitigen Pendelausschlag bei seelischen Veränderungen. Der Feuervogel wird Iwan weiter in den positiven Bereich voranbringen als je zuvor. Aber zugleich wird Iwan dadurch auch anfälliger für Augenblicke der Verzweiflung sein als je zuvor. Solange er die Verbindung zum eigenen Körper aufrechterhält, kann er einen Platz im Mittelbereich der Pendelausschläge einnehmen und in Ruhe das Pendel durch sich hindurch schwingen lassen. Dann kann er sich selbst sagen: »In mir ist Verzweiflung. Aber die Verzweiflung bin ich nicht selbst. Sie wird vergehen« oder »Ich bin verliebt. Ich bin furchtbar verliebt. Aber ich bin nicht die Liebe. Auch sie wird vergehen«.

Ich glaube nicht, daß Iwan dieses Reifestadium bereits erreicht hat, denn der Feuervogel ist nicht in der Lage, ihn ganz in das dreimal zehnte Reich zu bringen. Ich sehe in der Zahl »dreimal zehn« eine Verdreifachung der Einheit der eins, und das impliziert ein außerordentlich ausgewogenes Verhältnis von Körper und Seele. Können Sie sich das Maß an innerer körperlicher Präsenz überhaupt vorstellen, das erforderlich ist, um das Einströmen des Geistes zu bewältigen, wenn dieser Geist ein Feuervogel ist? Saulus wurde, als er auf dem Weg nach Damaskus war, um dort Christen zu töten, zu Boden geworfen und geblendet, als ihn der Feuervogel heimsuchte. Viele bildende Künstler, Dichter und Musiker werden vom Feuervogel aufgesucht, und einige haben es nicht überlebt: Emily Brontë, Sylvia Plath, Dylan Thomas, Mark Rothko, Janis Joplin.

Da ich mich schon seit vielen Jahren mit den Verbindungen von Körper und Seele (Psyche und Soma) beschäftige, habe ich viele Menschen erlebt, die sich sowohl mit der Feuervogel-Energie als auch mit der Kundalini-Energie auseinandersetzen, der Schlangenenergie der zentralen Vitalkraft. Ich kann dieses Thema hier nicht angemessen behandeln, aber vielleicht ist der Hinweis doch nicht ganz unwichtig, daß sich im

Körper ein grundlegender Wandel vollzieht, wenn diese Energien aktiviert werden – so, als würde plötzlich Rolls-Royce-Energie durch einen Volkswagen strömen. Wenn dies geschieht, kann der oder die Betroffene nicht den Kopf in den Sand stecken, sondern muß sich Fragen stellen, die er oder sie sich nie zuvor gestellt hat. Einzelne Körperteile geben dann Antwort auf bestimmte Fragen. Kreuzschmerzen, Schmerzen im Brustkorb oder im Hüftgelenk – sie alle können Ansatzpunkt für einen Dialog mit dem Körper sein, und dessen Antworten können uns verstehen lassen, was sich in unseren Zellen abspielt. Genau das ist gemeint, wenn ich davon spreche, daß der Körper zum Bewußtsein gebracht wird – passend zur Feuervogel-Energie, die als bewußte *mater* (Mutter) die Seele trägt. Diese Antworten können wie die Federn sein, die die Baba-Jaga vom Feuervogel ergreift, als Iwan auf dessen Rücken davonfliegt – Materie gewordener Geist, an den man sich klammert. Wir müssen aber darauf achten, daß wir uns nicht so sehr auf eine Antwort versteifen, daß wir die nächste, die gerade wie eine Feder vorbeifliegt, gar nicht mehr wahrnehmen. Denn das wäre eine Rückkehr zu alten zwanghaften Verhaltensmustern, bei denen wir durch Willenskraft zu einem Leben getrieben werden, das nicht länger ein Geburtsrecht ist, ein Geschenk, an dem wir uns erfreuen sollen. Das Leben bietet immer neue Öffnungen. Es wandelt sich ständig. Doch wenn wir zuvor abgestumpft waren, erscheint uns dieser Prozeß als ein Wunder, als etwas, das es unbedingt festzuhalten gilt.

Thematisch handelt die Erzählung von Freiheit und Zwang, von der Flucht aus dem Zwang in die Freiheit. Die drei Hörner sind Instrumente des Übergangs. Indem die Baba die Schwanzfedern des Feuervogels umklammert, bleibt das Paradox erhalten: Freiheit ist kein Höhenflug, wenn sie zum Teil noch dem Zwang verhaftet bleibt. Die Baba-Jaga erhascht einige Federn. Der vollkommene Höhenflug ohne jeden Zwang käme dem reinen Geist gleich. Doch wie im Leben ist das unbewußte Weibliche an die Natur gebunden und die Natur wiederum an die Gesetze, die sie regieren. Das Männliche als reiner Geist indes würde aus dem Leben hinausfliegen; dann wäre der Flug auf dem Feuervogel ein Flug in den Tod.

Die Gefahr liegt in der Hybris, in der Überschreitung der Grenzen des Menschen, wenn der Instinkt dem reinen Geist geopfert wird. Ikarus flog zu hoch hinauf und kam der Sonne zu nahe. Er fiel ins bodenlose Meer des Unbewußten. Wenn wir den in der Sonne symbolisierten reinen Geist als männlich ansehen, können wir erkennen, daß männlicher Geist, vom Weiblichen völlig befreit, gleichbedeutend mit dem Tod ist. Das Weibliche hält das Männliche im Leben fest.

Dieser paradoxe Konflikt läßt sich mit einem Beispiel veranschaulichen: Die Heilung von einer Sucht ist wie die Rettung der Seele aus dem dunklen Leib der Erdmutter – einer rein instinktiven Mutter, die ihr Kind wie in einem Gefängnis physisch abhängig hält. Ihre Energie ergreift bei einer Suchterkrankung Besitz vom Ego des Süchtigen. Die Rettung besteht in einer spirituellen Infusion, die das Weibliche durchaus nicht seiner Erdverbundenheit beraubt, es jedoch zum Bewußtsein bringt. Die Befreiung der Seele von der Sucht ist die Geburt des Göttlichen Kindes, die zweite Geburt, die Wiedergeburt. Wenn die Seele von der Sucht befreit und im eigenen Körper wirklich zu Hause ist, dann ist sie Materie, die ihre eigenen befreiten Energien ausleben kann – eine Partnerschaft von bewußter Weiblichkeit und bewußter Männlichkeit. Aus dieser Sicht ist die Suchtbehandlung ein Initiationsritual. Das archetypische Bild dieses Vorgangs ist die Bewußte Jungfrau, die vom Geist schwanger wird und das Göttliche Kind gebärt.

Wenn einer der Partner in einer Beziehung diese immensen Energien anzapft, ist eine Krisenphase unausweichlich. Wer selbst mitten in einem solchen Wandlungsprozeß steht, versucht verzweifelt, einen Rest von Gesundheit und klarem Verstand zu bewahren, und ist nicht unbedingt scharf auf Kritik, Ärger oder Ängste des Partners, die alles nur noch schlimmer machen. Energien, die in der Giftküche der Elternkomplexe oder aus den Drogen der Sucht und der Unbeweglichkeit freigesetzt werden, sind keine Energien für unreife Menschen. Solche Energien können einen zerreißen (und andere Menschen obendrein). Sie äußern sich nicht unbedingt als Wut. Viel wahrscheinlicher ist es, daß sie die Form einer krassen Aussage, einer nackten Wahrheit annehmen, die ganz ruhig zum Zentrum alles dessen vordringt, was in der Beziehung unaufrichtig war und ist. Dies ist der Punkt, an dem uns die Wahrheit befreien kann, wenn wir sie hören können und wenn wir überhaupt imstande sind, frei zu sein. Kummer, Schuld- und Schamgefühle wollen hinaus, und wenn wir sie hinauslassen, werden auf einmal auch Polaritäten überwunden, die wir für unüberwindlich gehalten hatten.

Einer jener Dualismen, die tief in unserer Kultur und in unserer Erzählung verankert sind, ist die Spaltung des Weiblichen in Jungfrau und Hure. Männer und Frauen, die in der jüdisch-christlichen Tradition aufgewachsen sind, haben Schwierigkeiten damit, idealisierte Weiblichkeit und leidenschaftliche Sexualität in einer einzigen Beziehung auszuleben. Da ist es schon leichter, die Jungfrau Maria und Maria Magdalena in zwei getrennten Häusern leben zu lassen. Wenn diese Feuerenergien jedoch das Fleisch entzünden, können die Energie der Zar-Jungfrau und die der Baba-Jaga nicht länger als Gegensätze polarisiert werden. In Träumen können sich Jungfrau und Hure gegenseitig in die Augen sehen und sich nicht nur lieben, sondern sogar eins sein. Welch ein Schock für eine Beziehung! Wenn einer der Partner auf seinem Weg schon weiter vorangeschritten ist als der andere, kann dies sogar eine Zeit sexueller Enthaltsamkeit erfordern. Beide müssen dann äußerst geduldig sein und sich auf das Endziel konzentrieren.

Psychologisch gesehen ist der grundlegende Wandel, der sich vollzogen hat, die Befreiung des Sohnes aus dem Stiefmutterkomplex. Dies betrifft nicht nur Männer, sondern auch Frauen, die ihre männliche Seite aus der passiven Trägheit befreien wollen. In unserer Geschichte wurde Iwan mit der pechschwarzen Seite der Baba-Jaga-Energie konfrontiert. Und er war in der Lage, die Baba in einen Dialog zu verwikkeln, ohne von dieser Energie besessen zu sein. Er vermag sich zu ihr *in Beziehung zu setzen*, ohne sich mit ihr zu *identifizieren*. Jetzt weiß er, was Freiheit sein kann. Er muß zwar immer noch darum kämpfen, die Freiheit zu behalten, aber er weiß auch, wofür er kämpft – für seine eigene Männlichkeit. Und diese ist nun stark genug, Partner der Zar-Jungfrau, der Bewußten Jungfrau, zu sein. Die meisten Männer und Frauen müssen ihre junge Männlichkeit von deren infantiler Sehnsucht nach Sicherheit und Geborgenheit befreien, damit sie von ihrer Passivität abläßt und, in die Persönlichkeit integriert, ihr kreatives Potential entfalten kann. Allzuoft ist es in Beziehungen so, daß ein unbewußtes Einvernehmen das Paar in einer Mutter-Kind-Symbiose eint, die dann beide Partner daran hindert, reif zu werden und sich selbst zu ermächtigen. Abhängigkeit ist nicht dasselbe wie Liebe. Und eine Begegnung mit der Baba-Jaga macht uns für völlig neue Dimensionen der Liebe frei.

Der Feuervogel ist nicht stark genug – vielleicht aber auch zu stark –, um Iwan über das weite Meer ins dreimal zehnte Königreich am anderen Ufer zu bringen. Iwan bedankt sich bei dem Vogel (Höflichkeit im Umgang mit dem Unbewußten!) und setzt seinen Weg zu Fuß am Ufer fort. Es wartet noch mehr Arbeit auf ihn, ehe er seine Zar-Jungfrau wiederfinden kann.

Die alte Frau

Iwan »*ging und ging, da stand eine kleine Hütte, er ging hinein*«. Wie viele Jahre sich wohl hinter der Formel verstecken: »er ging und ging«? In dieser Zeit hat Iwan die Baba-Jaga-Energie zivilisiert, so daß die Energie der weisen Alten daraus geworden ist. Das heißt nicht, daß die Baba nie wieder auf den Plan treten würde, aber in der alten Frau ist die Weisheit der Baba weit weniger vulkanisch. Die Zähmung dieser Energien erfordert normalerweise ein jahrelanges bewußtes Leben, voller bewußter Opfer. Direkt aus dem Zentrum sprechen zu können, und zwar mit einer Ehrlichkeit, die erschreckt, aber auch zur Klarheit beiträgt, ist das Talent des Narren. In der weisen Alten steckt viel von einem Narren. Viele ältere Menschen haben diese Qualität, sei es bewußt, sei es unbewußt. Robert Bly und ich singen manchmal gemeinsam mit dem Übermut zweier altersweiser Gestalten die folgenden Verse von William Butler Yeats, die großartigsten ihrer Art:

Ein alter Mann ist nur ein nutzlos' Ding,
Zerschlißnes Tuch an einem Stock, sofern
Die Seel' nicht Beifall klatscht und lauter singt
Für jeden Riß in ihrem sterblichen Kleid.

Die Reise zur Altersweisheit beginnt mit dem Vorsatz, ein eigenständiges Leben führen zu wollen. Das hat nichts mit einem großen Sprung in die Erleuchtung zu tun. Nein, Altersweisheit basiert auf der soliden Arbeit eines ganzen Lebens. Im Lauf der Jahre verliert dieses Engagement allmählich seine etwas angestrengte Qualität. Es entstammt nicht länger den Wünschen und Begierden des Ego, sondern kommt aus einem Ort tief im Innern, der loslassen kann. Christus hat dazu im Matthäus-Evangelium gesagt: »*Mein Joch ist sanft und meine Last ist leicht.*« Im tiefsten Innern wissen wir, wer wir sind und auf welchem Weg wir sein sollten. Und wir wissen, daß wir uns, wenn wir auf diesem Weg bleiben, keine allzu großen Gedanken über zukünftige Ziele machen müssen. Das Ziel liegt in der Gegenwart. Es ist der gegenwärtige Augenblick, der zählt. Die Weiterentwicklung liegt ganz im Vergnügen der Reise begründet – in diesem Gesicht vor mir, diesen Lippen, dieser Nase, diesen Augen. In dieser Konzentration und

Selbstaufgabe. In dieser Intensität ohne Spannung. Die weise Alte weiß, daß sie sich am richtigen Ort befindet, und sie weiß, daß dieser Zustand ihre ganze Kraft erfordert, ihren ganzen Mut und ihren gesunden Menschenverstand. Sonst kann sie nicht auf ihrem Wege bleiben. Aber sie hat es nicht mehr nötig, mit aller Kraft ein Ziel anzustreben.

In unseren Träumen erscheint die Alte, wenn wir die Vorstellungen unseres Ego aufgegeben haben, wohin wir gehen und was wir unternehmen sollten, um ein Ziel zu erreichen. Disziplin ist nun Teil der Feinabstimmung unseres Körpers und unserer Wahrnehmungen geworden. Wir sind willenlose Instrumente des Mysteriums geworden. Unsere Aufnahmefähigkeit ruht – still, aber wach – und erwartet, was von innen und außen auf uns einströmt. Wir hören mit dem inneren Ohr, sehen mit dem inneren Auge und wissen, daß wir nicht mehr alles wissen, vielleicht auch gar nichts.

Der Tag, an dem dieses Wissen bis in unsere Knochen vorgedrungen ist, ist ein Geburtstag – der Neue Tag. Die junge Weiblichkeit, die wir als späte Teenager und junge Twens verkörperten, erscheint uns noch oft im Traum in ihrer ganzen körperlichen Blüte: Glühend vor Energie und mit wehenden Haaren schreitet sie wie eine Zigeunerin ins eigene Leben voran. Wenn diese Energie auf die Energie der Altersweisen trifft, fließt manchmal körperliche Vitalität in den alternden Körper. Dann strahlt die Alte vor Vergnügen, denn sie fühlt, wie sich die Freiheit der jungen Weiblichkeit mit der Freiheit des Loslassens vereinigt. Diese Herausforderung ist eine Gelegenheit zu erwachen und zu erkennen, welche Nadeln (welche letzten Verdrängungsreste) die Energie noch blockieren. Ihre Seele singt (wie in den Versen von Yeats).

Die Alte weiß, daß die Wahrheit sie frei gemacht hat. Und sie glaubt, daß die Wahrheit auch andere befreien kann. Sie ist nicht mehr bereit, lieb Kind zu sein, nur um anderen zu gefallen. »Ich kann sagen, was ich denke, und sein, wer ich bin. Und wenn mich die Leute für eine komische Alte halten, dann

279

macht mir das nichts aus. Ich bin froh, daß ich bin, wie ich bin.« Sie buhlt auch nicht um Applaus. Weil sie nichts erwartet, wird sie selten enttäuscht. Stets sind irgendwo in ihren tiefsten Rocksäumen Mörser und Stößel der Baba-Jaga versteckt. Jeden Tag benötigt sie diese, um neue Energien zu verarbeiten. Sie weiß, daß alle Informationen in ihrem Kopf, alle Vernunfterklärungen, alles Schwarzweißdenken erst in ihrem Mörser zerstampft werden müssen, ehe sie Eingang in ihren geheiligten Körper finden können. Ihre großen Tränen und ihr großes Buddha-Lachen machen sie im Leben zu einer guten Kameradin.

Sie bringt Stärke mit, sich Dingen zu stellen, denen man nicht länger ausweichen kann. So lassen sich Verwundbarkeit und aufrüttelnde Tatsachen aushalten. Was jetzt geschieht, ist richtig. Es soll jetzt geschehen. Auch wenn wir durchs tiefe Tal der Schatten wandeln, wissen wir: Wir sind, wo wir sein sollen. Wir leben in der Gegenwart. Und wenn wir abwarten müssen, dann warten wir eben ab, bis wir die Konstellation erkennen können, die sich ergibt – ohne zu versuchen, alles willentlich herbeizuführen. Letztlich wird alles an seinem Ort sein, und dann wissen wir: Jetzt ist es Zeit zu tun, was zu tun ist.

Mutter Teresa, die karitative Ordensgründerin in Kalkutta, war eine weise Alte. Und wenn wir an sie denken, neigen wir heute dazu, auch an Diana, Prinzessin von Wales, zu denken. Die beiden waren befreundet. Wie sich die große, stattliche Prinzessin hinunterbeugt, um die kleine verwelkte Nonne zu begrüßen, dieses Bild hat sich unserem Gedächtnis unauslöschlich eingeprägt. In unserer Vorstellungswelt sind Prinzessin und Nonne unwiderruflich verbunden, weil ziemlich bald, nachdem die Welle der Trauer um Diana im September 1997 die westliche Welt überrollt hatte, eine genauso mächtige Welle der Trauer um Mutter Teresa die östliche Welt überkam. Und als diese Wellen aus unterschiedlichen Richtungen um die Welt liefen, vereinigten sie sich zu einer einzigen. Mehr als eine Woche lang war der Globus von einem Band der

Liebe umfangen: Liebe zu diesen beiden so unterschiedlichen Frauen. Die eine war glamourös, verführerisch, reich, die andere schlicht, zurückhaltend, der Armut verschworen und »unerbittlich« im Dienst an Armen, Verlassenen, Kranken und Sterbenden engagiert. Mutter Teresas Erfahrung der Welt machte sie zäh, schlau, vollkommen realistisch im Angesicht des Todes – und völlig der menschlichen Seele zugetan. Gegen Ende ihres Lebens wurde ihr zerbrechlicher Körper nur noch durch die Liebe zusammengehalten, eine wild entschlossene Liebe, die bereit war, für ihre eigenen Werte hartnäckig zu kämpfen. Ihre Autorität war in ihrer Präsenz, nicht in ihrer Macht begründet.

In unserem Märchen ist Iwan jetzt so weit vorangekommen, daß er die Hütte der Alten betreten kann, um mit ihr sofort Essen und Trinken zu teilen und einen Dialog zu beginnen. Er ist stark genug, zu ihr in Beziehung zu treten, weil er sich im Innern einen Ort geschaffen hat, an dem seine Seele von der weisen Alten seines Inneren gesehen und gehört wird. Der Alten in der Hütte erzählt er, *»daß er das dreimal zehnte Reich suche, um die Zar-Jungfrau zu finden, seine Verlobte«.* Doch die Alte erwidert: *»Ach, sie liebt dich nicht mehr; wenn du ihr vor die Augen trittst, wird die Zar-Jungfrau dich zerreißen.«* Sofort hören wir Echos der Warnung, welche die zweite Baba-Jaga Iwan mit auf den Weg gegeben hatte, als er sich zur dritten aufmachte: *»Falls sie auf dich wütend wird und dich fressen will, nimm drei Hörner von ihr und bitte um Erlaubnis, auf ihnen zu spielen.«* Psychologisch gesehen ist das Männliche abermals in Gefahr, vom Weiblichen vernichtet zu werden. Doch diesmal geht die Gefahr vom entgegengesetzten Ende aus: Die Baba-Jaga-Energie kann das Männliche im Materiellen versinken lassen – schließlich müssen Rechnungen, Steuern für zwei Häuser, Versicherungsprämien für zwei Autos, Rentenversicherung und wohltätige Spenden bezahlt werden; und alle Schlangen im Haupt der Meduse fordern unablässig noch mehr. Die Energie der Schwanenjungfrau hingegen vermag das Männliche hoch in die Lüfte zu erheben und in reinen Geist aufzulösen.

Die romantischen Dichter lebten in ständiger Angst, sie könnten von jener spirituellen Energie, die das Leben auf dieser Erde verachtet, während sie sich in Sehnsucht nach der Erlösung und Vollkommenheit des Todes verzehrt, selbst in den Tod gelockt werden. John Keats etwa lauscht in einer der größten Oden englischer Sprache in seinem Garten dem lieblichen Gesang der Nachtigall. Und während er lauscht, wird er ganz allmählich verführt und fortgelockt aus dieser Welt, *»wo man nur des andern Seufzer hört«*.

Nun mehr denn je scheint es mir reich zu sterben,
Sich mitternächtig, schmerzlos zu verzehren,
Da deine Seele auf Gesangesflügel
Ausströmt in seligem Werben!
Du würdest singen, ich könnt' dich nicht hören –
Würd' für dein Requiem ein Rasenhügel.

Das Lied, das ekstatisch beginnt, verwandelt sich in ein *»Klagelied«*, ein *»Requiem«*, dessen *»letzter Ton«* am Ende des Gedichts verklingt – im Verborgenen, *»dort, wo das Tal sich windet«*. Aus seiner Verhexung aufgescheucht, wird sich der Sprecher des Gedichts klar darüber, daß die Verwandlung des volltönenden Sommerlieds in ein Requiem das Werk seiner eigenen trügerischen Imagination ist – eines *»trugvollen Geistes«*, dessen Zauber er beinahe erlegen wäre. Nachdem der magische Bann gebrochen ist, verdämmert das Lied – und mit ihm die Inspiration. Auf dieser Erde muß das schöpferische Feuer der Inspiration in irdischer Erfahrung verkörpert sein: Die schieren Mühen der Baba-Jaga verlangen nach der Inspiration des Geistes, während sich der Geist nach konkreter Realisierung in der Materie sehnt, damit seine Musik nicht verlorengeht. Wir bleiben mit Keats' Schlußfrage allein: *»Ich weiß nicht, ob ich schlafe oder wache.«*

Shelley beschreibt in »Epipsychidion« die Verschmelzung mit seiner weiblichen Seele als »*Vernichtung*«:

Weh mir!
Die geflügelten Worte, auf denen meine Seele sich
In die Höhen schwingen würd' des luft'gen Alls
    der Liebe,
Sie sind wie Ketten von Blei gelegt um ihren Feuerflug –
Ich atme schwer, ich sinke, zittre und vergehe!

Wie so viele große romantische Dichter, Musiker und Künstler im frühen 19. Jahrhundert starben Keats und Shelley, noch ehe sie dreißig waren. Ihr Feuervogel hatte sie nicht rechtzeitig genug auf der Erde abgesetzt. Die Intensität ihres schöpferischen Feuers brachte sie zu weit ins dreimal zehnte Königreich voran, noch ehe sie sich mit der Baba-Jaga und der weisen Alten angefreundet hatten. Ihnen fehlte das Gleichgewicht zwischen Geist und verkörperter Seele. Und doch, welch großartige Herzensergüsse, welchen »*Gesang ..., Verschwenderisch in ein unvorbedacht Gedicht*« gegossen (Shelley), haben uns ihre jungen Geister hinterlassen!
Aber warum ist denn nun eigentlich das Weibliche so wütend, daß es in Gestalt der Zar-Jungfrau das Männliche »in Stücke reißen« könnte? Warum ließ Mary Shelley ihren Romanhelden Frankenstein ein Monster erschaffen, das ihn ins Verderben riß? Solange die patriarchalisch geprägte Männlichkeit gottgleiche Perfektion auf das Weibliche (in Gestalt der Schwanenjungfrau) projiziert, hält sie das Weibliche dadurch in Gefangenschaft. Darüber ist das Weibliche natürlich erbost, es sei denn, es ist noch zu jung, naiv und aufgeblasen, um ein eigenes Leben führen zu wollen. In Beziehungen akzeptieren manche Frauen problemlos die göttlichen Perfektionsprojektionen seitens der Männer, weil sie als »Papas kleine Prinzessin« aufgewachsen sind. Verharren sie jedoch in dieser Projektion, so leben sie unter einer unsichtbaren Glasglocke, die sich

ganz leicht in einen gläsernen Sarg verwandeln kann. Man denke nur an die amerikanische Lyrikerin Sylvia Plath. Wie viele andere Frauen war sie wütend darüber, daß sie mit ihrer ganz eigenen Menschlichkeit zurückgewiesen wurde.

Auch das Weibliche in den meisten Männern kennt eine ähnliche Art von Zorn, und zwar aus demselben Grund. Wie sich das anfühlt und wie das in Traumbildern visuell in Erscheinung tritt? Ein schöner Körper wird ins Gefängnis geworfen und muß dort bleiben; nur gelegentlich wird er hervorgeholt: zum Geschlechtsverkehr, zur Verachtung, zur Aushungerung. Im Film *Blue Velvet* wird die verschreckte und zum Schweigen gebrachte Isabella Rossellini schließlich von ihren Verfolgern auf eine Holzplattform hinausgezerrt, wo sie sich nackt vor einem kalten Horizont krümmt und ihr Körper die Form eines Kreuzes annimmt.

Bilder und Szenen des geopferten Weiblichen gibt es in der westlichen Kultur mehr als genug: Iphigenie, Jephthas Tochter, Jeanne d'Arc, Tausende von »Hexen«, Thomas Hardys Tess von D'Urberville, Marilyn Monroe, die vierzehn Frauen, die bei einem Massaker in Montreal niedergeschossen wurden. Die Gefangenschaft des Weiblichen ereignet sich jede Nacht in den Träumen von Männern und Frauen – Träumen, in denen sie immer schneller davonzulaufen versuchen, um diesem inneren Horror zu entkommen. Und wenn sich den Menschen ein akzeptabler Grund zum Weinen bietet, weil auch die anderen weinen, etwa um die tote Diana, dann bricht ihr Körper in hemmungslosem Schluchzen zusammen – Ausdruck nicht nur der Trauer, sondern auch der Wut.

Als sich das Jahr 1997 dem Ende zu neigte, schwadronierten die traurigen Patriarchen und Matriarchen kopfgesteuert im Fernsehen darüber, was dieses Jahr denn nun zu bedeuten habe. »Es war ein Jahr der Gefühle«, sagte einer, und ein anderer entgegnete: »Nein, ich kann mir nicht denken, daß das echte Gefühle waren. Ich würde es Sentimentalität nennen – Ersatzgefühle.« Und ein dritter verkündete uns: »Dianas Tod hatte nichts mit unserem alltäglichen Leben zu tun. Wenn sich irgend etwas wirklich Wichtiges ereignet hätte – beispielsweise eine scharfe Rezession –, dann hätte es diesen sentimentalen Gefühlsaufruhr überhaupt nicht gegeben.« Ein weiterer schließlich wies darauf hin, daß unsere extensive elektronische Medienkultur den Weg dafür frei mache, daß die gesamte Welt an einem einzigen Ereignis teilhaben könne. Und noch jemand anders wagte die vorsichtige Hypothese, die Menschen wollten jetzt wie Maschinen sein, doch dieser Wunsch schaffe eine unterschwellige Strömung von Melancholie, Angst und Leere, die bei Dianas Tod an die Oberfläche getreten sei. Der Mann mit dem Schlußwort erinnerte uns schließlich daran, daß wir in einer Jahrhundertendzeit lebten und daß eine Ära zu Ende gehe.

Ja, gewiß, hier ging eine Ära zu Ende, aber wir wollen uns doch nicht gleich unsere arroganten Köpfe von den trauernden Körpern abschlagen, milde dazu lächeln und die weinenden Millionen als sentimentale Geschöpfe abstempeln, die sich in Ersatzgefühlen weideten. Und das alles hatte nichts mit unserem Alltag zu tun? Nichts mit den unausgesprochenen Scham- und Schuldgefühlen, den unterdrückten Wutgefühlen und Sehnsüchten unserer Kultur? Wenn wir überhaupt noch eine Beziehung zu unseren Träumen haben, dann hören wir unsere Weiblichkeit, unsere Materie, unsere weibliche Seele jede Nacht nach Befreiung schreien – nach Erlösung aus der Gefangenschaft, Befreiung aus dem Gefängnis, dem Konzentrationslager oder einem über das Auspuffende gestülpten Beutel. Auch in unseren körperlichen Symptomen fleht uns die eingekerkerte Weiblichkeit an: besonders bei Autoimmunkrankheiten, bei denen der Körper sich gegen sich selbst wendet. Dann ist der Todeswunsch stärker als die Lebenskraft. Ja, wir haben Angst. Wir sind zutiefst verschreckt – wir haben blinde Angst. Unsere Feuervögel, seien sie nun männlichen oder weiblichen Geschlechts, tragen uns so hoch hinauf in die Idealisierung, daß sie uns dabei in Stücke reißen. Wir brau-

chen Bodenhaftung, den festen Grund unserer eigenen Körper, den Grund unserer eigenen Erde – und ein Bewußtsein
von der Heiligkeit dieses Bodens.

Wenn die Heiligkeit der Materie nun zunehmend ins Bewußtsein unserer Kultur dringt, dann wird der Kampf nur noch
gnadenloser entbrennen. Was noch nie zuvor ins Bewußtsein
gedrungen war, will nicht sogleich ins Rampenlicht gezerrt
werden, wie jeder weiß, der sich einmal mit Traumprozessen
beschäftigt hat, oder wie jeder mithört, der den Kommentaren
in einem Museum für moderne Kunst lauscht. Wenn die neue
Energie aber anfängt, sich selbst zu erfahren, läßt sie sich nicht
mehr unterdrücken. Wer versucht, sie wieder ins Gefängnis zu
sperren, fordert den Tod heraus – den Tod von Individuen, den
Tod einer Kultur. Das Leben expandiert. Die bewußte Weiblichkeit ist inzwischen unter uns, und sie fordert, daß wir
unsere Körper respektieren, unsere Umwelt, unsere Erde. Sie
ist fest entschlossen, eine Verkörperung zu finden. Wie die
Tochter der weisen Alten in unserem Märchen, die im Palast
lebt, müssen auch wir herausfinden, an welchem entfernten
Ort die Liebe der Zar-Jungfrau verborgen ist.

Teil IV

Der Moment der Stille

Als ihre Tochter zu Besuch geflogen kam, »*verwandelte die alte Frau Iwan den Kaufmannssohn in eine Nadel und steckte diese in die Wand*«. Diese Tat ist typisch für die Energie der weisen Alten. In Träumen kommt die Alte oft messerscharf auf den Punkt: »Ich werde dir zeigen, wo dein Problem liegt. Komm mal mit.« Ohne Sentimentalität, aber mit großer Liebe führt sie den Träumenden in eine Höhle, einen Tunnel oder einen Hain und weist mit ihrem Finger auf eine Szene, die das Zentralproblem in nackter Klarheit erscheinen läßt. Der Träumende ist gezwungen, hinzusehen. Wegzulaufen ist nicht mehr möglich. Durch die Verwandlung in eine Nadel wird Iwan auf jenen negativen Wesenszustand reduziert, für den er im ersten Teil des Märchens stand: auf das Ich im Tiefschlaf. Warum tut ihm die Alte das an? Bevor Iwan die Zar-Jungfrau finden und sich mit ihr vereinigen kann, muß er stillhalten, schweigen und sich rückhaltlos mit seiner früheren Absenz vom eigenen wahren Selbst auseinandersetzen. Erst danach wird er in der Lage sein, die volle Verantwortung für seine zunehmende Präsenz zu übernehmen. Dies ist ein bedeutungsschwangerer Moment. Wird Iwan still bleiben und stillhalten können? Wird er zuhören und seine Illusionen opfern können? Dann wird er in der Lage sein zu verstehen und seine nächste Aufgabe in Angriff zu nehmen. So

287

wird man wahrhaft erwachsen: indem man sich über den Narzißmus der Jugend und über das Schwarzweißdenken hinaus bewegt. Das ist gemeint, wenn vom Aushalten des Paradoxen die Rede ist. Dies ist der entscheidende Schritt über den Krieg der Geschlechter hinaus.

T. S. Eliot schreibt dazu in seinen *Four Quartets (Vier Quartette):*

> *Ohne den Punkt, den Punkt der Stille,*
> *Gäbe es keinen Tanz; doch es gibt nur den Tanz.*

Dies ist der Punkt, an dem die Seele stillsteht. Das psychische Pendel wird zwar auch weiterhin in seinem unausweichlichen Rhythmus ausschwingen, doch das Begehren kommt nun aus einem anderen Bereich der Seele. Die Seele sieht zu, wie das Ego hin und her schwingt, ohne sich mit seinen Sehnsüchten noch weiter voll zu identifizieren. Das frühere Begehren galt dem physischen Überleben, während dieses dem Überleben der Seele gilt. Hier ist der Punkt der Stille, in dem die Spannung der Gegensätze ausgehalten wird.

Jeder Betrachter des Films über unseren Workshop zum Thema »Die Zar-Jungfrau«, der 1991 im kanadischen Belleville aufgenommen wurde, wird bemerken, daß die Gruppe damals nicht in der Lage war, diesen Punkt der Stille zu erreichen. Vielleicht hatten Robert Bly und ich ihn selbst in unserem Leben noch nicht erreicht; vielleicht waren viele der Teilnehmer noch im Denken in Polaritäten befangen, so daß sie die Spannung der Gegensätze nicht aushalten konnten. Vielleicht machte auch der Zeitdruck das Finden der Seelenzeit unmöglich. Möglicherweise stellen auch manche Leser dieses Buches an diesem Punkt ihrer Lektüre fest, daß sie schläfrig oder irritiert werden, weil dieser Teil »nicht so interessant ist wie das Vorangehende«. Wenn das so ist, sollten Sie in Erwägung ziehen, ob es nicht sein könnte, daß Ihre Reise Sie noch nicht zu diesem Punkt der Stille geführt hat. Auf jeden Fall aber können Sie sich diesen Punkt vorstellen, wenn Sie ihn nicht körperlich empfinden.

Jener innere Ort des konzentrierten Zuhörens wechselt von Tag zu Tag, doch das erstmalige Erleben ist ein Wendepunkt im Leben. Es ist ein Bruch mit der Vergangenheit. Die Wünsche des Ego werden geopfert, um der Seele Raum zu geben. Die Mittelachse des Lebens wird zur Achse zwischen der Seele und dem, was C. G. Jung das Selbst nennt und was im Märchen König und Königin heißt. Manche Religionen nennen es Gott oder Göttin. Eine neue Sensibilität öffnet uns die Augen dafür, wie wir andere mit unserer Kritik und unseren Verurteilungen niedergemacht haben, aber auch dafür, wie wir uns selbst mit unseren Komplexen kaputtgemacht haben, wie wir selbst unser Leben eingeengt haben. Wenn wir wie Iwan daran gearbeitet haben, beide Seiten unserer Persönlichkeit zu entwickeln, dann erkennen wir, daß Männlichkeit ohne weibliche Seite mörderisch ist. Aber auch Weiblichkeit ohne eine männliche Seite verschlingt uns. Wenn wir den Punkt der Stille und des inneren Gleichgewichts erstmals erreicht haben, blitzt intuitiv in uns auf, welcher Weg vor uns liegt.

Ich kann mich noch an den Traum erinnern, den ich selbst an diesem Punkt hatte. Mir träumte, mein Analytiker sei ein Zahnarzt, der einen verfaulten Backenzahn aus dem hinteren Kieferbereich in meinem Mund zog (ein Symbol der Verwandlung). Er hatte mit aller Kraft zu ziehen versucht, bis wir beide völlig erschöpft waren, doch nach einem weiteren Ruck kam der Zahn endlich heraus – daran hängend freilich auch mein ganzes Rückgrat.

Ich erwachte, zitternd von Kopf bis Fuß, und fühlte mich wie eine hilflose Qualle. Ich wankte in die Praxis meines Analytikers und sagte ihm, vielleicht sei er für mich doch nicht der Richtige. Aber er lächelte nur und sagte: »Ihre Eltern haben Ihnen wahrscheinlich gesagt, Sie bräuchten viel Rückgrat. Die Eiche lachte über das Bambusrohr, weil es nicht gerade und aufrecht stehen könne. Doch als der Blitz einschlug, wurde die

Eiche mittendurch gespalten, während sich das Bambusrohr weiter im Winde wiegen konnte.« Ich hörte ihm zu, weil ich ihn sehr gern hatte. Aber ich hatte immer noch das Gefühl, ein unsichtbares Nichts zu sein, das sich danach sehnte, jemand zu *sein*.

Präsenz ist nicht das Gegenteil von Abwesenheit, sondern das, was in der Absenz verborgen bleibt. Iwan hört – als Nadel in der Wand – alles, was er wissen muß. Er hört, wo sich die Zar-Jungfrau aufhält. Er hört, wo er selbst sich befindet. Iwan als Nadel in der Wand ist nicht mehr der schlafende Iwan, der eingangs alle drei Begegnungen mit der Zar-Jungfrau (das dreimal zehnte Königreich) verschlief. Vielmehr malt er sich die lebendige Verkörperung der Liebe aus: das Männliche, in dem das Weibliche vollkommen gegenwärtig ist. Jetzt, als Nadel in der Wand, als sein eigenes ruhendes Wesen, schläft er nicht mehr. Er ist sich des Inhalts seines Schlafes bewußt. Jetzt, als Nadel, trägt er die Liebe der Zar-Jungfrau in sich, die er zuvor nicht aushalten konnte. Das Negative enthält jetzt das Positive. Die Absenz enthält die Präsenz.

Iwan muß noch lernen, diesen psychischen Raum wirklich zu bewohnen. Denn irgendwo in seinem Innern hält er das Weibliche immer noch aus seinem Leben heraus und idealisiert es einerseits zur Perfektion, während er es andererseits dämonisiert. Doch auf beiderlei Weise kann es ihn »in Stücke reißen«. Seine Aufgabe besteht immer noch darin, die tote Mutter loszulassen, damit aus ihrem Tod seine eigene Braut geboren werden kann. Mit anderen Worten: Er muß das Leben, wie es ist, erst noch liebgewinnen.

Hier liegt der Wirkungsbereich der weisen Alten, in dem scheinbare Widersprüche freundschaftlich zusammengehören – als Vorbedingung echten Bewußtseins. Erst wenn Iwan in diesem seelischen Raum angekommen ist, wird er die Liebe der Zar-Jungfrau in sich aufnehmen können. Er fragt: *»Wie kann ich sie finden?«* Erst wenn er in der Lage ist, sich trotz aller Spannungen und Gegensätze in diesem ganzheitlichen psychischen Raum zu halten, unbeeindruckt von dem, was kulturell als Bewußtsein durchgeht – dort müssen Widersprüche ja aufgelöst werden, was dann zum Verschwinden von Dingen führt, die eigentlich zusammengehalten werden müßten – erst dann steht er an der Schwelle zur Hochzeit im Innern.

Die Hochzeit im Innern

Als die Tochter der Alten, eine der Nennschwestern der Zar-Jungfrau, am nächsten Tag wieder herbeigeflogen kommt, hat sie von der Zar-Jungfrau selbst erfahren, wo die Liebe verborgen ist: »*Auf dieser Seite des Ozean-Meeres steht eine Eiche, in dieser Eiche liegt eine Truhe, in dieser Truhe ist ein Hase, in diesem Hasen eine Ente, in der Ente ein Ei und in dem Ei ist die Liebe der Zar-Jungfrau!*« Iwan muß also nicht den ewigen Ozean überqueren, um sein wahres Wesen zu finden. Er muß nicht buchstäblich sterben, um das märchenhafte Ende zu erreichen.

Immer noch im Bann seiner Liebe zur Zar-Jungfrau, macht Iwan sich auf, um ihre Liebe zu finden, die in einem Ei in einer Ente in einem Hasen in einer Truhe in einer Eiche versteckt ist. Eine solche Reise führt mit Sicherheit in die mythische Welt, wenn sie überhaupt eine Bedeutung haben soll. Iwan entwickelt nun seine metaphorische Sehweise. Alle zuletzt genannten Bilder verweisen auf das Göttliche im Menschen und auf den ewig weiblichen Kreislauf von Leben, Tod und Wiedergeburt. Hatten seine Begegnungen mit der Baba-Jaga und der weisen Alten ihn in die dunklen Seiten des Weiblichen eingeführt, so ist es jetzt an ihm, das Ewigweibliche ins Leben einzuführen. Und damit er das kann, benötigt er selbst eine metaphorische Vision. Er wird den Baum, die Truhe, den Hasen, die Ente und das Ei finden, und er wird sie in seinem Innern erleben. Allein das zählt.

Als Kinder sehen wir die Dinge metaphorisch. Wir sehen das

physische Objekt und stellen die unmögliche Frage nach seiner Bedeutung. »Woher kommt der Wind? Wo ist das Baby hingegangen? Warum ist das Baby gestorben? Was heißt Tod?« Wenn wir älter werden, verdrängen wir solche unmöglichen Fragen wahrscheinlich – bis die Ewigkeit unseren zeitlichen Pfad gabelt. Vielleicht erinnern wir uns auch weiterhin an diese Fragen: veranlaßt durch Musik, Dichtung, Gebete oder die Natur. Und vielleicht merken wir allmählich auch, wie wir beginnen, aus zwei Perspektiven gleichzeitig zu sehen – was wir als Brillenträger ja ebenfalls tun, wobei die Brille die Sicht auf einem Auge oder auch auf beiden korrigiert, damit wir die Welt nicht durch zwei verschiedene Brennpunkte sehen. Wir können immer noch fragen: »Woher kommt der Wind? Was heißt Tod?« Doch während unser eines Auge mit irdischer Perspektive sieht, das andere mit der der Ewigkeit, nähern sich die beiden Brennpunkte zunehmend einander an und verschmelzen zu einem einzigen. In der Blütenpracht der Lilie sehen wir das strahlende Leben, wir spüren ihr Geheimnis – und den Schmerz darüber, daß das Leben in den Tod führt. In dieser einheitlichen Vision, dieser Nicht-Dualität, fühlen wir uns vollkommen präsent.

Die Vollkommenheit des visionären Augenblicks liegt in seinem paradoxen Charakter begründet. Solche Augenblicke stellen sich beim Anblick von Seidenblumen nicht ein. Auch nicht bei Plastikweihnachtsbäumen. Denn solchen Dingen fehlt die geheimnisvolle Aura. Die Verkörperung des Göttlichen in der Materie ist hier nicht gegenwärtig. Physische Energie wird hier nicht in spirituelle verwandelt. Als Kind haben Sie vielleicht mit Ihren Eltern einen Weihnachtsbaum aus dem Wald geholt, ihn nach Hause gebracht und im Wohnzimmer aufgestellt. Sie haben ihn mit Silberglöckchen geschmückt und neben dem Baum gebetet, ja Sie haben ganze Welten auf ihn projiziert. Wenn Sie das erlebt haben, verstehen Sie auch, wie man ein Objekt mit zwei Augen sehen kann – aus physischer und aus mythischer Sicht – und daß sich diese beiden Sichtweisen ergänzen und verstärken. Im Sucht-heilungsprozeß kann dies heißen, daß Zwang und Freiheit in einem Weihnachtsgeschenk zusammentreffen, wenn dabei einen Augenblick lang der Geist in der Lage ist, der Sucht das Zwanghafte zu nehmen.

Die Reise, die Iwan nun unternimmt, wird seine Seele für diese Nicht-Dualität öffnen – jenes besonders kostbare Myste-rium, das immer schon für uns bereit liegt, damit wir es sehen, hören, riechen und berühren können, wenn wir zur mächtigen Eiche zurückkehren, die die Achse unseres Lebens ist, unsere Verbindung zwischen Erde und Himmel. Dort finden wir den Schatz, den wir vergraben haben, als wir die Vision unserer Kindheit hinter uns ließen. An diesem Ort sind die Widersprü-che ihrer Macht zu polarisieren beraubt. Statt dessen tragen sie wie ein *koan* im Zen-Buddhismus den Funken der Einheit in sich, der sich am besten im Schweigen artikuliert – wie die Narzisse, die in der Frühlingssonne lacht.

Und so geht Iwan zu besagter Eiche und findet dort die Truhe. Nun, eine Truhe kann alles sein, vom Schatzkästchen bis zum Sarg. An diesem Ort des Paradoxen ist sie beides. Im Baum des Lebens enthält sie jenen Teil Iwans, der lebendig begraben wurde, als seine göttliche Mutter nicht da war, um ihn zu lie-ben, und sein göttlicher Vater ihn in die Obhut eines Hausleh-rers gab. All seine Träume von der Vollkommenheit jener Frau, die ihn lieben könnte, liegen in diesem Sarg, aber auch seine Erinnerungen an die Göttin, die auf dem goldenen Schiff verschwand. Außerdem noch der Mann in seinem Innern, der mit ihr starb, als sie davonsegelte, und der abermals starb, als er hörte, sie liebe ihn nicht mehr. Indes, die Seele Iwans, die in dieser Truhe begraben liegt, ist nicht tot.

Und als er die Truhe öffnet, springt ein lebender Hase daraus hervor. Erneut müssen wir uns die Brille mit der Doppelvision aufsetzen. Ein Hase ist ein Kaninchen mit besonders großen Ohren, und das weckt unsere Assoziationen: Kaninchen, Häs-chen, Osterhase, Ostereier, vielleicht auch den frühen Ostermorgen – die Auferstehung des neuen Gottes, der zugleich Mensch war, von den Toten. Wir haben es schließlich mit einem russischen Märchen zu tun, und die archetypischen Wurzeln dieser Bildlichkeit kommen aus dem Christentum. Sie reichen sogar noch tiefer und gehen auf die Große Göttin der Fruchtbarkeit (des Lebens, des Todes und der Wiedergeburt) zurück, die in ganz Europa, Ägypten, China, Afrika und Nordamerika verbreitet war. Die Göttin der Tagundnachtgleiche im Frühling war Eastre, der Hase ihr rituelles Tier und das Ei ihr Fruchtbarkeitssymbol. Das Bild verweist also auf die Lüsternheit der Göttin, die Üppigkeit des Lebens, auf Sexualität und Geburt. Und im Zeichen dieser Göttin leuchtet der Mond, das strahlende Weiß der Mondscheibe, in der sich Umrisse eines Hasen erkennen lassen.

Die Bilder der Mondgöttin sind mit Kreisläufen verbunden, und diese Zyklen gehören einfach zu den Gesetzen des Lebens. Der Wald weiß, wie er jene Teile seiner selbst opfern muß, die sterben müssen, damit neues Wachstum entstehen kann. Die Trauer über das Sterben macht dem Wunder der Auferstehung neuen Lebens Platz. Der Hase opfert sich freiwillig zugunsten des Geistes: unbewußte Materie zugunsten bewußter Präsenz.

Bauern, die Hasen gut kennen, halten sie für Opfertiere. Wenn Felder und Hecken abgebrannt werden, sehen sie des öfteren Hasen, die sich weigern, rechtzeitig wegzulaufen, ehe das Feuer sie erreicht hat, die dann aber plötzlich mit brennendem Fell aufspringen und rennen, bis sie tot sind. Je mehr wir über den Hasen meditieren, desto mehr wächst uns dieses Tier ans Herz. Wie der Mond stirbt es, um wiedergeboren zu werden. Im Hasen findet Iwan eine Ente, ein amphibisches Wesen, das den Vorteil hat, daß es auch durch die Luft fliegen kann. In seinem Integrationsprozeß muß Iwan lernen, daß er nicht nur auf dem Land lebt (im Bewußtsein), sondern auch im Wasser (dem Unbewußten) und in der Luft (im verfeinerten Bewußtsein, in dem aus Widersprüchen Paradoxien werden).

Die Ente ist in allen drei Lebensräumen zu Hause, zu Lande, zu Wasser und in der Luft, und überschreitet damit die Begrenzungen, denen andere Lebewesen unterliegen, die an einen einzigen Lebensraum gebunden sind. Darum ist die Ente in Träumen immer ein ermutigendes Symbol, weil sie suggeriert, daß die Ankunft von etwas für den Träumenden völlig Neuem bevorsteht, das die Grenzen seines bewußten Lebens transzendiert. Wer sich beispielsweise furchtbar mit der Entscheidung zwischen zwei Geliebten abquält, könnte einen Traum haben, in dem eine Ente erscheint. Diese fliegende Ente steht für die sogenannte »transzendente Funktion«, die in der Psyche Gegensätze so vereint, wie es sich das Bewußtsein des Träumenden einfach nicht vorstellen konnte. Aus der Luft kann man sowohl das Land als auch das Wasser sehen. Doch eine Ente in der Luft lokalisiert den Träumenden nicht hoch oben in der Luft, außerhalb der Realität des Alltagslebens. Auch im Flug bleibt die Ente ebenso eine Erdenbewohnerin wie bei der Fortbewegung zu Lande oder zu Wasser. Ihr Flug verweist auf eine Versöhnung von Göttlichem und Instinktivem, von Geist und Materie. Die beiden Bereiche schließen einander nicht mehr aus, sondern vereinen sich, zum Vorteil des menschlichen Wesens. In Beziehungen kann das bedeuten, daß Liebe und Lust durch Leid zu einer Einheit zusammenfinden, anstatt Körper und Seele weiterhin zu spalten.

Iwan hat bisher zwei Bilder des Weiblichen in sich getragen: das einer ätherischen Jungfrau, die zu hoch auf dem Podest steht, um real zu sein, und das der verschlingenden Mutter, ihr Schattengegenstück. Die in der Ente sich äußernde transzendente Funktion würde nun Himmel und Erde verknüpfen und dabei sowohl die Liebe der Schwanenjungfrau als auch die fleischliche Lust der Baba-Jaga in Menschengestalt bringen. Entstehen würde dabei ein integriertes menschliches Wesen. Solange die Ente in einem Traum vorkommt, bleibt diese Vereinigung im Bereich des Möglichen, aber sie ist nicht mehr als ein Hauch von Intuition. Die wahre Möglichkeit liegt erst im Ei in der Ente, denn dieses bietet die Mittel, das neue Bewußtsein in die gelebte Realität einzubringen.

Die Liebe der Zar-Jungfrau liegt in dem Ei verborgen, das Iwan zurückbringen und das sie dann verzehren wird. In diesem Zusammentreffen von Energien liegt eine Liebenswürdigkeit, wie wir sie oft in Träumen finden. Das Männliche ist ganz darauf konzentriert, dem Weiblichen das kostbare Ei zurückzubringen, und das Weibliche nimmt nicht nur seine eigene Liebe zu sich, sondern mit der goldenen Kugel des Eigelbs (einem Sonnensymbol) auch seinen männlichen Geist. Bei dieser Vereinigung kommt das Männliche durch das Weibliche zum Bewußtsein, während das Weibliche durch das Männliche ebenfalls dorthin gelangt. Im Ei liegen all die neuen Möglichkeiten ihrer neuen Beziehung beschlossen.

Diese Hochzeit im Innern kann aber erst stattfinden, nachdem die Projektionen als solche erkannt und zurückgenommen wurden. Anfangs ist die Projektion selbst der unbewußte Bote des oder der inneren Geliebten – ein Signal, das ausgesandt wird, von einer verborgenen Präsenz zu künden. Bis die Projektion zurückgenommen wird – und damit auch die Liebeskonstellation, für die sie steht –, bleibt der oder die innere Geliebte unbekannt: Er oder sie existiert allein als *Wunsch, erkannt zu werden.* Liebe als Wunsch, erkannt zu werden, ist jener Zustand, den man als Verliebtheit in die Liebe bezeichnen könnte. Diese Art Liebe sucht die Isolation, die Dunkelheit, den Rückzug. Sie ist narzißtisch, weil sie ein Zustand ist, bei dem man in das von einem selbst projizierte Bild verliebt ist, in ein zurechtphantasiertes Bild des eigenen Selbst. Diese Art Liebe ist die unbewußte Form der Hochzeit im Innern. Rein äußerlich betrachtet ist sie als Ausdruck jugendlicher Unreife zurückzuweisen, doch aus der Innenperspektive gesehen ist es auch wichtig zu erkennen, was diese Form der Liebe enthält, anstatt nur die Gefahr einer Blockade für andere Formen der Liebe zu betonen. Weil die Projektion des oder der inneren

Geliebten auf eine andere Person zu oft als letztes Ziel einer Beziehung akzeptiert wird, bleibt die innere Hochzeit allzuoft mit romantischer, narzißtischer Liebe identifiziert. Die Tatsache, daß narzißtische Liebe auch selbstmordgefährdet ist, wird oft übersehen oder idealisiert. Die Hochzeit im Innern sollte nicht mit romantischer Liebe identifiziert werden, weil romantische Liebe keine Heilung einer narzißtischen Liebe bedeutet, sondern, im Gegenteil, vielleicht sogar deren tödlichste Form ist.

Die Rücknahme der Projektionen, für eine wahre Hochzeit im Innern von zentraler Bedeutung, macht aus dem Objekt der Projektion, dem oder der Geliebten, eine(n) Fremde(n). Aber es ist genau diese Konfrontation mit dem Fremden, mit dem Anderssein des oder der Geliebten, die ein »Energiefeld« der Liebe schafft. Ist dieses Feld der Liebe im Innern aufgebaut, dann fallen die archetypischen Projektionen vom äußeren Partner ab. Dann hat es keiner der Partner mehr nötig zu versuchen, ein Gott oder eine Göttin zu sein. Und damit wird beiden Partnern eine unnatürliche Zentnerlast genommen. In die Beziehung zieht eine Freiheit ein, die zunächst noch ziemlich beunruhigend sein kann. Allmählich wird diese Freiheit aber als das erkannt werden, was sie ist: als die Freiheit, einen anderen Menschen als Menschen zu lieben, ohne verborgene Tagesordnung, ohne falsche Erwartungen und Bedürfnisse. Erst diese Hochzeit im Innern ermöglicht die äußere Ehe.

Wenn Iwan endlich zum Punkt der Stille gekommen ist, wenn er selbst als Nadel dieser Punkt geworden ist und sich Zeit zum Zuhören nimmt, um zu erfahren, wo die Liebe seiner Seele verborgen ist, wird seine Frage – wie bei uns allen – mit Sicherheit lauten: »Und worum ging es nun auf dieser Reise?« Die Synthese seiner lebenslangen Suche nach der Zar-Jungfrau in einer Serie verschachtelter Symbole am Ende der Erzählung – sie gleicht Dantes vielblättriger Rose am Ende des *Paradiso* – faßt das Märchen auf dem Höhepunkt der Spannung zusammen. Und von dort wird spontan ein Pfeil abgeschossen, der den Leser direkt ins Herz trifft. Wenn wir in dieser Bilderserie die ganze Seele in Aktion sehen, dann wirkt auch in uns der Punkt der Stille inmitten einer sich rastlos drehenden Welt. Wir gleichen dann dem Hühnerbein, auf dem sich die Hütte der Baba-Jaga genauso unablässig dreht. Wie viele Engel können auf einer Nadelspitze tanzen? Oder auf einem Korn vom Salz der Weisheit? Im Kern dieser Frage, die manchen absurd erscheint, für andere aber eine Frage ist, bei der es um alles oder nichts geht, ist das Männliche so ins Weibliche verschränkt und das Weibliche so ins Männliche, wie es in der göttlichen Umarmung von Shiva und Shakti dargestellt ist oder in den beiden Fischen im Symbol von Yang und Yin – Bildern des Androgynen.

Es ist an dieser Stelle nicht uninteressant, nochmals zu Prinzessin Diana zurückzukehren: als Beispiel für eine zeitgenössische androgyne Persönlichkeit. Die allmähliche Herausbildung des Androgynen läßt sich in ihrer Medienkarriere verfolgen – einer Karriere, die mindestens so zwanghaft war wie ihr freiwilliger Anteil daran. Daß und wie Diana versuchte, ihren Willen mit dem Zwang zu verbinden, läßt sich daran ablesen, wie sie mit den Paparazzi umging, welche sie unablässig verfolgten. Kein Teil ihres Lebens war vor den erbarmungslosen Kameras sicher. Indem Diana Paparazzi gleichzeitig anlockte und loswerden wollte, zeigte sie, bewußt oder unbewußt, daß das, was sie in sich selbst unbedingt erreichen wollte, nicht nur für sie persönlich Bedeutung hatte, sondern darüber hinaus für die ganze Welt, weit über die Grenzen der britischen Monarchie hinaus. Sie war zugleich zögerlich und hartnäckig, schüchtern und wagemutig, und auf geheimnisvolle Weise war der Zwang an ihren eigenen Willen gebunden. So veränderte sie ihr Verhältnis zu sich selbst ebenso wie die globale Einstellung zum Verhältnis der Geschlechter. Nichts kann den Wandel ihrer Beziehung zu sich selbst wohl besser symbolisieren als der Tausch der Designerkleider von Versace gegen die Bluejeans und den Helm, die sie bei ihrem Engagement für die Befreiung der Erde und ihrer Bürger von Landminen tragen mußte. Wirklich bedeutsam ist bei der Auktion ihrer Kleider überdies, daß die Idee von ihrem Sohn William stammte.

Wie viel an und in Diana bewußt war, wissen wir nicht; aber wir wissen, daß sie in der Lage war, die Last der intensiven Projektionen einer globalen Öffentlichkeit zu tragen, die Diana zur Trägerin ihrer unbewußten Sehnsüchte erkoren hatte. Und als sie starb, trauerten Millionen auch um das, was sie bei sich selbst verloren hatten – ihre eigene Weiblichkeit und ihre eigene aufkeimende Männlichkeit. Diese Zar-Jungfrau rebellierte gegen eine verhärtete britische Monarchie, die in ihr wenig mehr sah als die Gebärerin zukünftiger Könige und sie entsprechend behandeln wollte. Sie rüstete sich selbst für eine »männliche« Rolle, von der das Patriarchat, das versuchte, sie zu kontrollieren, nichts wußte. Sie mußte in ihrem Innern eine männliche Rolle übernehmen, die stark genug war, sie aus dem Griff der überholten Tyrannei zu befreien. Diese neue Männlichkeit, verbunden mit der ihr eigenen emanzipierten Weiblichkeit, war das, was sie als ihren Beitrag zur Heilung der Welt anzubieten hatte.

Die öffentliche Diana entwickelte allmählich immer androgynere Züge. Androgynität darf übrigens nicht mit Hermaphroditismus verwechselt werden: Der Hermaphrodit, eine Kreuzung aus Hermes und Aphrodite, ist ein Bild der Eingeschlechtlichkeit, in dem sich männliche und weibliche Geschlechtsmerkmale zu einer Einheit unbewußter Gegensätze vereinen. Das androgyne Bewußtsein hingegen erfordert harte Arbeit, um eine gut ausgebildete Weiblichkeit und eine ebenso differenzierte Männlichkeit im leibseelischen Zustand des »Hauchkörpers« zur inneren Hochzeit zu vereinen. Diana durchlief diesen inneren Prozeß mit all seinen Schwierigkeiten und Schmerzen. Ihre Märchenhochzeit mit Prinz Charles unter der Kuppel von St. Paul's Cathedral war nicht ihre wahre Hochzeit, sondern eher eine Parodie der eigentlich

inneren Hochzeit. Sie markierte eher das Ende als den Neubeginn einer langen patriarchalischen Ära. Was dann an die
Stelle dieser Farce trat und sie nicht weniger als alles kostete
(nämlich ihr Leben), waren Aufbau und Erscheinung eines
potentiell androgynen Bewußtseins. Die Zar-Jungfrau als androgyne Figur läßt sich als ganze Person verstehen, die in sich
selbst die Quelle ihrer eigenen Integrität enthält.

Was Diana letztlich in ihrem Innern erreichte und was weiter
geschehen wäre, wenn sie weitergelebt hätte, muß für immer
ein Geheimnis bleiben. Klar ist jedoch, was allgemein bewußt
wurde, als sie nicht länger die Projektionen der Massen trug.
Das schüchterne Mädchen, das auf die Erlösung durch ihren
Traumprinzen wartete, gehört der Vergangenheit an. Und das
Androgyne befindet sich noch immer im Stadium des Unbewußten, aber es existiert bereits und wartet darauf, zur Welt
gebracht zu werden. Ob die Massen bereit sind, die dafür er-
forderliche Arbeit auf sich zu nehmen, oder ob das Androgyne
wieder ins Unbewußte zurückfällt, bis jemand anders kommt,
der die Projektionen der Massen auf sich zieht, ist und bleibt
die Frage.

Um im Androgynen ein Symbol der göttlichen Hochzeit im
Innern sehen zu können und diesem Ideal nahe zu kommen,
bedarf es, wie Iwan feststellen mußte, eines langen, schmerzlichen Differenzierungsprozesses. Die archetypische Welt und
die des Menschen sind nicht identisch. In der Perfektion der
Märchenwelt des »Es war einmal« ist der Kreis geschlossen.
Doch in unserer Welt, in der Uhr und Kalender herrschen, ist
der Kreis nur ein gebrochener Bogen. Während eines solchen
schmerzlichen Differenzierungsprozesses schrieb Robert Bly
sein Gedicht »Listening to the Köln Concert« (»Als Konzert-
hörer in Köln«):

Zaunkönige
Bauen sich Nester aus feinsten Fäden
Und Enden von Schnüren, die Tiere

Geben alljährlich ihr ganzes Vermögen auf.
Was ist es, das Männer und Frauen hinter sich lassen?
Schwerer als Zaunkönigen fällt es ihnen,
Denn aufzugeben ist die Sehnsucht nach
    Vollkommenheit.

Das innere Nest, nicht aus Instinkten gebaut,
Wird niemals gänzlich kreisrund sein.
Und ein jeder muß ins Nest hinein,
Das ein andrer unvollkomm'ner Vogel baute.

Wenn wir zwischen der Vollkommenheit der inneren und der Unvollkommenheit der äußeren Beziehung differenzieren, merken wir allmählich, wie wir der Schönheit der Seele Anerkennung zollen, die durch menschliche Unmöglichkeiten hindurchscheint. Auch ein Teil des Regenbogens hat die Leuchtkraft des ganzen Bogens.

Am Ende der Erzählung hat Iwan tatsächlich den Schatz nach Hause gebracht. Wenn wir einen Blick auf das werfen, was er, bewußt oder unbewußt, erreicht hat, dann sehen wir auch, wer wir, schon im Prozeß unseres Werdens, von Anfang an gewesen sind. Wie so viele von uns, die ihre jugendliche Vision des Göttlichen in einer Schatztruhe im eigenen Baum des Lebens begruben, hat er Schritt für Schritt die Verbindung zu seiner ewigen Identität wiederhergestellt, und jetzt erkennt er seinen Garten zum ersten Mal. Teil dieses Erkennungsvorgangs ist die Notwendigkeit, daß die Geliebte das Ei auch ißt. Dieses Ei zu schmecken, es herunterzuschlucken und die göttliche Energie in allen Zellen unseres irdischen Körpers zu assimilieren, heißt, die Schwanenjungfrau ins Leben zu integrieren – jenes ätherische Vogelwesen, das sonst in die Lüfte entschwinden würde. Indem sich das Weibliche mit seiner Menschlichkeit verbindet, vereint es auch die idealisierte Göttin und die verbotene Sexualität der Baba-Jaga: Liebe und Lust. Und diese reife Weiblichkeit erweckt die reife Männlichkeit zu einer umfassenden, gleichberechtigten Partnerschaft im Innern und nach außen.

Die Hochzeit, die am Ende in unserer Geschichte gefeiert wird, ist kein die Materie transzendierendes Fest nach dem Tode. Stellen Sie sich doch nur die Sorgfalt vor, mit der Iwan das rohe Ei zurückträgt, das die begrabene Essenz seines eigenen Lebens enthält. Die weise Alte brät dieses Ei auf dem Feuer der Leidenschaft und serviert es der Zar-Jungfrau als zentrales Ereignis ihrer Geburtstagsfeier. Dadurch, daß sie das Ei verspeist, in dem ihre Liebe zu Iwan verborgen ist, nimmt die Zar-Jungfrau all das in sich auf, was er ihr jetzt zurückbringt.

Mythologisch gesehen ist das Ei der ewige Keim des Lebens, ein Symbol der Unsterblichkeit, ein Gefäß der Verwandlung. In Ägypten wurde es zur roten Morgensonne (der Auferstehung) in Beziehung gesetzt, sein goldenes Eigelb zur Sonne, dem Feuerrad und, durch Übertragung, auch zum Feuervogel.

Die Zar-Jungfrau aß das ganze Ei *und entbrannte noch in derselben Minute in heftiger Liebe zu Iwan dem Kaufmannssohn«*. Die das Ei verspeisende Zar-Jungfrau ist ein exquisites Bild für die Seele, wie sie sich dem Geist öffnet, ein Bild für das im Körper verborgene Licht, das durch einen Goldregen freigesetzt wird. Dies ist ein Augenblick der Neugestaltung, in dem aus dem wiedererweckten Körper der Körper der leidenschaftlichen Liebe wird. Wenn die Zar-Jungfrau das Ei in sich aufnimmt, nimmt sie auch Iwans gesamte Hinführung zur eigenen inneren Weiblichkeit mit in sich auf. Sie wird zum vollen Bewußtsein dieser Weiblichkeit – zum kompletten Wesen und zur Braut Iwans, der für ihre eigene innere Männlichkeit steht. Der Verzehr des Eies ist ihre eigene innere Hochzeit, und diese erfüllt sie dann mit leidenschaftlicher Liebe – der Liebe von Shiva und Shakti in göttlicher Umarmung.

Auch Iwan bewegt sich auf die Hochzeit in seinem Innern zu. Von einem Weiblichen angenommen zu werden, das ihn lieben kann, *wie er ist, mit allen Unvollkommenheiten seines*

Werdens, das ist Iwans letzter triumphaler Schritt. Daß er ihn überhaupt wagt, zeigt, wie hart er daran gearbeitet hat, seine Mutter – die natürliche genauso wie die unnatürliche – loszulassen, seine Baba-Jagas zu integrieren und eine Beziehung zur weisen Alten aufzubauen. Jetzt kann er all diese Aspekte des Weiblichen in der Gestalt der Zar-Jungfrau, seiner eigenen Braut, entgegennehmen. Deren Liebe zu ihrer eigenen Männlichkeit ist in Iwan verkörpert, so wie seine Liebe zum Weiblichen in seinem Innern in der Zar-Jungfrau verkörpert ist. Was er erlebt hat, nimmt sie essend in sich auf. Ihre Vereinigung ist das Ergebnis der inneren Hochzeiten, die beide Partner vollzogen haben. Das Ende ihres Märchens wird die gemeinsame Arbeit am unendlichen inneren Wandel ihrer Beziehung sein.

Wenn wir noch jung sind, haben erst wenige von uns ihre innere Hochzeit bereits vollzogen, wenn sie sich äußerlich an einen Partner binden. Wir glauben, daß der äußere Partner der oder die Geliebte ist, während der oder die wahre Geliebte in einem Sarg verborgen ist – möglicherweise in einem Sarg, der die Seele in unersättlichem Verlangen festhält, sie materiell »einfriert«. Im Lauf des Lebens beginnen wir jedoch zu erkennen, daß wir keine äußere Beziehung eingehen können, wenn uns die Hochzeit im eigenen Innern noch nicht gelungen ist. Der geheiligte Boden muß bereitet werden. Wenn sich die innere Braut und der innere Bräutigam noch nicht kreativ lieben, verkümmert die äußere Beziehung. Sie wird zu einem Ersatz für echte partnerschaftliche Liebe und kann in erstickender wechselseitiger Abhängigkeit enden. Im neuen Paradigma aber werden wir früher oder später zur eigenen Reife vorangetrieben – zur Androgynität.

Und was denkt die Zar-Jungfrau, als sie von dem Ei ißt?

»Iwan, ich glaube, ich liebe dich noch immer. Ja, ich bin wütend auf dich gewesen. Und ich habe mich zurückgezogen. Denn ich bin auf der Hut. Ich habe keine Lust, hinter Adams Rippen in ein Gefängnis gesperrt zu werden. Versuch doch bitte zu verstehen, daß ich mich vor deinen Fehlern und Gewaltsamkeiten schützen mußte. Aber du sollst auch wissen, daß ich deinen Mut gesehen habe, als du mir in den Gestalten der Baba-Jagas und der weisen Alten begegnet bist. Du hast deinen eigenen Schmerz mit Würde ertragen.

Irgend etwas in dir war fest entschlossen, im Flug in die Ewigkeit zu entschwinden; und irgend etwas in mir war fest entschlossen hinabzusteigen und zu Blut und Knochen zu werden. Ich habe meine Arbeit ebenfalls getan. Ich habe einige meiner Flügelfedern geopfert ... jedenfalls vorläufig. Ich weiß, daß die Perfektion, die ich suchte, auf der Erde nicht machbar ist. Sie ist ein Teppich aus Illusionen. Jetzt kann ich das Licht im Zentrum unserer Liebe und im Zentrum unserer Erde als eine einzige Schöpfung sehen, von der wir beide ein Teil sind, hier und heute.

Durch unser Leiden aneinander sind wir reifer geworden. Ich weiß, daß du in den Frauen nach mir gesucht hast, und als du mich nicht fandest, hast du dich verraten gefühlt und bist wütend geworden. Aber hör mich an, Iwan, hör mich an. Ich bin keine Frau, obwohl du mich vorübergehend in einer Frau erkennen kannst, wenn du ihr in die Augen siehst, sie küßt, mit ihr schläfst. Deine Liebe zu einer Frau wird deine Liebe zu mir nur noch verstärken.

Ich bin ein Mysterium – kein Problem, das man lösen muß. Du hast keine Angst mehr vor mir, und du idealisierst mich auch nicht mehr. Jetzt sind wir frei, einander zu lieben. Ich bin ewig frisch und neu, und ewig lebendig. Und solange wir uns lieben, wirst auch du ein Mysterium sein, das wir gemeinsam feiern wollen.

Laß mich durch dich hindurchfließen, Iwan. Laß uns die Tatsache, daß ich durch deine bewußte Gestalt hindurchfließe, feiern: mit Schreiben, Malen, Singen, Tanzen, wofür auch immer wir uns hier in diesem Leben entscheiden.

Ich bin deine Seele, Iwan. Gemeinsam stehen wir auf einem Hügel in der Morgendämmerung eines neuen Tages. Vielleicht liegen dunkle Zeiten vor uns. Und bitte, sentimentalisiere mich nicht. Ich bin stark, du bist stark. Du bist mein Geist, der das Feuer in jeder Zelle meines Seins entzündet. Verlaß mich nicht. Laß das Licht unserer Liebe durch dich hindurchscheinen. Laß es die dunklen Flecken in deinem Innern erleuchten. Laß uns gemeinsam schöpferisch sein.

Liebster Iwan, kannst du mich lieben, so wie ich dich geliebt habe?«

Obwohl Iwan die Liebe der Zar-Jungfrau aus ihrem Versteck zurückgebracht hat, muß er zunächst noch in seinem Versteck bei der Alten ausharren. Doch diese zieht ihn dann hervor. »*Welche Freude, welche Fröhlichkeit! Gemeinsam mit ihrem Verlobten, dem Kaufmannssohn, kehrte die Zar-Jungfrau in ihr Reich zurück; sie ließen sich trauen, lebten im Glück und wahrten das Gute.*«

Und vielleicht turteln Tauben im Garten der beiden miteinander, schwimmen Schwäne auf ihrem Fluß. Und vielleicht, aber nur vielleicht, erstrahlt jeden Morgen in der über dem Horizont aufgehenden Sonne über ihnen der Feuervogel.

Epilog

Ein kurzes Gespräch zwischen Robert Bly und Marion Woodman

R.B.: Ich glaube, ich sehe diese männliche Reise in die Unterwelt doch ein wenig anders als du, weil ich diesen Abstieg in die Unterwelt teilweise für eine Bestrafung halte – eine Strafe für fehlende Sensibilität gegenüber dem Weiblichen im ganzen Leben eines Mannes.

M.W.: Ich kann darin absolut keine Strafe erkennen, Robert. Denn solches Denken hat einen großen Schatten; da könnte ein Mann doch einfach versuchen, den Frauen zu gefallen, anstatt in seiner eigenen Realität zu leben. Für mich steht der Abstieg einfach für das Leben, wie es ist. Es geht um die *felix culpa*, den segensreichen Fehler. Wir machen solche Fehler; es sind diese Fehler, die uns in unser eigenes Schicksal werfen; wir durchlaufen unsere eigene Initiation zur eigenen Erfahrung hin.

Manchmal, wenn du so redest, habe ich das Gefühl, du kommst da wieder mit alten Annahmen, alten Verhaltensmustern gegenüber Frauen. Für beide Geschlechter ist es allzu leicht zuzulassen, daß das Weibliche gegenüber dem Männlichen in die Rolle des Dienstbaren schlüpft, oder umgekehrt. Ich glaube, solche Annahmen haben ihre Wurzeln in archaischen Spielen namens »Verurteilen und Vorwürfe machen«, die am Ende auf eine Bestrafung für beide Geschlechter hinauslaufen. Zum Glück haben wir beide einen guten Humor, und das bringt uns wieder raus aus solchen Spielchen. – Wo sind wir denn sonst noch unterschiedlicher Meinung bei unseren Interpretationen?

R. B.: Laß uns auf den Abschnitt des Buches zu sprechen kommen, in dem du etwas über die Bewußte Jungfrau und Prinzessin Diana sagst. Da stimme ich dir nicht zu. Es gibt überwältigende Beweise dafür, daß eine starke Weiblichkeit wieder auf dem Vormarsch ist, und das ist ein gutes Zeichen. Als Nora in dem gleichnamigem Stück von Ibsen ihrem Mann die Tür vor der Nase zuknallte, war das eines der lautesten Geräusche im ganzen 19. Jahrhundert. Die Frauen haben sich entschlossen, nicht mehr in einem »Puppenheim« zu leben. Sie nehmen am Leben unserer ganzen Kultur teil.

M. W.: Und zwar bewußt, Robert. Das hat es nie zuvor gegeben. Was in alten Zeiten abgelaufen ist, war sehr unbewußt.

R. B.: Ich weiß nicht, ob ich da mit dir einer Meinung bin. Ich bin nicht davon überzeugt, daß die Alten unbewußt waren. Aber ich kann in Lady Di einfach kein so klares Beispiel für das Bewußte Weibliche sehen wie du.

M. W.: Ich glaube, daß sie selbst ein recht zerbrechliches Gefäß war. Wäre sie nicht genau zu dem Zeitpunkt gestorben, an dem sie starb, und hätte sie diesen Ring von Dodi wirklich bekommen, und hätte sie sich ferner entschlossen, nach Frankreich zu ziehen und im Haus des Herzogs von Windsor zu wohnen, dann hätte sie Verrat an der Intensität der Projektionen begangen, die sie trug, besonders für das englische Volk. Ich glaube auch nicht, daß sie ein Paradebeispiel für das Bewußte Weibliche war. Doch was wirklich zählt, ist, daß sie genug Projektionen trug, daß ihr Tod das Weibliche ins Bewußtsein von Millionen Menschen hinein befreit hat. Ihr Bemühen, sie selbst zu sein, gab vielen anderen Leben eine Wende.

R. B.: Mir ist nicht klar, wie lange die Macht ihres Vorbilds andauern wird. Was mir Sorgen bereitet, ist die Rolle der Popkultur, die mit diesem Phänomen verbunden ist.

M. W.: Inwiefern?

R. B.: Mir fällt es schwer zu glauben, daß das lang erwartete Bewußte Weibliche umgeben von schlechten Songs von Elton John, umgeben von Medienkultur und Paparazzi angekommen sein soll. Die Popkultur hat etwas an sich, das dem Weiblichen feindlich gesinnt ist. Und ich glaube, daß die Popkultur dem wahren Männlichen gegenüber genauso feindlich eingestellt ist. Es ist doch immerhin bemerkenswert, daß in jenen Tagen um die Beerdigung herum die Popkultur Prinzessin Dis Tod feierlich begehen konnte, nicht jedoch den Tod von Mutter Teresa.

M. W.: Du denkst also eher in sakramentalen Kategorien? Und Elton John gehört, wenn er »Good-bye, England's Rose« singt, nicht in die Westminster-Abtei?

R. B.: Die Popkultur nivelliert mit Hilfe des globalen Kapitalismus das gesamte Leben auf der Erde. Sie hat Erfolg auf der ganzen Welt. Das macht mich skeptisch, was die Verbindung zwischen Lady Di und der Zar-Jungfrau angeht. Du hast vollkommen recht, wenn du betonst, daß ihr Tod ein erstaunliches mythologisches Ereignis war; aber es gibt viele unterschiedliche Möglichkeiten, ihn zu betrachten. Ich sehe ihren Tod so: In England war sie mit harter Arbeit zur Maienkönigin geworden. Doch in manchen Traditionen muß jede Frau, die diese Rolle übernimmt, unweigerlich streben. Die Frau, die den Frühling verkörpert, muß sozusagen sterben, wenn der Sommer kommt, genauso wie der junge Mann, der das alte Jahr repräsentiert, sterben muß, wenn das neue Jahr kommt. Solche Ereignisse finden in Trance statt. Die Kräfte, die hier am Werk sind, bewegen sich so weit unter der Oberfläche, daß kein menschliches Wesen sie verstehen oder wissen kann, wann sie sich eingenistet haben.

M. W.: Und Diana ist mitten hinein geraten.

R. B.: Ja. Ich glaube nicht, daß sie wirklich wußte, daß sie sterben würde. Und darum glaube ich auch nicht, daß man sie als bewußtes Wesen bezeichnen kann.

M. W.: Robert, ich bin nicht verrückt nach Diana. Mich interessiert sie nicht in erster Linie als reale historische Persönlichkeit, die ein mental ziemlich unsicheres Leben führte und die sich von einem betrunkenen Fahrer in den Tod fahren ließ. Es liegt mir fern, sie zu romantisieren: als eine Frau, die gemeinsam mit ihrem toten Liebhaber vom Rücksitz eines zertrümmerten Mercedes in den Himmel gefahren ist. Die Tatsachen als Tatsachen interessieren mich nicht. Ich sehe darin Metaphern. Mich interessiert, was das kollektive Unbewußte spontan mit diesen Fakten verbunden hat – die mythische Gestalt, die es diesen Fakten gegeben hat. Joyce hat gesagt, Geschichte sei ein Alptraum. Sein Schreiben sei sein Kampf ums Erwachen gewesen. Ich glaube, daß die Tatsache von Dianas Tod ein Trompetenweckruf war, der auf dem ganzen Planeten zu hören war. Ich glaube, daß noch lange, nachdem die historische Diana vergessen ist, dieser Weckruf bleiben wird. Er wird weiter erklingen, bis das, was er verkündet, in Erfüllung gegangen ist. Für den Anfang hat die Trauerfeier in der Abtei meiner Meinung nach schon viel geholfen. Sie gab der Auferstehung die richtige Richtung. Zumindest was meine Person betrifft, hat sie dazu beigetragen, daß ich in Gang bleibe. Mein Bild von Diana, wie sie bei dieser Trauerfeier dargestellt wurde, war das einer außerordentlichen, ganz normalen Frau. Aber genauso sehe ich auch alle anderen Frauen.

R. B.: Du hast mich halb überzeugt! Ich habe aber noch einen weiteren Punkt, in dem ich mit dir wohl nicht einer Meinung bin. Du hast gesagt, Iwan idealisiere die Zar-Jungfrau. Er projiziert sozusagen Energien aus seinem Innern auf sie in einer Art aufwärts gerichtetem Bogen. Ich dagegen sehe den Energiebogen vom Göttlichen her auf ihn herabkommen. Das göttliche Reich ist hier als der Horizont symbolisiert, und ein Energiebogen kommt auf ihn herab, nicht umgekehrt. Er ist mit etwas konfrontiert, das in puncto Intensität so wesentlich größer ist als er selbst, daß er es nicht in sich aufnehmen kann.

Es gibt ein Sufi-Gedicht von Dschami aus dem Persien des 15. Jahrhunderts, *Jussuf und Suleika*, in dem ein Bild vorkommt, das dem in unserer Geschichte stark ähnelt. Die Szene spielt in dem, was die Muslime »Vorewigkeit« nennen. Dschami sagt:

> *Diese Braut, deren Schönheit ein jedes Herz berühren konnte, blieb in ihrem Brautgemach. Die großartige Herrin lebte in ihrer fröhlichen Einsamkeit und spielte das Kartenspiel der Liebe allein mit sich selbst. Sie hatte niemanden, mit dem sie den Wein ihrer Schönheit trinken konnte. Zu dieser Zeit hatte noch kein menschliches Wesen von ihr gehört. Selbst der Spiegel kannte ihr Gesicht nicht.*
>
> *Aber es ist ein Gesetz der Schönheit, daß Schönheit nur eine gewisse Zeit im verborgenen blühen kann. Das gute Aussehen will sich nicht damit abfinden, versteckt zu werden. Wenn du die Tür versperrst, wird sie ihr Gesicht am Fenster zeigen.*
>
> *So schlug die Braut also ihr Zelt außerhalb des heiligen Bezirks auf und zeigte sich in der ganzen Schöpfung, und im Innern der Seele. Danach sah ihr Gesicht, das so lange verborgen gewesen war, einem aus jedem Spiegel entgegen: Überall, wo es Menschen gab, erzählten die Geschichtenerzähler ihre Geschichte. Ein Funke sprang daraus hervor und setzte Himmel und Erde in Brand.*

Diese Sufi-Geschichte macht in der Tat das Bild, das wir in unserem Märchen haben, etwas klarer: Dort sind es ja diese zwei kleinen Sterblichen, die auf einem Floß dahintreiben, und dann kommt diese ungeheure, strahlende

Energie auf sie zu, weil sie Himmel und Erde entflammen wollte.

M.W.: Darin sehe ich eher eine Verkörperung, eine Inkarnation. Die Sufi-Braut und die Zar-Jungfrau sind Figuren von Göttinnen, die die Schönheit verkörpern. Ein Funke springt über und setzt Himmel und Erde in Brand.

R.B.: Unsere Geschichte beginnt mit diesem unglaublichen Lichtstrahl, der herunterkommt und dich trifft, wenn du zwölf oder dreizehn bist. Ein Mädchen kann ihn in der Musik hören oder in einem Gemälde sehen. Und wir nennen es weibliche Schönheit. Aber es ist einfach nur Schönheit. Für mich ist das schrecklich aufregend. Ich liebe dieses Bild in unserer Erzählung: den Gedanken, daß das gesamte religiöse Leben der Menschheit hier in dieser Energie beschrieben ist, die auf das Floß zukommt, auf dem diese beiden kleinen Kerle sitzen.

M.W.: Und was ist die Baba-Jaga im Verhältnis zu dieser Braut?

R.B.: Vielleicht können wir diese große transzendente Energie nicht in sozusagen reiner Form bekommen, sondern nur zusammen mit ihrer dunklen Seite. Auf diesem Planeten fressen Löwen Gazellen. Vielleicht kann man sich zu weit von der Realität entfernen, wenn man nur über das transzendente Licht spricht, das von oben herab kommt. Dagegen kann man etwas tun, wenn man die Historie betrachtet, und dann kommt man unweigerlich auch auf die Baba-Jaga.

M.W.: Ja, man kommt zu nahe an das transzendente Licht heran, und dann kommt die Dunkelheit durch die Hintertür. So kommt die Gefahr ins Spiel, daß man diesen beiden Energien erlaubt zu polarisieren. Beide Seiten können töten oder heilen. Mir sagt die Idee besonders zu, daß die Baba-Jaga der Tod im Dienste des Lebens ist.

R.B.: Der Humor der Baba-Jaga legt den Gedanken nahe, daß sie im Dienst des Lebens steht.

M.W.: O ja. Ihr Humor ist Teil ihres authentischen Lebens, damit dieses Leben das Paradox aushalten kann. Iwan hat in dem Augenblick, als er dem Hauslehrer den Kopf abgeschlagen hat, den Weg in sein authentisches Leben angetreten.

R. B.: Kürzlich habe ich Tolstois *Der Tod des Iwan Iljitsch* gelesen, eine großartige Beschreibung eines nicht authentischen Lebens. Er heiratet seine Frau, weil die Bürokratie gedacht hat, sie sei für ihn die richtige Frau. Nun, warum konnte sich Iwan Iljitsch nicht wie unser Iwan aus dem inauthentischen Leben befreien? Kurz vor seinem Tod war Iwan Iljitsch sozusagen immer noch nicht authentisch. Warum hat sich Iwan in »Zar-Jungfrau« dem entzogen? Auch er war doch von Inauthentizität massiv bedrängt.

M. W.: Was auch immer dieser Blitz war, der von der Zar-Jungfrau ausging, er hat ihn geweckt und ihm gezeigt, daß er eine eigene Persönlichkeit hat. Er war dafür empfänglich, wenn auch anfangs noch sehr zögerlich. Ich glaube wirklich, wir sollten zur Kenntnis nehmen, daß unseren Meinungen ein unterschiedliches Bild des Weiblichen zugrunde liegt.

R. B.: Über diese Unterschiede hinsichtlich des Weiblichen haben wir auch gar nicht gesprochen, bevor wir angefangen haben. Jeder von uns hat einfach geschrieben. Doch jetzt, nachdem wir den Teil des jeweils anderen gelesen haben, scheint es ganz klar zu sein, daß wir das Weibliche unterschiedlich sehen.

M. W.: Na gut, dann laß uns doch direkt zur Sache kommen. Robert, wie würdest du das Weibliche beschreiben, so wie du es jetzt, in deinem Lebensalter, ansiehst?

R. B.: Die Zar-Jungfrau wie sie am Floß erscheint, ist ein Bild des Ekstatisch-Weiblichen. Ich glaube nicht, daß Iwan das Göttlich-Weibliche idealisiert – kann man das überhaupt, das Göttliche idealisieren? Ich stimme dir zu, daß in manchen Kulturen die Männer dazu neigen, eine Frau so stark zu idealisieren, daß sie ganz zum Engel wird – nicht mehr von der Jungfrau Maria zu unterscheiden – ohne Sex, Schmutz zwischen den Zehen oder Vulgarität. Die Frauen sind zu Recht böse darüber, daß sie derartig idealisiert werden, daß ihre wahre menschliche Substanz ignoriert wird. Aber wir können unterscheiden zwischen der Vision des Göttlich-Weiblichen und der krankhaften Idealisierung einer lebenden Frau. Ich glaube, diese Geschichte handelt vom Göttlich-Weiblichen, wozu sozusagen nicht nur die Jungfrau Maria gehört, sondern auch diese Baba-Jaga, die im Fleisch und Blut so sehr zu Hause ist, daß sie genausogut für den Tod stehen kann wie für ein sehr hochgemutes Leben.

M.W.: Es ist das Weibliche – als Materie –, das die Brücke zwischen dem Göttlichen und dem Menschlichen schlägt. Die neue Weiblichkeit steht für eine neue Art Bewußtsein, die das Göttliche und das Menschliche in einem Gedanken zusammenhalten kann. Die Frauen sind wütend, weil Männer in so vielen Traditionen und Wissenschaften der Materie mißtrauen und sie zurückweisen. Frauen wollen nicht idealisiert werden, wenn sie in ihrer Menschlichkeit nicht anerkannt werden. Sie wollen in ihrer eigenen geheiligten Materie in Ehren gehalten werden.

R.B.: Da bin ich mir nicht so sicher. Auf der ganzen Welt sehe ich Statuen der Jungfrau Maria an prominenter Stelle in Kirchen, und in diese Kirchen gehen Frauen. Ich glaube, sie sind immer noch für das Göttlich-Weibliche empfänglich.

M.W.: Genau darum geht es, Robert. Die meisten Frauen, die ich kenne, sind empfänglich für das Göttliche in der Materie – für die Seele, die in der Materie zu Hause ist. Die Frauen sind es leid, daß immer die Materie abgewertet wird, und sie selbst gleich mit. Ich weiß, daß du dich in *News of the Universe* dafür stark machst, daß Natur und Materie ein Bewußtsein haben. Deshalb bin ich mir im klaren, daß wir in diesem Punkt nicht auf Konfrontationskurs sind. Es ist eher eine Frage der Akzente, und ich halte es für eine gute Sache, daß wir in Einzelheiten unterschiedlicher Meinung sind. Schließlich lautet die Quintessenz unserer Erzählung ja, daß Männer und Frauen lernen müssen, gegensätzliche Meinungen zu diesen Themen nicht ganz so wichtig zu nehmen und alles andere davon abhängig zu machen.

R. B.: Ich weiß, daß man mir möglicherweise vorwerfen kann, ich hätte patriarchalische Ansichten, wenn ich die Vision des Göttlich-Weiblichen, wie es auf dreißig Schiffen daherkommt, bewundere. Patriarchalisch kann man das nur insofern nennen, als das Weibliche auf dem Podest gehalten wird. Ich stimme dir zu, daß die patriarchalische Sicht das Weibliche am liebsten so weit in die Höhe heben will, daß die einzigen, die auf dieser Erde noch verbleiben, um über materielle Dinge zu entscheiden, die Männer sind.

Aber das Göttlich-Weibliche, das am Horizont erscheint, schließt auch die Baba-Jaga ein. Diese Doppelvision ist keine patriarchalische Erfindung. Es sind die Matriarchate selbst und die Kulturen, die man matrilokal kennen könnte, in denen diese Vision des Weiblichen propagiert wird: einerseits ekstatisch und andererseits tigerähnlich. Nach marxistischer Ansicht gibt es überhaupt nichts Göttliches, sondern nur Lügen darüber. Ich glaube, daß es das Göttlich-Weibliche und das Göttlich-Männliche gibt.

M. W.: Das glaube ich auch. Ich glaube, Iwan mußte seine Göttliche Jungfrau erst einmal loslassen und eine innere Göttin lieben lernen, die von der Realität nicht ganz so weit entfernt war. Die Verschiebung ermöglichte dann seine innere und äußere Hochzeit. Das ist seine Geschichte. Aber ich glaube, es gibt noch eine andere komplette Erzählung, in der Bilderserie am Ende – die weibliche Geschichte. Denn was hat die Jungfrau die ganze Zeit gemacht, während Iwan sich durchgekämpft hat? Wie ist ihre Liebe in das Ei, in die Ente, in den Hasen, in die Truhe im Baum des Lebens hineingekommen? Sie hat sich aus der Gegenrichtung auf Iwan zubewegt, ohne sicher sein zu können, daß er am Ende für sie dasein werde. Wie so viele andere Märchenheldinnen geht sie, wenn sie von ihrem Weg abkommt, in die Natur, die sie die Weisheit ihres eigenen Körpers erfahren läßt.

Diese Jungfrau ist Iwans Verlobte. Ihre innere Stärke macht es ihr möglich, zu ihrer eigenen Liebe wieder in Beziehung zu treten. Gleichzeitig verkörpert Iwan die Heiligkeit seines eigenen Seins. Er erkennt in ihr die Verbindung zwischen dem Menschlichen und dem Göttlichen. Das Ei, das sie verzehrt, ißt auch er. Im menschlichen Leben ist doch alles, worum es geht, das Essen des Eies und seine Verdauung, damit es ein ganzes Leben lang wirken kann. Das ist die Belohnung, die das Bewußtsein für den Kampf und die Mühen bereithält.

R. B.: Du magst doch die folgenden Verse von Yeats besonders gern:

Die Arbeit blüht oder tanzt nur dort,
Wo der Körper nicht mißhandelt wird,
Um der Seele zu gefallen!

M. W.: Ein Märchen hat ein gutes Ende. Es ist eine göttliche Komödie.

Danksagung

Wir danken:

dem Applewood Center, aus dem die ursprüngliche Idee für die Videoserie *Bly and Woodman on Men and Women* kam;

den 47 Limited Partners, die mit ihrem Vertrauen in diese Arbeit das Filmprojekt finanziert haben;

den 30 Teilnehmern am ursprünglichen Workshop und den vielen anderen, die seither an unseren Workshops teilgenommen haben;

William Patrick, unserem Lektor, der die Arbeit an diesem Buch in Gang gehalten hat;

den vielen Männern und Frauen, die daran glauben, daß eine Versöhnung von Männlichkeit und Weiblichkeit möglich ist.

Marion ergänzt:

Mein besonderer Dank gilt Ross, bei dem ich so viel über Vereinigung gelernt habe, und Joy Parker für ihre großzügige Hilfe, sowie meinem aufmerksamen Sekretär Michael Mendez.

Robert ergänzt:

Ich danke Francis Quinn, der mich als erster auf die Geschichte von der Zar-Jungfrau aufmerksam gemacht hat, und Gioia Timpanelli, deren subtile Kunst des Geschichtenerzählens mein Gespür für so viele Zwischenbedeutungen geschärft hat. Thomas Smith hat mir während des Schreibens gute Ratschläge gegeben, und John Lee hat auf ein Dutzend unterschiedliche Weisen geholfen. Martín Prechtel danke ich für die Erlaubnis, seine Erzählung zu benutzen. Joy Parker war eine großartige Führerin zu einem klaren Prosastil. Viele Gespräche mit Ruth Bly schließlich haben mir geholfen zu verstehen, daß die Liebe nicht tot ist, sondern nur verborgen.

Zar-Jungfrau

I

In irgendeinem Reich, in irgendeinem Land lebte einst ein
Kaufmann; seine Frau war gestorben, und er blieb allein mit
seinem Sohn Iwan zurück. Um diesen Sohn kümmerte sich
ein Hauslehrer, und er selbst heiratete einige Zeit später erneut. Als Iwan der Kaufmannssohn alt genug war und sehr gut
aussah, verliebte sich seine Stiefmutter in ihn. Eines Tages fuhr
Iwan der Kaufmannssohn gemeinsam mit seinem Hauslehrer
mit einem Floß aufs Meer, um Fische zu fangen; plötzlich sahen sie dreißig Schiffe auf sich zukommen. Auf diesen Schiffen war die Zar-Jungfrau mit dreißig anderen Jungfrauen,
ihren Nennschwestern. Als ihr Floß bei den Schiffen angekommen war, warfen alle dreißig Schiffe die Anker aus. Iwan
der Kaufmannssohn wurde zusammen mit seinem Hauslehrer
an Bord des schönsten Schiffes gebeten; dort erwartete sie die
Zar-Jungfrau mit den dreißig Jungfrauen, ihren Nennschwestern, und sie erzählte Iwan dem Kaufmannssohn, daß sie sich
unendlich in ihn verliebt habe und gekommen sei, um ihn zu
treffen. Daraufhin verlobten sie sich.
Die Zar-Jungfrau schärfte Iwan dem Kaufmannssohn ein, am
nächsten Morgen um dieselbe Zeit zum selben Ort zu kommen, verabschiedete sich und fuhr davon. Iwan der Kaufmannssohn kehrte nach Hause zurück, aß zu Abend und ging
zu Bett. Seine Stiefmutter rief den Hauslehrer zu sich ins Zimmer, machte ihn betrunken und begann ihn auszufragen: War

beim Fischen denn nichts vorgefallen? Der Hauslehrer erzählte ihr alles. Nachdem sie ihm zugehört hatte, reichte sie ihm eine Nadel und sagte: »Morgen, sobald sich die Schiffe euch nähern, stecke die Nadel in die Kleidung von Iwan dem Kaufmannssohn.« Der Hauslehrer versprach, ihren Auftrag auszuführen.

Am nächsten Morgen stand Iwan der Kaufmannssohn auf und ging los, um zu fischen. Sobald der Hauslehrer von weitem die Schiffe entdeckte, nahm er die Nadel und steckte sie in Iwans Kleidung. »Ach, ich bin so schläfrig«, sagte der Kaufmannssohn. »Hör zu, Hauslehrer, ich lege mich nieder für ein kurzes Schläfchen, aber sobald die Schiffe kommen, wecke mich bitte gleich auf.« – »Gut! Natürlich werde ich dich wecken!« Da kamen auch schon die Schiffe und warfen die Anker. Die Zar-Jungfrau sandte nach Iwan dem Kaufmannssohn, damit er schnellstens zu ihr käme; aber er schlief tief und fest. Sie begannen ihn zu rütteln, zu schütteln und zu stoßen, aber was immer sie auch versuchten – sie konnten ihn nicht wecken; so ließen sie ihn.

Die Zar-Jungfrau trug dem Hauslehrer auf, daß Iwan der Kaufmannssohn am nächsten Tag wieder hierherkommen sollte; sie befahl, die Anker zu lichten und die Segel zu setzen. Als die Schiffe außer Sichtweite waren, zog der Hauslehrer die Nadel wieder heraus, und Iwan der Kaufmannssohn erwachte, sprang auf und begann nach der Zar-Jungfrau zu rufen, damit sie zurückkehre. Aber sie war schon viel zu weit entfernt, sie konnte ihn nicht mehr hören. Traurig kehrte er nach Hause zurück und grämte sich. Die Stiefmutter rief den Hauslehrer zu sich ins Zimmer, machte ihn betrunken und fragte ihn über alles aus, was passiert war. Sie trug ihm auf, auch am folgenden Tag die Nadel in Iwans Kleidung zu stecken. Am folgenden Tag ging Iwan der Kaufmannssohn wieder zum Fischen, wieder schlief er die ganze Zeit und wieder sah er die Zar-Jungfrau nicht; sie ließ ausrichten, daß sie noch einmal kommen würde.

Am dritten Tag ging er wieder mit seinem Hauslehrer zum Fischen; sie kamen wieder an die alte Stelle und sahen von weitem die Schiffe kommen, der Hauslehrer stach sofort mit der Nadel zu, und Iwan der Kaufmannssohn fiel in einen tiefen Schlaf. Die Schiffe kamen herbei und warfen die Anker. Die Zar-Jungfrau schickte nach ihrem Verlobten, daß er zu ihr aufs Schiff käme. Sie versuchten ihn auf jede mögliche Weise zu wecken, aber was sie auch taten, sie konnten ihn nicht aufwecken. Die Zar-Jungfrau erkannte die List der Stiefmutter und den Verrat des Hauslehrers, und sie schrieb Iwan dem Kaufmannssohn einen Brief, daß er dem Hauslehrer den Kopf abschlagen solle. Wenn er seine Braut wirklich liebte, dann würde er sie hinter den dreimal neun Ländern suchen, im dreimal zehnten Reich. Erst als die Schiffe die Segel gesetzt hatten und aufs weite Meer hinausfuhren, zog der Hauslehrer die Nadel aus den Kleidern von Iwan dem Kaufmannssohn. Dieser wachte auf, begann laut zu schreien und nach der Zar-Jungfrau zu rufen, aber sie war schon viel zu weit entfernt, sie konnte ihn nicht mehr hören. Der Hauslehrer überreichte ihm ihren Brief; Iwan der Kaufmannssohn las ihn bis zum Ende, zog seinen scharfen Säbel und schlug dem bösen Hauslehrer den Kopf ab, er selbst begab sich schnellstens ans Ufer und ging nach Hause. Er verabschiedete sich von seinem Vater und machte sich auf den Weg, um das dreimal zehnte Reich zu suchen.

II

Er ging, wohin sein Auge blickte, sei es lang, sei es kurz, das Märchen ist schnell erzählt, aber die Tat nicht schnell vollbracht. Schließlich kam er zu einer kleinen Hütte; die Hütte stand auf dem freien Feld und drehte sich auf Hühnerbeinchen. Er betrat die kleine Hütte, dort war die Baba-Jaga Knöchernes Bein. »Pfui!«, sagte sie, »ein russischer Atem war hier noch nie zu spüren oder zu sehen, und jetzt bist du selbst gekommen. Wolltest oder mußtest du kommen, mein guter

Junge?« – »Ich wollte, und zweimal soviel mußte ich. Weißt du nicht, liebe Baba-Jaga, wo das dreimal zehnte Königreich liegt?« – »Nein, das weiß ich nicht«, antwortete die Jaga und befahl ihm, zu ihrer mittleren Schwester zu gehen: Sie wüßte es vielleicht.

Iwan der Kaufmannssohn dankte ihr und ging weiter; er ging und ging, sei es nah, sei es weit, sei es lang, sei es kurz, er kam wieder zu einer solchen Hütte, trat ein, und auch hier war eine Baba-Jaga. »Pfui!« sagte sie, »ein russischer Atem war hier noch nie zu spüren oder zu sehen, und jetzt bist du selbst gekommen. Wolltest oder mußtest du kommen, mein guter Junge?« – »Ich wollte, und zweimal soviel mußte ich. Weißt du nicht, liebe Baba-Jaga, wo das dreimal zehnte Königreich liegt?« – »Nein, das weiß ich nicht«, antwortete die Jaga und befahl ihm, zu ihrer jüngsten Schwester zu gehen: Die wüßte es möglicherweise. »Falls sie auf dich wütend wird und dich fressen will, nimm drei Hörner von ihr und bitte um Erlaubnis, auf ihnen zu spielen: In das erste Horn blase leise, in das zweite lauter und in das dritte noch lauter.« Iwan der Kaufmannssohn dankte der Jaga und ging weiter.

Er ging und ging, sei es lang oder kurz, sei es weit oder nah, schließlich erblickte er eine kleine Hütte; die Hütte stand auf dem freien Feld und drehte sich auf Hühnerbeinchen. Er trat ein, und auch hier war eine Baba-Jaga. »Pfui, ein russischer Atem war hier noch nie zu spüren oder zu sehen, und jetzt bist du selbst gekommen«, sagte die Baba-Jaga und rannte hinaus, um ihre Zähne zu wetzen, weil sie den ungebetenen Gast fressen wollte. Iwan der Kaufmannssohn bat sie um ihre drei Hörner, in das erste blies er leise, in das zweite lauter und in das dritte noch lauter. Plötzlich flogen von allen Seiten allerlei Vögel herbei; darunter war auch der Feuervogel. »Setz dich auf mich«, sagte der Feuervogel, »und wir werden fliegen, wohin auch immer du willst; sonst wird dich die Baba-Jaga auffressen!«

III

Es gelang Iwan gerade rechtzeitig, sich auf ihn zu setzen, als auch schon die Baba-Jaga herbeigerannt kam, den Feuervogel am Schwanz packte und ihm einige Federn herausriß. Der Feuervogel flog mit Iwan dem Kaufmannssohn lange Zeit unter den Wolken, bis sie ans offene Meer kamen. »Nun, Iwan Kaufmannssohn, das dreimal zehnte Königreich liegt hinter diesem Meer; ich habe nicht genug Kraft, um dich an die andere Seite zu bringen; du mußt dich da selbst durchschlagen.« Iwan der Kaufmannssohn stieg hinunter, dankte dem Feuervogel und ging am Ufer entlang.

Er ging und ging, da stand eine kleine Hütte, er ging hinein; dort traf er eine alte Frau. Sie gab ihm zu essen und zu trinken und begann zu fragen: Wohin er gehe, warum er durch die Fremde zöge? Er erzählte ihr, daß er das dreimal zehnte Reich suche, um die Zar-Jungfrau zu finden, seine Verlobte. »Ach«, sagte die alte Frau. »Sie liebt dich nicht mehr; wenn du ihr vor die Augen trittst, wird die Zar-Jungfrau dich zerreißen: Ihre Liebe ist weit von hier versteckt!« – »Wie kann ich sie finden?« – »Warte ein Weilchen! Bei der Zar-Jungfrau lebt meine Tochter, und heute wird sie mich besuchen; vielleicht werden wir von ihr etwas erfahren.« Da verwandelte die alte Frau Iwan den Kaufmannssohn in eine Nadel und steckte diese in die Wand; am Abend flog ihre Tochter herbei. Die Mutter begann sie zu fragen: Ob sie nicht wisse, wo die Liebe der Zar-Jungfrau verborgen sei? »Das weiß ich nicht«, antwortete die Tochter und versprach, die Zar-Jungfrau selbst danach zu fragen.

IV

Am nächsten Tag kam sie wieder herbeigeflogen und erzählte ihrer Mutter: »Auf dieser Seite des Ozean-Meeres steht eine Eiche, auf dieser Eiche liegt eine Truhe, in dieser Truhe ist ein Hase, in diesem Hasen eine Ente, in der Ente ein Ei und in dem Ei ist die Liebe der Zar-Jungfrau!«

Iwan der Kaufmannssohn nahm etwas Brot und ging zu dem genannten Ort; er fand die Eiche, nahm die Truhe hinunter, zog aus der Truhe den Hasen, nahm aus dem Hasen die Ente, aus der Ente das Ei und kehrte mit dem Ei zu der alten Frau zurück. Kurz darauf war der Namenstag der Alten; sie lud die Zar-Jungfrau und ihre dreißig anderen Jungfrauen, die Nennschwestern, zu sich ein. Sie briet das Ei, zog Iwan den Kaufmannssohn festlich an und versteckte ihn.

Um die Mittagszeit flog plötzlich die Zar-Jungfrau mit den dreißig anderen Jungfrauen, ihren Nennschwestern, herbei; sie setzten sich zu Tisch und begannen zu essen. Nach dem Essen servierte die Alte jeder Jungfrau ein gewöhnliches Ei, der Zar-Jungfrau aber jenes, das Iwan der Kaufmannssohn beschafft hatte. Sie aß es ganz und entbrannte noch in derselben Minute in heftiger Liebe zu Iwan dem Kaufmannssohn. Die alte Frau zog ihn gleich hervor. Welche Freude, welche Fröhlichkeit! Gemeinsam mit ihrem Verlobten, dem Kaufmannssohn, kehrte die Zar-Jungfrau in ihr Reich zurück; sie ließen sich trauen, lebten im Glück und wahrten das Gute.

Anmerkungen zu den einzelnen Abschnitten

Vorwort

Seite 11, 15, 17:
Zitate aus Antonio Machados Gedichten: Nach der Ausgabe Antonio Machado, *Times Alone: Selected Poems*, Übers. Robert Bly, Middletown, Conn. 1983 (Wesleyan University Press), S. 113, 57, 57, ins Deutsche übertragen von Henning Thies.

Seite 14:
Joseph Campbell, *The Hero with a Thousand Faces*. New York 1949 (Pantheon). Dt. *Der Heros in tausend Gestalten*. Frankfurt/Main 1993 (Suhrkamp).

Interpretation von Robert Bly

Teil I

Die Fahrt zum Fischen im Meer

Seite 27:
Bericht von Marie-Louise von Franz in einem Vortrag an der Notre Dame University in Indiana, 1982.

Der Augenblick der Begegnung zweier Welten

Seite 31:
Robert Bly, »After Working« (»Nach der Arbeit«), in: *Silence in the Snowy Fields*. Middletown, Conn. 1962 (Wesleyan University Press), S. 51. Übertragen von Henning Thies.

Seite 32:
Thomas Traherne, *Centuries, Poems, and Thanksgivings*, Bd.1, Hg. Anne Ridler. Oxford 1958 (Clarendon Press). Übertragen von Henning Thies.

Seite 32:
Robert Johnson, *Balancing Heaven and Earth: A Memoir of Visions, Dreams, and Realizations*. New York 1998 (Harper-San Francisco), S. 7.

Das neue Leben

Seite 32–33:
Rumi [eigentl. Maulana Dschelaleddin Rumi], »Komm zum Obstgarten im Frühling« (*Diwan* 914): Nach der Ausgabe *Open Secret*, Übers. Coleman Barks und John Moyne, Putney, Vt. 1984 (Threshold Books), ins Deutsche übertragen von Peter Kobbe in: Rumi, *Offenes Geheimnis: Eine Auswahl aus seinem poetischen Werk*. München 1994 (Droemer

Knaur), S. 34. Vgl. auch die Monographie von Annemarie Schimmel, *Rumi. Ich bin Wind und du bist Feuer: Leben und Werk des großen Mystikers.* Düsseldorf 1978 (Eugen Diederichs).

Seite 33:
Wallace Stevens, »Sunday Morning« (»Sonntagmorgen«), in: *Collected Poetry and Prose,* Hgg. Frank Kermode und Joan Richardson. New York 1997 (Library of America), S. 55. Übertragen von Henning Thies.

Seite 33–34:
William Shakespeare, *Romeo and Juliet,* in: *The Complete Works,* Hg. Peter Alexander. London und Glasgow 1951 u.ö. (Collins), S. 912 (II, 2, 2–3, 19–22) und S. 910 (I, 5, 91–98). Deutsche Übertragung von Schlegel und Tieck.

Seite 34:
Rainer Maria Rilke, »Man muß sterben, weil man sie kennt«, in: *Sämtliche Werke,* Hg. Ernst Zinn. Frankfurt/Main 1956 (Insel Verlag), Bd. 2, S. 85.

Der zweite Besuch der Zar-Jungfrau

Seite 39:
New York Times vom 11. Januar 1998. Übertragen von Henning Thies.

Seite 40–41:
»On Top of Old Smoky«: Deutsche Übertragung von Henning Thies.

Die große Enttäuschung

Seite 41:
Joseph Chilton Pearce, *Evolution's End: Claiming the Potential of Our Intelligence.* New York 1992 (HarperCollins),

S. 190. Vgl. auch sein Buch *Magical Child Matures*. New York 1985 (Dutton).

Seite 44:
Gerard Manley Hopkins, »The Leaden Echo and the Golden Echo« (»Das bleierne und das goldene Echo«), in: *Poems and Prose*. New York 1953 (Viking Penguin), S. 53. Dt. *Gedichte, Schriften, Briefe*, Hgg. Ursula Clemen und Friedhelm Kemp. München 1954 (Kösel), S. 125. Übertragen von Ursula Clemen.

Der Hauslehrer als Zerstörer der Phantasie

Seite 46–47:
Charles Dickens, *Hard Times*. London 1854. Dt. *Harte Zeiten*. Leipzig ca. 1920 (Reclam), S. 1. Übertragen von Julius Seybt.

Seite 47:
William Blake, *The Marriage of Heaven and Hell / Die Vermählung von Himmel und Hölle*. München 1975 (Prestel), Blatt 8–9. Übertragen von L. Schacherl. (Das Werk entstand 1790–1793.)

Seite 48:
Universität in Minnesota: Persönliche Mitteilung von Bill Holm.

Seite 48–49:
D. H. Lawrence, »Healing« (»Heilen«), in: *The Complete Poems*, Hg. Vivian de Sola Pinto und Warren Roberts. London 1957 (Heinemann), Bd. 2, S. 620. Übertragen von Henning Thies; vgl. die Übertragung von Ulrike Wasel und Klaus Timmermann in deren Übersetzung von Blys *Iron John. Eisenhans*. München 1991 (Kindler), S. 114.

Seite 49:
Nicole Gauette,»Are Colleges Come to Praise Shakespeare, or
to Bury Him?«, *Christian Science Monitor* (27. 1. 1997), S. 12.

Seite 51:
Marion Woodman, *The Ravaged Bridegroom.* Toronto 1990
(Inner City Books), S. 17. Übertragen von Henning Thies.

Eine Parallelerzählung der Mayas

Seite 52:
Persönliche Mitteilung von Martín Prechtel.

Der dritte Besuch der Zar-Jungfrau

Seite 55:
T. S. Eliot,»The Waste Land« (1922), in: *Collected Poems
1909–1935.* New York 1936 (Harcourt, Brace & Company),
S. 69. Dt. *Das wüste Land.* Frankfurt/Main 1975 (Suhrkamp),
S. 41. Übertragen von Ernst Robert Curtius.

Der Gebrauch des Säbels

Seite 58:
Kabir, *Bijak*: Nach der Ausgabe *The Kabir Book: Forty-four of
the Ecstatic Poems of Kabir,* Übers. Robert Bly, Boston 1977
(Beacon Press), S. 3, ins Deutsche übertragen von Henning
Thies.

Teil II

Baba-Jagas Hütte auf Hühnerbeinchen

Seite 62:
Bob Dylan, »Like a Rolling Stone«, aus dem Plattenalbum *Highway 61 Revisited*. New York 1965 (Columbia Records). Übertragen von Henning Thies.

Seite 63–64:
Federico García Lorca, *Poeta in Nueva York / Dichter in New York*. Frankfurt/Main 1963 (Insel Verlag; zweisprachige Ausgabe), S. 123–125. Übertragen von Enrique Beck.

Seite 65–66:
Robert Johnson, *Balancing Heaven and Earth*, S. 292. Übertragen von Henning Thies.

Seite 66:
Emily Dickinson, Gedicht Nr. 599, in: *The Complete Poems of Emily Dickinson*, Hg. Thomas H. Johnson. Boston 1960 (Little, Brown), S. 295. Übertragen von Henning Thies.

Wer ist Baba-Jaga?

Seite 69:
Alain Daniélou, *Shiva et Dionysos*, Paris 1979 (Fayard). S. 103. Übertragen von Henning Thies.

Baba-Jagas Frage an Iwan

Seite 74:
Tomas Tranströmer, »In Funchal«, in: *Truth Barriers*, Übers. Robert Bly. San Francisco 1980 (Sierra Club), S. 38–39. Ins Deutsche übertragen von Henning Thies.

Die Menschenfresserin Baba-Jaga

Seite 76:
Erich Neumann, *Die Große Mutter: Eine Phänomenologie der weiblichen Gestaltungen des Unbewußten*. Olten 1974 (Walter-Verlag), S. 148.

Warum ist Baba-Jaga weiblich?

Seite 78:
Sherwood Washburn, zitiert bei Dorothy Dinnerstein, *The Mermaid and the Minotaur: Sexual Arrangement and Human Malaise*. New York 1976 (Harper & Row), S.19. Dt. *Das Arrangement der Geschlechter*. Stuttgart 1979 (DVA), S. 35. Übertragen von Hilde Weller.

Seite 79:
Melanie Klein, »Some Theoretical Conclusions Regarding the Emotional Life of the Infant«, in: *Envy and Gratitude and Other Work 1946–1963*. New York 1975 (Free Press).

Seite 80:
Dinnerstein, *The Mermaid and the Minotaur*, S. 161–166. Dt. *Das Arrangement der Geschlechter*, S. 209f., 211, 205.

Die Antwort auf Baba-Jagas Frage

Seite 85:
Robert Frost, »The Lovely Shall Be Choosers« (»Die Lieben sollen wählen können«), in: *Poetry and Prose*, Hg. E. C. Lathem und Lawrance Thompson. New York 1972 (Holt, Rinehart & Winston), S. 102–104.

Seite 85–86:
Marie-Louise von Franz, *Shadow and Evil in Fairy Tales*. Zürich 1964 (Spring Verlag), S.168. Dt. *Der Schatten und das Böse im Märchen*. München 1985 (Kösel).

Seite 89–90:
Shri Ramakrishna, in der englischen Übersetzung von Swami Nikhilananda, zitiert in: Heinrich Zimmer, *Philosophies of India*. New York 1956 (World Publishing Company), S. 564 bis 567. Dt. *Philosophie und Religion Indiens*. Zürich 1961 (Rhein-Verlag), Frankfurt/Main 1973 u.ö. (Suhrkamp), S. 501 bis 504. Ins Deutsche übertragen von Lucy Heyer-Grote.

Ankunft in der Hütte der zweiten Schwester

Seite 93–95:
Bernadine Jacot und Liam Hudson, *The Way Men Think: Intellect, Intimacy and the Erotic Imagination*. New Haven, Conn. 1991 (Yale University Press), S. 172. Dt. *Wie Männer denken: Intellekt, Intimität und erotische Phantasie*. Frankfurt/Main 1993 (Campus Verlag), S. 207. Übertragen von Angelika Bardeleben.

Wer geht in die Unterwelt?

Seite 99:
Terence Real, *I Don't Want to Talk About It*. New York 1997 (Scribner).

Seite 99:
William Butler Yeats, »The Second Coming« / »Der jüngste Tag«, in: *Ausgewählte Werke*, Hg. Werner Vordtriede. Neuwied/Berlin 1970 (Luchterhand; zweisprachig), Bd. 1, S. 149. Übertragen von Erich Kahler.

Seite 99:
Federico García Lorca, *Poeta in Nueva York / Dichter in New York*, S. 123–125.

Seite 100:
David Kinsley, *Hindu Goddesses: Visions of the Divine Femi-nine in the Hindu Religious Tradition*. Berkeley und Los An-geles 1986 (University of California Press), S.126. Dt. *Indische Göttinnen: Weibliche Gottheiten im Hinduismus*. Frankfurt/ Main 1990 (Insel Verlag), S. 173. Übertragen von Rainer Gra-fenhorst.

Seite 102–103:
James Mellaart, *Çatal Hüyük: A Neolithic Town in Anatolia*. London 1967 (Thames and Hudson).

Teil III

Seite 105:
William Blake, *The Marriage of Heaven and Hell / Die Vermählung von Himmel und Hölle*, Blatt 13. Übertragen von L. Schacherl. Die Bibelstelle, auf die Blake Bezug nimmt, findet sich im Buch Hesekiel, Kap. 4, V. 9–16.

Seite 105–106:
Sean Kane, *Wisdom of the Mythtellers*. Orchard Park, N.Y. 1994 (Broadview Press). Übertragen von Henning Thies.

Der Feuervogel

Seite 107:
Vgl. hierzu Joachim-Ernst Berendt, *Das dritte Ohr: Vom Hören der Welt*. Reinbek 1985 (Rowohlt), S. 55ff.

Was ist der Feuervogel?

Seite 109:
Vgl. Robert Bly, »The Adventures of Ganesha: A Hindu Story« (»Die Abenteuer Ganeshas: ein Hindu-Mythos«), in: *The Sibling Society*. Reading, Mass. 1996 (Addison-Wesley), S. 67 bis 88. Dt. *Die kindliche Gesellschaft: Über die Weigerung, erwachsen zu werden*. München 1997 (Kindler), S. 99–125.

Seite 109:
Juan Ramón Jiménez: Nach der Ausgabe F. García Lorca und J. R. Jiménez, *Selected Poems*, Übers. Robert Bly, Boston 1973 (Beacon Press), S. 65, ins Deutsche übertragen von Henning Thies.

Seite 109–110:
Federico García Lorca, »Play and Theory of the Duende«, in: *Deep Song and Other Prose*, Übers. Christopher Maurer. New York 1980 (New Directions), S. 44 und 52. Ins Deutsche übertragen von Henning Thies.

Seite 110:
Wallace Stevens, »Of Mere Being« (»Vom reinen Sein«), in: *Collected Poetry and Prose*, Hgg. Frank Kermode und Joan Richardson. New York 1997 (Library of America), S. 477. Übertragen von Henning Thies.

Seite 111–112:
Rumi, »Praising Manners« (»Ein Lob der Höflichkeit«), Übers. Robert Bly, in: *Night and Sleep*. Somerville, Mass. 1981 (Yellow Moon, unpaginiert). Ins Deutsche übertragen von Henning Thies.

Seite 112, 113:
Federico García Lorca, »The Function and Theory of the Duende«, in: *Poet in New York*, Übers. Ben Belitt. New York 1955 (Grove Press). Ins Deutsche übertragen von Henning Thies.

Seite 114:
William Shakespeare, *A Midsummer Night's Dream*, in: *The Complete Works*, Hg. Peter Alexander. London und Glasgow 1951 u.ö. (Collins), S. 217 (V, 1, 7–17). Ins Deutsche übertragen von Wolf Graf Baudissin und Ludwig Tieck.

Seite 114:
Rumi, *Mathnawi*, Hg. und Übers. R. A. Nicholson. London 1925–1940, Buch 6, V. 573. Ins Deutsche übertragen von Henning Thies.

Das Reich der weisen Alten

Seite 118:
Marion Woodman und Elionor Dickson, *Dancing in the Flames: The Dark Goddess in the Transformation of Consciousness*. Boston 1996 (Shambhala), S.133–134. Übertragen von Henning Thies.

Was zu tun ist

Seite 121:
William Butler Yeats, »Michael Robartes and the Dancer« (»Michael Robartes und der Tänzer«), in: *The Collected Poems*, New York 1958 (Macmillan), S. 174. Übertragen von Henning Thies.

Seite 121:
Takeo Doi, *The Anatomy of Dependence*, Übers. John Bester. Tokio/New York 1973 (Kodansha International).

Die drei Mütter

Seite 123:
Ted Hughes, *Shakespeare and the Goddess of Complete Being*. New York 1992 (Farrar, Straus & Giroux), S.107. Übertragen von Henning Thies.

Teil IV

Seite 127–128:
Kabir, *Bijak*: Nach der Ausgabe *The Kabir Book: Forty-four of the Ecstatic Poems of Kabir*, Übers. Robert Bly, Boston 1977 (Beacon Press), S. 24–25. Ins Deutsche übertragen von Henning Thies.

Seite 129:
Herschel Parker, *Herman Melville*, Bd. 1. Baltimore 1996 (Johns Hopkins Press). Rezension von James Wood, »The All of It«, *New Republic* (17. 3. 1997), S. 34. Übertragen von Henning Thies.

Die Eiche als Metapher

Seite 130:
Robert Graves, »To Juan at the Winter Solstice« (»Für Juan zur Wintersonnenwende«), in: *Collected Poems 1975*. New York 1975 (Oxford University Press). Übertragen von Henning Thies.

Die Truhe als Metapher

Seite 131:
Jeremiah Curtin, *Myths and Folk-Lore of Ireland*. New York 1974 (Weathervane Books), S. 74. Übertragen von Henning Thies.

Seite 132:
Wallace Stevens, »Poetry Is a Destructive Force« (»Poesie ist eine zerstörerische Kraft«), in: *Collected Poetry and Prose*, Hgg. Frank Kermode und Joan Richardson. New York 1997 (Library of America), S. 178. Übertragen von Henning Thies.

Seite 133:
Lewis Hyde, *Trickster Makes This World: Mischief, Myth and Art*. New York 1998 (Farrar, Straus & Giroux).

Seite 134:
William James, *The Will to Believe*, in: *Writings 1878–1899*, New York 1992 (Library of America). Übertragen von Henning Thies.

Der Hase als Metapher

Seite 136–137:
John Layard, *The Lady and the Hare: A Study in the Healing Power of Dreams*. Boston 1988 (Shambhala), S. 48-49, 63. Übertragen von Henning Thies.

Seite 138:
Ted Hughes, *Shakespeare and the Goddess of Complete Being*, S. 73. Übertragen von Henning Thies.

Seite 139–140:
Johann Wolfgang von Goethe, »Selige Sehnsucht« (aus dem *West-Östlichen Diwan*, 1819), in: *Goethes Werke* (Jubiläumsausgabe), Bd. 1, Hgg. Hendrik Birus und Karl Eibl. Frankfurt/Main und Leipzig 1998 (Insel Verlag), S. 317.

Die Ente als Metapher

Seite 141:
Rainer Maria Rilke, »Der Schwan«, in: Rainer Maria Rilke, *Sämtliche Werke*, Bd. 1, Hg. Ernst Zinn. Frankfurt/Main 1956 (Insel Verlag).

Seite 142:
William Shakespeare, Sonett Nr. 146, in: *The Complete Works*, Hg. Peter Alexander. London und Glasgow 1951 u. ö. (Collins), S. 1333. Dt. *Sonette / Einer Liebenden Klage / Ve-*

nus und Adonis. Düsseldorf und Zürich 1997 (Artemis & Winkler), S. 90. Übertragen von Therese Robinson.

Seite 144:
Kabir, *Bijak*: Nach der Ausgabe *The Kabir Book: Forty-four of the Ecstatic Poems of Kabir*, Übers. Robert Bly, Boston 1977 (Beacon Press), S. 45. Ins Deutsche übertragen von Henning Thies.

Seite 145:
William Blake, *The Marriage of Heaven and Hell / Die Vermählung von Himmel und Hölle*. München 1975 (Prestel), Blatt 9. Übertragen von L. Schacherl.

Das Ei als Metapher

Seite 145:
Gerard Manley Hopkins, »Spring« (»Frühling«), in: *Poems and Prose*. New York 1953 (Viking Penguin), S. 28. Dt. *Gedichte, Schriften, Briefe*, Hgg. Ursula Clemen und Friedhelm Kemp. München 1954 (Kösel), S. 59. Übertragen von Ursula Clemen.

Seite 146:
Francis Ponge, »L'Asiette« (»Der Teller«): Nach der Ausgabe *Ten Poems of Francis Ponge*, Übers. Robert Bly, Riverview, New Brunswick 1990 (Owl's Head Press), S. 27. Ins Deutsche übertragen von Henning Thies.

Seite 146–147:
John Layard, *The Lady and the Hare*, S. 171–172. Übertragen von Henning Thies.

Der Verzehr des Eies

Seite 153:
Emily Dickinson, Gedicht Nr.249, in: *The Complete Poems of Emily Dickinson*, Hg. Thomas H. Johnson. Boston 1960 (Little, Brown), S. 114. Dt. in: *Guten Morgen, Mitternacht: Gedichte und Briefe*, Hg. und Übers. Lola Gruenthal. Berlin 1987 (Henssel Verlag; zweisprachig), Zürich 1997 (Diogenes Verlag, dto.), S. 17.

Seite 154:
Mirabai, »Sein Haar«: Nach der Ausgabe *The Soul Is Here for Its Own Joy: Sacred Poems from Many Cultures*, Hg. und Übers. Robert Bly, Hopewell, N.J. 1995 (Ecco Press), S. 185. Ins Deutsche übertragen von Henning Thies.

Seite 155:
Rumi, »Bin ich bei dir«: Nach der Farsi-Originalhandschrift übersetzt von Annemarie Schimmel in: *Aus dem Diwan*. Stuttgart 1964, 1996 (Reclam), S. 76. Vgl. die deutsche Übertragung von Peter Kobbe in: Rumi, *Offenes Geheimnis: Eine Auswahl aus seinem poetischen Werk*. München 1994 (Droemer Knaur), S. 24.

Seite 155:
Rumi, »Komm zum Obstgarten im Frühling« (*Diwan* 914), in: *Offenes Geheimnis*. München 1994 (Droemer Knaur), S. 34.

Seite 155–156:
Hafiz, »Die verlorene Tochter«: Nach der Ausgabe *The Soul Is Here for Its Own Joy: Sacred Poems from Many Cultures*, Hg. und Übers. Robert Bly, Hopewell, N.J. 1995 (Ecco Press), S. 239. Ins Deutsche übertragen von Henning Thies.

Interpretation von Marion Woodman

Teil I

Die Zar-Jungfrau

Seite 162:

T. S. Eliot, »Little Gidding«, in: *Four Quartets*. London 1952 (Faber and Faber), S. 43. (Dt. *Vier Quartette*. Übers. N. Wydenbruck. Wien 1948.) Übertragen von Henning Thies.

Seite 163:

John Keats, Brief an Benjamin Bailey vom 13. März 1818, in: *The Letters of John Keats*, Hg. Maurice Buxton Forman. London 1947 (Oxford University Press), S. 112. Übertragen von Henning Thies.

Seite 165:

Hauchkörper: Die Begriffe »Hauchkörper« und »Diamant-Leib« werden von Carl Gustav Jung und dem Sinologen Richard Wilhelm in ihrer Übersetzung (mit Kommentar) des alten chinesischen Textes *Tai I Gin Hua Dsung Dschï* verwendet: *Das Geheimnis der Goldenen Blüte. Ein chinesisches Lebensbuch* (München 1929). Vgl. Jungs Kommentar in *Studien über alchemistische Vorstellungen*, in: *Gesammelte Werke* in 20 Bänden. Olten und Freiburg i. B. 1971–1990 (Walter Verlag), Bd. 13, S. 11–64, bes. S. 28f., 52–55, 58 f. Ferner: Bd. 9/I, S. 378 (»Über Mandalasymbolik«). Im Englischen bürgerte sich für »Hauchkörper« der Begriff »subtle body« ein, den auch Jung stellenweise verwendet. Vgl. dazu G. R. S. Mead, *The Doctrine of the Subtle Body in Western Tradition*, London 1919. Jung und Mead arbeiten Parallelen zu westlichen alchemistischen und christlichen Vorstellungen heraus. [Anm. d. Übers.]

Seite 166:

William Shakespeare, *Macbeth*, in: *The Complete Works*, Hg. Peter Alexander. London und Glasgow 1951 u.ö. (Collins), S. 1007 (II, 2, 37). Deutsche Übertragung von Dorothea Tieck.

Natürliche Mutter versus Stiefmutter

Seite 172:

William Blake, *The Marriage of Heaven and Hell / Die Vermählung von Himmel und Hölle*. München 1975 (Prestel), Blatt 7. Übertragen von L. Schacherl.

Seite 173:

John Milton, *Paradise Lost*, Buch 4, Vers 299, in: *The Poetical Works of John Milton*, Hg. Helen Darbishire. Oxford 1952 (Clarendon Press), Bd. 1, S. 81. Übertragen von Henning Thies.

Seite 175:

John Donne, »The Ecstasy« (»Die Ekstase«), V. 7–8, in: *The Oxford Book of Seventeenth Century Verse*, Hg. H. J. C. Grierson und J. Bullough. Oxford 1934 u.ö. (Clarendon Press), S. 106. Übertragen von Henning Thies.

Seite 175:

Emily Dickinson, Gedicht Nr. 772, in: *The Complete Poems of Emily Dickinson*, Hg. Thomas H. Johnson. Boston 1960 (Little, Brown), S. 377. Übertragen von Henning Thies.

Der Verlust des natürlichen Vaters

Seite 180, 184:

William Shakespeare, *Hamlet*, in: *The Complete Works*, Hg. Peter Alexander. London und Glasgow 1951 u.ö. (Collins), S. 1064 (IV, 7, 181). Deutsche Übertragung von August Wilhelm von Schlegel. – Interessanterweise schrieb Shakespeare am

Ende seiner Karriere Stücke, die Märchen ähneln. Es ist, als ob seine Psyche schließlich nach einer ganzheitlichen Vision verlangt hätte. Und so entschied er sich, seine großen Tragödien mit der Hochzeit im Innern, wie sie im Märchen stattfindet, in Einklang zu bringen. Das Ergebnis sind Romanzen (Märchenspiele) wie *Cymbeline* oder *Der Sturm*.

Seite 183, 185:
Vaterlose Tochter: In der Beziehung zu ihrer Mutter könnte sie überdies entdecken, daß die männliche Seite ihrer Mutter ihre eigene Kreativität beflügelt. Entsprechend könnte sie später eine lesbische Beziehung als außerordentlich kreativ empfinden. Vgl. auch Marion Woodman, in Zusammenarbeit mit Kate Danson, Mary Hamilton und Rita Greer Allen, *Leaving My Father's House*. Boston 1992 (Shambhala Publications), S. 355–366.

Ein verwundbares Triumvirat:
Macht ohne persönliche Gegenwart

Seite 189:
Carl Gustav Jung, *Über die Entwicklung der Persönlichkeit*, § 313, in: *Gesammelte Werke*, Bd. 17, S. 207.

Die Fahrt zum Fischen:
Das geheime Einverständnis in den Tiefen des Meeres

Seite 206:
William Shakespeare, *Macbeth* (V.1.21–22, I.5.55 und IV.1.47), in: *The Complete Works*, Hg. Peter Alexander. London und Glasgow 1951 u.ö. (Collins), S. 1022, 1003, 1016. Deutsche Übertragung von Dorothea Tieck.

Die Nadel

Seite 210:
William Stafford, »A Ritual to Read to Each Other«, Z. 17–20, aus: *The Rag and Bone Shop of the Heart*, Hgg. Robert Bly, James Hillman und Michael Meade. New York 1992 (Harper-Collins), S. 233. Übertragen von Henning Thies.

Seite 211:
1. Korintherbrief, Kap. 13, V. 1. Übertragen von Martin Luther.

Seite 212:
William Shakespeare, *Othello* (V.2.1 und V.2.3–7), in: *The Complete Works*, Hg. Peter Alexander. London und Glasgow 1951 u.ö. (Collins), S. 1149. Deutsche Übertragung von Ludwig Tieck.

Seite 214:
T. S. Eliot, »Journey of the Magi«, aus: *Selected Poems*. London 1970 (Faber and Faber), S. 98. Übertragen von Henning Thies.

Der Säbel

Seite 214–215:
Marie-Louise von Franz, *The Feminine in Fairytales*. New York 1972 (Spring Publications), S. 64. Dt. *Das Weibliche im Märchen*. Stuttgart 1977, [12]1997 (Bonz Verlag), S. 65 f. Übertragen von Jutta von Graevenitz.

Seite 217:
Juan Ramón Jiménez: Nach der Ausgabe F. García Lorca and J. R. Jiménez, *Selected Poems*, Übers. Robert Bly, Boston 1973 (Beacon Press), S. 63. Ins Deutsche übertragen von Henning Thies.

Seite 219:
Emily Dickinson, Gedicht Nr. 627, in: *The Complete Poems of Emily Dickinson*, Hg. Thomas H. Johnson. Boston 1960 (Little, Brown), S. 309. Übertragen von Henning Thies.

Seite 225:
Emily Dickinson, Gedicht Nr. 506, in: *The Complete Poems of Emily Dickinson*, S. 246. Übertragen von Henning Thies.

Seite 226:
Michail Gorbatschow, zitiert in: *The Shadow in America: Reclaiming the Soul of a Nation*, Hg. Jeremiah Abrams. Novato, Calif. 1994 (Nataraj Publishing), S. 34. Übertragen von Henning Thies.

Seite 229–230:
Marie-Louise von Franz, *The Feminine in Fairytales*, S. 121 bis 122. Dt. *Das Weibliche im Märchen*, S. 118–119.

Seite 233:
William Shakespeare, *Romeo and Juliet* (Prolog V.6 und 8), in: *The Complete Works*, Hg. Peter Alexander. London und Glasgow 1951 u.ö. (Collins), S. 902. Deutsche Übertragung von August Wilhelm von Schlegel.

Seite 236:
William Shakespeare, *Othello* (V. 2.249), in: *Complete Works*, S. 1152. Deutsche Übertragung von Ludwig Tieck.

Seite 238:
»Ich bin, der ich bin«: Dieser Name Gottes fällt im Alten Testament in der Selbstoffenbarung Gottes gegenüber Moses: 2. Mose, Kap. 3, V. 14. [Anm. d. Übers.]

Teil II

Der Abstieg: Die Reise ins Unbewußte

Seite 241:
Emily Dickinson, Gedicht Nr. 443, in: *The Complete Poems of Emily Dickinson*, Hg. Thomas H. Johnson. Boston 1960 (Little, Brown), S. 212. Übertragen von Henning Thies.

Seite 248:
Vgl. dazu die ausführlichere Darstellung in: Marion Woodman, *The Ravaged Bridegroom*. Toronto 1990 (Inner City Books), S. 131–158.

Die Baba-Jaga

Seite 250:
William Shakespeare, *Hamlet*, in: *The Complete Works*, Hg. Peter Alexander. London und Glasgow 1951 u.ö. (Collins), S. 1068 (V. 2, 10–11). Deutsche Übertragung von August Wilhelm von Schlegel.

Seite 257:
William Shakespeare, Sonett Nr. 146, in: *Complete Works*, S. 1333. Dt. *Sonette / Einer Liebenden Klage / Venus und Adonis*. Düsseldorf und Zürich 1997 (Artemis & Winkler), S. 90. Übertragen von Therese Robinson.

Seite 257:
Johannes, Kap. 15, V. 27. Übertragen von Martin Luther.

Seite 257:
Philipperbrief, Kap. 4, V. 7. Übertragen von Martin Luther.

Seite 258:
T. S. Eliot, »Journey of the Magi«, V. 35–36, aus: *Selected Poems*. London 1970 (Faber and Faber), S. 98. Übertragen von Henning Thies.

Seite 258:
William Wordsworth, »Ode: Intimations of Immortality from Recollections of Early Childhood«, V. 204, in: *Englische Lyriker: William Wordsworth und S. T. Coleridge,* Hg. A. von Bernus. Heidelberg 1959 (Lambert Schneider; zweisprachige Ausgabe), S. 53, 100. Übertragen von Wolfgang Breitwieser.

Seite 259:
William Blake, »The Tyger«, V. 23–24 in: *Englische Lyriker: William Blake,* Hg. A. von Bernus. Heidelberg 1958 (Lambert Schneider; zweisprachige Ausgabe), S. 49, 100. Übertragen von Alexander von Bernus und Walter Schmiele.

Seite 266:
William Shakespeare, *King Lear* (V. 3. 20–21), in: *The Complete Works*, Hg. Peter Alexander. London und Glasgow 1951 u. ö. (Collins), S. 1109. Deutsche Übertragung von Ludwig Tieck.

Teil III

Die alte Frau

Seite 278:
William Butler Yeats, »Sailing to Byzantium« / »Die Fahrt nach Byzanz«, V. 9–12, in: *Ausgewählte Werke*, Hg. Werner Vordtriede. Neuwied/Berlin 1970 (Luchterhand; zweisprachig), Bd. 1, S. 156f. Deutsche Übertragung überarbeitet von Henning Thies.

Seite 278:
Matthäus-Evangelium, Kap. 11, V. 30. Übertragen von Martin Luther.

Seite 282:
John Keats, »Ode to a Nightingale« / »Ode an die Nachtigall«, V. 24, 55–60, 75, 77–78, 74, 80, in: *Complete Poems and Selected Letters*, Hg. Clarence D. Thorpe. Garden City, New York 1935 (Doubleday), S. 349–352. Dt. Marie Gothein, *John Keats. Leben und Werke*, Bd. 2: *Werke*. Halle/Saale 1897 (Niemeyer), S. 237–240. Übertragen von Marie Gothein.

Seite 283:
Percy Bysshe Shelley, »Epipsychidion«, V. 587–591, in: *The Complete Poetical Works*, Hg. Thomas Hutchinson. London 1960 (Oxford UP), S. 424. Übertragen von Henning Thies.

Seite 283:
Percy Bysshe Shelley, »To a Sky-Lark« / »An eine Lerche«, V. 4–5, in: *Englische Lyriker: Percy Bysshe Shelley*, Hg. A. von Bernus. Heidelberg 1958 (Lambert Schneider; zweisprachige Ausgabe), S. 41, 95. Übertragen von Alexander von Bernus.

Teil IV

Der Moment der Stille

Seite 288:
T. S. Eliot, »Burnt Norton«, in: *Four Quartets*. London 1952 (Faber and Faber), S. 9. Übertragen von Henning Thies.

Die Hochzeit im Innern

Seite 300–301:
Robert Bly, »Listening to the Köln Concert«, in: *The Rag and Bone Shop of the Heart*, Hgg. Robert Bly, James Hillman und Michael Meade. New York 1992 (HarperCollins), S. 352. Übertragen von Henning Thies.

Epilog

Seite 316:
William Butler Yeats, »Among School Children«, V. 57–58, in: *Norton Anthology of English Literature*, Hgg. M.H. Abrams u. a., 4. Aufl. New York 1979 (Norton), Bd. 2, S. 1979. Übertragen von Henning Thies.

Hinweis:

Kopien des Films, den Marion und Robert im Text des Buches erwähnen, sind immer noch erhältlich. *Bly and Woodman on Men and Women* kann im Internet bei folgender Adresse bestellt werden: http://www.applewood.com, oder bei Applewood Center, Box 148, Belleville, Ontario, Canada K8N5A2 (Telefon: 1-800-361-0541).